Normierung der Rechnungslegung und internationale Kapitalströme – Eine Analyse für Schwellenländer

**Europäische Hochschulschriften Recht**

European University Studies in Law

Publications Universitaires Européennes de Droit

Band/ Volume **6285**

Julie Thies

# Normierung der Rechnungslegung und internationale Kapitalströme – Eine Analyse für Schwellenländer

PETER LANG

**Bibliografische Information der Deutschen Nationalbibliothek**
Die Deutsche Nationalbibliothek verzeichnet diese Publikation in der Deutschen Nationalbibliografie; detaillierte bibliografische Daten sind im Internet über http://dnb.d-nb.de abrufbar.

Zugl.: Bremen, Univ., Diss., 2021
Promotionsort: Bremen
Termin des Prüfungskolloquiums: 21. Mai 2021
Gutachter:
Prof. Dr. Dr. h.c. Jochen Zimmermann
Prof. Dr. Michael Meser

D 46
ISSN 0531-7312
ISBN 978-3-631-86242-1 (Print)
E-ISBN 978-3-631-87397-7 (E-PDF)
E-ISBN 978-3-631-87398-4 (EPUB)
DOI 10.3726/b19544



Diese Publikation wurde begutachtet.

www.peterlang.com

# Vorwort

Die vorliegende Schrift ist während meiner Tätigkeit als wissenschaftliche Mitarbeiterin und Doktorandin am Lehrstuhl für Allgemeine Betriebswirtschaftslehre, Unternehmensrechnung und Controlling am Fachbereich Wirtschaftswissenschaft der Universität Bremen entstanden. An dieser Stelle möchte ich all denjenigen danken, die mich während dieser Zeit unterstützt und damit zum Erfolg der Arbeit beigetragen haben.

Hervorgehobener Dank gebührt meinem Doktorvater und akademischen Mentor, Herrn Prof. Dr. Dr. h.c. Jochen Zimmermann, der mich in all den Jahren stets gefordert und gefördert und somit maßgeblich zum Gelingen des Dissertationsprojektes beigetragen hat. Herrn Prof. Dr. Michael Meser danke ich für die Bereitschaft, das Zweitgutachten zu übernehmen und für seine äußerst konstruktiven Anmerkungen. Herrn Prof. Dr. André W. Heinemann und Herrn Prof. Dr. Martin G. Möhrle sowie meinen Kollegen Max Brauckmann und Johannes Voshaar danke ich für die Mitwirkung in der Prüfungskommission und die damit verbundene aufgewendete Zeit.

Meinen Kollegen und Freunden am Lehrstuhl gilt mein herzlicher Dank für eine unvergessliche sowie intensive Zeit, an der ich persönlich wachsen konnte. Mein besonderer Dank geht an Dr. Sebastian A. Tideman, der Impulsgeber für das Dissertationsvorhaben war. Ebenso gilt ein besonderer Dank Max Brauckmann, der nicht nur Bürokollege und zeitweise auch Leidensgenosse war, sondern als guter Freund auch immer ein offenes Ohr für mich hatte. Vanessa Behrmann und Johannes Voshaar möchte ich für das intensive Korrekturlesen und die wertvollen Anmerkungen danken. Ein besonderer Dank gilt Moritz Hölzer, der mir gerade in der Finalisierung meiner Arbeit nahezu aufopferungsvoll zur Seite stand und aufgrund der zahlreichen fachlichen Diskussionen maßgeblich zum Gelingen des Promotionskolloquiums neben dem Berufseinstieg beigetragen hat. Auch danke ich meinen weiteren Kollegen Dr. Christian Götz, Steffen Guder, Dr. Christian Klindt, Martin Knipp, Dr. André Köster, Dr. Max Neubauer, Dr. Oliver Steinebach und Dr. Michael Streit für die gemeinsame Zeit am Lehrstuhl. Nicht zuletzt möchte ich mich bei den studentischen Hilfskräften des Lehrstuhls bedanken, insbesondere bei Fabian Albrecht und Benedikt Plate.

Meinen Freundinnen Dr. Alina van Eikeren, Vanessa Gebbeken, Lesley-Ann Herbrügger, Kerstin Stöver, Xenia S. Stumpf, Annika Papenbrock und Larissa

Wahls danke ich für die mentale Unterstützung und für ihren stets wertvollen Rat.

Abschließend gilt mein tiefster Dank meiner Familie – insbesondere Elke und Uwe Bartels – für die lebenslange Unterstützung. Euer Stolz auf mich sind mein Ansporn und Kraftquelle.

# Inhaltsverzeichnis


**Abkürzungsverzeichnis** ..... 11

**Tabellenverzeichnis** ..... 15

**Abbildungsverzeichnis** ..... 17

**1 Einleitung** ..... 19

1.1 Problemstellung und Zielsetzung ..... 19

1.2 Struktur der Arbeit ..... 21

**2 Finanzielle Globalisierung und Institutionenwandel** ..... 25

2.1 Finanzielle Globalisierung ..... 25

2.1.1 Relevanz und historische Einordnung ..... 25

2.1.2 Länderunterschiede und Lucas-Paradoxon ..... 30

2.2 Institutionen im Sinne der Neuen Institutionenökonomik ..... 35

2.2.1 Institutionenbegriff und Annahmen ..... 35

2.2.2 Persistenz und Economics of Institutions ..... 39

2.2.3 Konzept der Pfadabhängigkeit ..... 44

2.3 Bisherige Befunde für die Finanzmarktintegration ..... 47

2.4 Identifikation von Forschungslücken und Forschungsprogramm ..... 53

**3 Empirische Analyse zur Normierung der Rechnungslegung** ..... 57

3.1 BRICS-Länder als Untersuchungsobjekt ..... 57

3.2 Rechnungslegungssysteme und Regulierungsinstrumente ..... 65

3.2.1 Rechnungslegungssysteme ..... 65

3.2.2 Publizität ..... 72

3.2.3 Enforcement ..... 76

3.3 Operationalisierung von Regulierung ..... 78
3.3.1 Vorüberlegung ..... 78
3.3.2 Methodik zur Messung des Regulierungsniveaus ..... 80
3.3.3 Messung des Regulierungsniveaus in den Länderfällen ..... 89
3.3.3.1 Brasilien ..... 89
3.3.3.2 Russland ..... 95
3.3.3.3 Indien ..... 101
3.3.3.4 China ..... 107
3.3.3.5 Südafrika ..... 114
3.4 Diskussion der Ergebnisse ..... 120
3.5 Zwischenfazit ..... 127

**4 Empirische Analyse zur Wirkung von Rechnungslegung auf internationale Investitionen ..... 129**

4.1 Länderübergreifende M&A-Studien ..... 129
4.2 Datensatz ..... 138
4.2.1 Grenzüberschreitende M&A-Transaktionen ..... 138
4.2.2 Regulierungsniveaus in den OECD-Ländern ..... 143
4.2.3 Regulierungsdistanzen ..... 144
4.2.4 Interaktionsterm ..... 150
4.2.5 Kontrollvariablen ..... 153
4.3 Modellspezifikation ..... 156
4.4 Merkmale der Paneldatenanalyse ..... 158
4.5 Deskriptive Statistiken ..... 159
4.6 Regressionsergebnisse ..... 165
4.6.1 Schätzung des linearen Paneldatenmodells ..... 165
4.6.2 Ergebnisse der Hauptregression und Subsamples ..... 166
4.6.3 Robustheitstests ..... 170
4.7 Zwischenfazit ..... 174

**5 Schlussbetrachtung** ... 175

**Appendix** ... 179

**Literaturverzeichnis** ... 189

**Verzeichnis der verwendeten Rechtsquellen** ... 223

# Abkürzungsverzeichnis

**A**

ADF - *Augmented-Dickey-Fuller*
APB - *Accounting Principles Board*
AR - Autokorrelation
ASBE - *Accounting Standards for Business Enterprises*

**B**

BCB - *Banco Central do Brasil*
BoR - *Bank of Russia*
BR - Brasilien
BRIC - Brasilien, Russland, Indien, China
BRICS - Brasilien, Russland, Indien, China, Südafrika

**C**

CA - Kanada
CoA - *Companies Act*
CBRC - *China Banking Regulatory Commission*
CIPC - *Companies and Intellectual Property Commission*
CIPRO - *Companies and Intellectual Property Registration Office*
CN - China
CNT - Kontrollvariablen
CPC - *Comitê de Pronunciamentos Contábeis*
CPI - Korruptionswahrnehmungsindex
CSRC - *China Securities Regulatory Commission*
CVM - *Comissao de Valores Mobiliários*

**D**

DE - Deutschland

**E**

ED - Enforcementdistanz
EI - Enforcementindex
EU - Europäische Union

**F**

FASB - *Financial Accounting Standards Board*
FCSM - *Federal Commission of Securities Market*
FDI - *Foreign Direct Investment*
FdR - *Formulário de Referência*
FFMS - *Federal Financial Markets Service*
FSFM - *Federal Service for Financial Markets*
FR - Frankreich

**G**

GAAP FER - *General Accepted Accounting Principles* Fachempfehlungen zur Rechnungslegung
GATT - *General Agreement on Tariffs and Trade*
GLS - *Generalized Least Squares*
GuV - Gewinn- und Verlustrechnung

**H**

HAC - *heteroscedasticity and autocorrelation consistent*

**I**

IAS - *International Accounting Standards*
IASB - *International Accounting Standards Board*
IASC - *International Accounting Standards Committee*
IDRA - *Insurance Regulatory Development Authority of India*
ICAI - *Institute of Chartered Accountants of India*
IFRS - *International Financial Reporting Standards*
IN - Indien
Ind AS - *Indian Accounting Standards*
IPO - *Initial Public Offering*
IR - *Integrated Reporting*
ISA - *International Standards on Auditing*
IWF - Internationaler Währungsfonds

**J**

JP - Japan
JMIS - *Japan's Modified International Standards*
JSE - *Johannesburg Stock Exchange*

**K**

KMU - Kleine und mittlere Unternehmen

**M**

M&A - *Mergers & Acquisitions*
MCA - *Ministry of Corporate Affairs*
MD - Median
MICEX - *Moscow Interbank Currency Exchange*
MoF - *Ministry of Finance*
MOEX - *Moscow Exchange*
MOFCOM - *Ministry of Commerce*
MW - Mittelwert

**N**

NIÖ - Neue Institutionenökonomik
NSE - *National Stock Exchange*
NV - Normalverteilung

**O**

OECD - *Organisation for Economic Cooperation and Development*
OLS - *Ordinary Least Squares*

**P**

PBOC - *People´s Bank of China*
PBU - *Polozheniya po Bukhgalterskomu Uchetu*
PD - Publizitätsdistanz
PI - Publizitätsindex
PRC *People´s Republic of China*

**R**

RAS - *Russian Accounting Standards*
RBI - *Reserve Bank of India*
RTS - *Russian Trading System*
RU - Russland

**S**

SA - Standardabweichung
SA GAAP - *South African Generally Accepted Accounting Principles*
SAICA - *South African Institute of Chartered Accountants*
SARB - *South African Reserve Bank*
SCSC - *State Council Securities Commission*
SCRA - *Securities Contract Act*
SEBI - *Securities and Exchange Board of India*
SEC - *Securities and Exchange Commission*
SIC - *Standard Industrial Classification*
SOE - *State owned enterprise*
SOX - *Sarbanes-Oxley Act*
SSE - *Shanghai Stock Exchange*
SZSE - *Shenzhen Stock Exchange*

**U**

UK - Vereinigtes Königreich von Großbritannien und Nordirland
UNGA - Generalversammlung der Vereinten Nationen
US - Vereinigte Staaten von Amerika
US-GAAP - *United States Generally Accepted Accounting Principles*

**V**

VHB - Verband der Hochschullehrer für Betriebswirtschaft
VIF - Varianz-Inflationierungs-Faktor

**W**

WDI - *World Development Indicators*
WTO - *World Trade Organization*

**Z**

ZA - Südafrika

# Tabellenverzeichnis


Tabelle 1: Rechtssysteme der BRICS-Länder ... 80
Tabelle 2: Zusammensetzung und Berechnung des Publizitätsindex ... 85
Tabelle 3: Zusammensetzung und Berechnung des Enforcementindex ... 87
Tabelle 4: Publizitäts- und Enforcementindex Brasilien ... 91
Tabelle 5: Publizitäts- und Enforcementindex Russland ... 97
Tabelle 6: Publizitäts- und Enforcementindex Indien ... 103
Tabelle 7: Publizitäts- und Enforcementindex China ... 110
Tabelle 8: Publizitäts- und Enforcementindex Südafrika ... 116
Tabelle 9: Überblick empirischer Forschungsergebnisse ausgewählter Länderstudien ... 131
Tabelle 10: Deskriptive Statistik der grenzüberschreitenden M&A-Transaktionsanzahl und -wert ... 139
Tabelle 11: Publizitätsdistanz im Länderpaarvergleich ... 146
Tabelle 12: Enforcementdistanz im Länderpaarvergleich ... 147
Tabelle 13: Übersicht der im Modell verwendeten Kontrollvariablen ... 155
Tabelle 14: Univariate deskriptive Statistiken ... 160
Tabelle 15: Test auf Stationarität ... 162
Tabelle 16: Multivariate deskriptive Statistiken ... 164
Tabelle 17: Ergebnisse der Paneldatenregression (Hauptregression) ... 167
Tabelle 18: Schätzungen mit Ländergruppen ... 169
Tabelle 19: Schätzungen mit fixen Effekten für Erwerbsländer und für Zielländer ... 171
Tabelle 20: Schätzung mit euklidischen Distanzen ... 173

# Abbildungsverzeichnis


Abbildung 1: Weltweite FDI, 1991–2017 ........ 30
Abbildung 2: FDI inflows im Ländergruppenvergleich, 1991–2017 ........ 33
Abbildung 3: Institutions of Economics ........ 41
Abbildung 4: Bevölkerungsentwicklung und Anteil am weltweiten BIP der G7 und BRICS-Länder ........ 59
Abbildung 5: FDI inflows BRICS-Länder, 1991–2017 ........ 60
Abbildung 6: Determinanten nationaler Rechnungslegungssysteme ........ 69
Abbildung 7: Publizitätsindex, 1991–2017 ........ 121
Abbildung 8: Enforcementindex, 1991–2017 ........ 123
Abbildung 9: Entwicklung des durchschnittlichen Publizitäts- und Enforcementindex auf Ländergruppenebene ........ 124
Abbildung 10: Übersicht über die M&A-Transaktionen nach Zielland, 1991–2017 ........ 141
Abbildung 11: Publizitätsdistanzen 1991–2017 (Boxplots) ........ 148
Abbildung 12: Enforcementdistanzen 1991–2017 (Boxplots) ........ 149
Abbildung 13: Mögliche Variablenbeziehungen ........ 151

# 1 Einleitung

## 1.1 Problemstellung und Zielsetzung

Rechnungslegungssysteme[1] gelten als national verschiedenartig konstituiert. Sie existieren in Abhängigkeit von den nationalen sozialen, politischen und ökonomischen Rahmenbedingungen sowie weiterer rechnungslegungsrelevanter Institutionen.[2] Institutionell bauen sie Informationsasymmetrien zwischen Informationsbereitstellern und -nutzern ab. Folglich stellt qualitativ hochwertige Rechnungslegung eine wesentliche Voraussetzung für effiziente Vertragsabschlüsse dar.[3]

Die finanzielle Globalisierung impliziert, die perspektivische Beschränkung auf den Nationalstaat bei Investitionen zunehmend aufzugeben. Jedoch bleiben internationale Akteure bei der Suche nach geeigneten Investitionsmöglichkeiten mit verschiedenartigen nationalen Rechnungslegungssystemen konfrontiert. Diese unterschiedlichen nationalen Rechnungslegungssysteme erschweren die Vergleichbarkeit von Informationen bei Investitionsentscheidungen. So entstehen Marktunvollkommenheiten, die den finanziellen Globalisierungsprozess einschränken.[4] Der Abbau dieser Unvollkommenheiten erklärt die Erfolgswahrscheinlichkeit bei der Konkurrenz um Kapital für Investitionen. Somit erfordert dieser Internationalisierungsprozess laufend regulatorische Anpassungen, um steigenden Kapitalbedürfnissen zu begegnen und attraktive Rahmenbedingungen bei der Kapitalbeschaffung zu ermöglichen.

Insbesondere für Schwellenländer legt die ökonomische Theorie große Partizipationschancen in der globalen Finanzmarktintegration nahe.[5] Sie profitieren besonders von der Deregulierung des internationalen Zahlungsverkehrs, wenn Kapital ungeachtet der geografischen Distanz in die Länder transferiert werden

1 In Anlehnung an Oehr (2012), S. 1 sind die Begriffe Rechnungslegungssysteme, (externe) Rechnungslegung sowie Rechnungslegungsregulierung synonym verwendet. Für die zugrunde liegende Arbeit stehen diese Begriffe stellvertretend für die in einem Land existierenden Gesetze sowie weitere Regularien der Rechnungslegung. Weiterhin sind hierunter die Funktionen der Rechnungslegung sowie die formale Organisation der Genese von Rechnungslegungsnormen zu verstehen.

2 Vgl. Zimmermann/Werner/Volmer (2008), S. 2.

3 Vgl. Hammermeister (2012), S. 1.

4 Vgl. Levine/Zervos (1998).

5 Vgl. Hübner (1992), S. 552; Krugman/Obstfeld/Melitz (2018).

kann, in denen die höchste Produktivität vorzufinden ist.[6] Dieser theoretischen Annahme steht die empirische Beobachtung entgegen, dass Schwellenländer – in Abgrenzung zu entwickelten Ländern – regelmäßig das wesentliche Merkmal institutioneller Schwächen (*institutional voids*) aufweisen. In der Konsequenz gehen institutionelle Lücken mit einem Misstrauen von internationalen Investoren einher. Ob die Liberalisierungswelle der Finanzmärkte der letzten Jahre die entwicklungsökonomischen Hoffnungen in Schwellenländern langfristig erfüllt, bleibt damit unbeantwortet.

Ein wesentlicher institutioneller Aspekt für die Finanzmarktglobalisierung ist die Rechnungslegung. Die vergleichende Rechnungslegungsforschung zeigt, dass sie als Teil der institutionellen Infrastruktur bei der Finanzmarktintegration von großer Bedeutung ist. Dabei wird den Regulierungsinstrumenten Publizität und Enforcement die Bedeutung gewichtiger Parameter in Entscheidungssituationen internationaler Akteure zugesprochen.[7] Publizität umfasst die kodifizierten Offenlegungsanforderungen in der Rechnungslegung und das Enforcement deren Durchsetzung.[8] Aufgrund der nationalen Verschiedenheit der Rechnungslegungssysteme bestehen folglich in beiden Regulierungsbereichen heterogene Strukturen im Ländervergleich, was zu einem Anstieg von Informationskosten führt.[9] Die Orientierung hin zu der international üblichen informatorischen Rechnungslegung dient demnach dem weiteren Abbau von Informationsasymmetrien.[10]

Das Spannungsfeld zwischen den bestehenden nationalen Rahmenbedingungen und dem internationalen Anpassungsdruck an die Rechnungslegungssysteme bietet vielversprechende empirische Anknüpfungspunkte. Bisherige Forschungsbeiträge beziehen sich oftmals auf einzelne regulatorische Ereignisse. Zudem ergibt sich empirische Evidenz zu Systemangleichungsprozessen

---

6 Vgl. La Porta et al. (1997); La Porta et al. (1998); Acemoglu/Johnson/Robinson (2001); Acemoglu/Johnson/Robinson (2002).

7 In der vorliegenden Arbeit werden Rechnungslegungssysteme durch die beiden Regulierungsinstrumente Publizität und Enforcement determiniert.

8 Vgl. Daske et al. (2008), S. 1131.

9 In der Literatur wird hier insbesondere vom Konvergenz- oder auch Harmonisierungsprozess in der Rechnungslegung gesprochen. Auf diese Debatte wird in der vorliegenden Arbeit weitestgehend verzichtet. Vielmehr wird der Wandel der Rechnungslegung in dieser Arbeit als in Abhängigkeit von den nationalen Rahmenbedingungen verstanden. Demzufolge wird eher von Crossvergenz gesprochen, vgl. hierzu Kapitel 2.3.

10 Vgl. DeFond et al. (2012), S. 28; Beneish/Miller/Yohn (2015), S. 2.

aus Langzeitstudien überwiegend für entwickelte Länder.[11] An dieser Stelle setzt die vorliegende Arbeit an. Die Arbeit widmet sich einerseits der Frage, inwiefern institutionell schwache Länder auf den Internationalisierungsdruck in der Rechnungslegung reagieren und ob dies andererseits mit positiven Effekten bei der internationalen Kapitalverflechtung einhergeht. In einem ersten Schritt wird bei einer Gruppe von Schwellenländern (hierbei handelt es sich um die Länder Brasilien, Russland, Indien, China und Südafrika; BRICS) die Entwicklung ihrer Rechnungslegungssysteme im Zeitablauf beurteilt. Die Arbeit nimmt eine Bestandsaufnahme über die Entwicklung der Regulierungsinstrumente vergleichend für die beiden Bereiche Publizität und Enforcement der einzelnen Länder vor.

Ob sich aus der Angleichung von Publizität und Enforcement ökonomische Effekte beobachten lassen, soll in einem zweiten Schritt geprüft werden. Hierbei steht der Zusammenhang internationaler Kapitalströme zu inkrementellen Rechnungslegungsregulierungsmaßnahmen im Vordergrund. Die im ersten Schritt gewonnenen Erkenntnisse über die Entwicklungsverläufe der Rechnungslegungsregulierung werden für die Beurteilung genutzt. Dabei sollen auch Wechselwirkungen von Publizität und Enforcement betrachtet werden.

Die Arbeit bietet durch die Betrachtung der institutionsökonomischen Besonderheiten einen Beitrag zum besseren Verständnis der internationalen Finanzmarktintegration von Schwellenländern. Eine besondere Bedeutung wird der Rechnungslegung als integraler Bestandteil des nationalen institutionellen Umfelds beigemessen. Sie trägt zur Beantwortung der Frage bei, ob die Regulierungsentwicklung in den BRICS-Ländern die Möglichkeiten verbessert, sich erfolgreich an der Globalisierung der Finanzmärkte zu beteiligen.

## 1.2 Struktur der Arbeit

Die vorliegende Arbeit gliedert sich in drei Hauptteile, die jeweils in einem Kapitel gefasst sind. Der Einleitung folgt im Kapitel 2 zunächst eine Darstellung des finanziellen Globalisierungsprozesses sowie unterschiedlicher Ländergruppen, die in abweichender Intensität am Globalisierungsprozess partizipieren. Aufbauend darauf wird die Identifikation und Bedeutung von Institutionen und deren Änderungsdynamik beschrieben, da bedingt durch den Internationalisierungsprozess individuelle Änderungsprozesse auf mehreren Ebenen

11 Vgl. u. a. Meser (2014); Abée (2017); Tideman (2017); Zimmermann/Tideman (2017); Abée et al. (2019).

innerhalb eines Landes notwendig sind. Innerhalb dieses Spannungsverhältnisses werden im Anschluss zwei Teilbereiche bestimmt, die für die beiden nachfolgenden Kapitel die zu behandelnden Forschungsfragen aufzeigen.

Kapitel 3 widmet sich der Untersuchung der Rechnungslegungsregulierung in Schwellenländern, da sich diese Länder aufgrund ihrer institutionellen Schwächen als interessantes Untersuchungsobjekt anbieten. Stellvertretend für die Schwellenländer werden die BRICS-Staaten als repräsentative Ländergruppe ausgewählt. In einem nächsten Schritt wird das nationale Rechnungslegungssystem als wesentlicher institutionalisierter Bereich im finanziellen Globalisierungsprozess identifiziert. Darauf aufbauend werden die Regulierungsinstrumente Publizität und Enforcement definiert. Anschließend wird in einer deskriptiven Analyse die Entwicklung der Rechnungslegungsregulierung in dem ausgewählten Ländersample dargestellt. Auf dieser Basis wird die erste Forschungsfrage beantwortet, inwiefern (notwendige) Maßnahmen in der Rechnungslegungsregulierung der BRICS-Länder vorgenommen worden sind und wie sich die Entwicklungsverläufe von Publizität zu Enforcement in den einzelnen Ländern beziehungsweise in der gesamten Ländergruppe unterscheiden. Geeignete qualitative Vergleichsparameter aus den nationalen gesetzlichen Anforderungen der beiden Bereiche Publizität und Enforcement bilden die Basis für dieses Kapitel, wobei die Operationalisierung mithilfe leximetrischer Indizes erfolgt. Nach der Ergebnispräsentation und -diskussion schließt das Kapitel mit einem Zwischenfazit.

Kapitel 4 umfasst den zweiten empirischen Teil der Arbeit. Gegenstand ist die Untersuchung des Wirkungszusammenhangs zwischen der inkrementellen Rechnungslegungsentwicklung und internationalen Investitionsströmen. In einem ersten Schritt wird ein Überblick über bisherige empirische Forschungsergebnisse gegeben. Hieraus wird ersichtlich, wie für heterogene Länderstudien modelltheoretisch für institutionelle Besonderheiten kontrolliert wird. Im Anschluss erfolgen die Erläuterung der methodischen Vorgehensweise sowie die Vorstellung der Datenbasis. Aufbauend auf den Ergebnissen aus der ersten empirischen Analyse in Kapitel 3, wird die Untersuchung des Wirkungszusammenhangs um eine ländergruppenübergreifende Perspektive ergänzt. Hierzu werden die leximetrischen Daten weiterer entwickelter Länder aus vorherigen Studien hinzugenommen. Die Integration eines geeigneten Distanzmaßes ermöglicht es, eine Beurteilung des Regulierungsniveaus auf Länderpaarebene über den Beobachtungszeitraum von 1991–2017 vorzunehmen. Der Spezifikation des Regressionsmodells schließt sich eine Darstellung der Besonderheiten von Paneldatenschätzungen an, die für die Modellschätzungen Berücksichtigung finden. Die Regressionsergebnisse werden sodann in unterschiedlichen

Ländergruppensettings betrachtet, zunächst für die gesamte Stichprobe als auch auf Ländergruppenebenen. Der Interpretation der Regressionsergebnisse folgen Robustheitstests, welche die Ergebnisse der Hauptregression auf ihre Robustheit überprüfen. Ein Zwischenfazit bildet den Abschluss des Kapitels.

Die in Kapitel 5 vorgenommene Schlussbetrachtung fasst die wesentlichen Ergebnisse aus der vorliegenden Schrift zusammen und beantwortet die formulierten Forschungsfragen. Zum Abschluss werden Limitationen der Arbeit aufgezeigt und vielversprechende Anknüpfungspunkte für weitere Forschungsprojekte aufbauend auf den aus dieser Schrift hervorgehenden Erkenntnissen aufgezeigt.

# 2 Finanzielle Globalisierung und Institutionenwandel

## 2.1 Finanzielle Globalisierung

### 2.1.1 Relevanz und historische Einordnung

Spätestens seit den 1970er-Jahren ist die Bezeichnung „finanzielle Globalisierung“ ein integraler Bestandteil zur Beschreibung und Erklärung von Internationalisierungsprozessen im allgemeinen Sprachgebrauch und nimmt in wissenschaftlichen Diskussionen der Ökonomieentwicklung eine wichtige Rolle ein.[12] Sie gilt in vielen Forschungsbereichen der Sozialwissenschaften als eine der wichtigsten Untersuchungsgegenstände der letzten Jahrzehnte.[13] Publikationen der Politischen Theorie[14], der (internationalen) Politischen Ökonomie[15], der Soziologie[16] sowie der Theorie der internationalen Beziehungen[17] setzen die finanzielle Globalisierung in den Forschungsfokus. Der angloamerikanisch geprägte Begriff der finanziellen Globalisierung erhebt dabei grundsätzlich keinen Anspruch auf eine Bedeutungspräzision.[18] Begründet liegt dies in der interdisziplinären Betrachtungsweise sowie der Komplexität des Phänomens selbst. Vielen Definitionsversuchen ist jedoch die Betonung der Überwindung von Distanzen jeglicher Art zwischen einzelnen Nationen gemein.[19] Die finanzielle Globalisierung steht hierbei synonym für eine Breite an Prozessen,

12 Vgl. Hammermeister (2012), S. 72.

13 Vgl. Held (2011), S. 28.

14 Vgl. hierzu u. a. Held (1995); Giddens (1998).

15 Vgl. hierzu u. a. Hudson/Woodward/Baker (2005); de Luna Martínez (2002), S. 20.

16 Vgl. hierzu u. a. Martell (2017).

17 Vgl. hierzu u. a. Verbeke/Coeurderoy/Matt (2018).

18 Vgl. Lamfalussy (2001), S. 11.

19 Eine erste Definition des Wortes Globalisierung lautet: „Die Weltwirthschaft kann [...] die Natur eines grossen Organismus annehmen, in welchem die einzelnen Volkswirthschaften (oder genauer gesagt die Einzelwirthschaften in ihnen) die Function von Gliedern erhalten.“ Wagner (1892), S. 362. Gustav Schmoller, Vertreter der historischen Schule der Nationalökonomie, sieht die Globalisierung als: „Summe der heute in gegenseitige Abhängigkeit gekommenen Volkswirtschaften.“ (zitiert nach Pohl (1989), S. 14).

die die Transformation zu einem finanziellen Weltsystem vorantreibt, und ist daher als multifaktoriell getriebener Prozess zu verstehen.[20]

Die Debatte um den historischen Entstehungsmoment der finanziellen Globalisierung zeigt ein differenziertes Bild und lässt sich nicht auf einen Zeitpunkt beziehungsweise ein auslösendes Ereignis festlegen. Es wird diskutiert, ob die finanzielle Globalisierung eine in den vergangenen Jahrzehnten entstandene Erscheinung darstellt oder lediglich eine neue Bezeichnung für ein bereits seit langer Zeit existierendes Phänomen ist. Letzteres sieht in der finanziellen Globalisierung die intensivierte Fortsetzung von Prozessen, die bereits seit Jahrhunderten bestehen.[21] Einigkeit herrscht zumeist über historische Intensitätsphasen der finanziellen Globalisierung, die über die letzten Jahrhunderte hinweg starke und schwache Ausprägungen zeigen. Sie ist daher als Ergebnis des Zusammenwirkens und der gegenseitigen Verstärkung längerfristiger Prozesse zu verstehen. Diese Tatsache spricht für eine inkrementelle Entwicklung hin zu einem integrativen globalen System.[22]

Der Weg für den inkrementellen Entwicklungsprozess der finanziellen globalen Vernetzung ist bereits in der Mitte des 19. Jahrhunderts mithilfe von Erfindungen der Industriellen Revolution geebnet worden. Hierdurch setzte ein Prozess globaler Vernetzung ein, durch den die Begrenzung durch den Nationalstaat überwunden wurde und die Bedürfnisse internationaler Akteure befriedigt werden konnten.[23] Neben materiellen sind zunehmend auch immaterielle geistige Erzeugnisse zu Produkten grenzüberschreitenden Handelns geworden. Begünstigt wurde der weltweite Freihandel und die Liberalisierung der Finanzmärkte durch weitere politische Entwicklungen[24], wodurch ein Zusammenwachsen der Welt bis zum Beginn des Ersten Weltkrieges zu beobachten ist.[25] Die Weltkriege begründen zunächst ein abruptes Ende der finanziellen Globalisierung, da wesentliche Faktoren dieses Prozesses, wie beispielsweise Lieferketten und Produktionsstandorte, beeinträchtigt wurden.[26] Bis zum Jahr 1945 folgte daher eine Phase der Deglobalisierung, in der die internationalen Verflechtungen zunächst zurückgingen. Von 1914–1971 haben die wirtschaftlichen Anforderungen bedingt durch zwei Weltkriege, die

20 Vgl. Giddens (2003), S. 40.
21 Vgl. Pieterse (1994), S. 161.
22 Vgl. Klodt (1998), S. 8.
23 Vgl. Marx/Engels (1848), S. 3.
24 Vgl. Obstfeld/Taylor (2004), S. 15–17.
25 Vgl. Hammermeister (2012), S. 73.
26 Vgl. Fäßler (2007), S. 98–99.

große Depression von 1929–1933 sowie die anschließende Teilung der Welt in marktorientierte kapitalistische Volkswirtschaften einerseits und zentrale Planwirtschaften andererseits den Fokus auf die weltweite Finanzmarktintegration zumindest bis 1973 verloren.[27] Durch vielzählige politische Interventionen nach dem Zweiten Weltkrieg änderte sich dies schrittweise wieder. Infolge des Wiederaufbaus und spätestens seit den 1970er-Jahren setzte eine erneute Globalisierungsdynamik mit dem Ende des Bretton-Woods-Systems sowie der Abschaffung der Kapitalverkehrskontrollen durch nationale Regierungen weltweit ein.[28] Die stetige Aufhebung der staatlichen Beschränkungen der Kapitalmobilität führte zur Integration eines globalen Finanzmarktes, der Investoren zunehmend Möglichkeiten eröffnet, internationale Investitionen zu platzieren. Die Bedeutung des Finanzsektors hat in allen am globalen Finanzmarkt partizipierenden Volkswirtschaften rasant zugenommen. Durch den Zusammenbruch der Sowjetunion 1989/1990 gewann dieser Prozess weiter an Intensität.[29] Diese durch den technologischen Wandel angetriebene Hochphase der finanziellen Globalisierung dauert bis heute an.

Die technologische Entwicklung zur Ebnung internationaler Kommunikation ist als wesentlicher Treiber der finanziellen Globalisierung herauszustellen, die sich seit den 1980er-Jahren zunehmend intensiviert. Unter internationaler Kommunikation sind alle Prozesse zu verstehen, die Kommunikationsaktivitäten internationaler Akteure ermöglichen, hierbei ist die Vernetzung der Welt durch die Verbesserungen im Informations- und Telekommunikationssektor gemeint.[30] Folglich ist die Überwindung von (geografischen) Distanzen zwischen Nationalstaaten durch die Zunahme internationaler Kommunikation begründet. Die Schaffung geeigneter logistischer Infrastrukturen münden in effizienteren Transport- und Reisewegen, die als weitere Triebkraft der Internationalisierung zu nennen sind. Im Bereich der Verkehrs-, Luft- und Seefracht sind im Zeitverlauf deutliche Verbesserungen zu verzeichnen.[31] Dies begünstigte die Schaffung internationaler Produktionsstandorte. Die transnationale Aufteilung von Wertschöpfungsketten führt zur Ausdifferenzierung der Arbeitsteilung. Es ergeben sich Synergieeffekte, die maßgeblich durch die internationalen Aktivitäten geteilter Produktionen begründet sind. Diese

27 Vgl. Obstfeld/Taylor (2004).
28 Vgl. Zimmermann/Werner/Volmer (2008), S. 147.
29 Vgl. Obstfeld/Taylor (2004), S. 28.
30 Vgl. Huck (2002), S. 344.
31 Vgl. Hammermeister/Zimmermann (2010), S. 4.

Entwicklung bringt zudem Kostensenkungspotenziale hervor.[32] Darüber hinaus sind Kapitalbesitzer in der Lage, Risiken weltweit zu diversifizieren und dadurch mehr Kapital für Investitionen bereitzustellen. Durch geöffnete Kapitalmärkte kann das Kapital an seine produktivsten Standorte transferiert werden.[33] Effizienzaspekte in der Kapitalmarktkommunikation sind demzufolge durch die Qualität und Geschwindigkeit der Informationsübertragungen, sowie die gesunkenen Kosten als wesentliche Merkmale zu nennen. Effizientere Kommunikationswege stellen Faktoren dar, welche die Unternehmenswelt nachhaltig verändern.[34]

Aufgrund der genannten Verbesserungen in der internationalen Kommunikation und der damit verbundenen Möglichkeit des Kapitalaustausches auf weltweiten Märkten hat der Handel mit Wertpapieren seit den 1970er-Jahren einen stetigen Zugewinn erfahren.[35] Dies macht sich insbesondere in der Beziehung zwischen Kapitalanbietern und -nachfragern bemerkbar, und die Finanzierung über langfristige Kreditbeziehung zwischen Gläubiger und Bank ist oft von anonymen kurzfristigen Kapitalbeschaffungsmaßnahmen abgelöst worden.[36] Die Außenfinanzierung wird für multinational agierende Akteure generell bedeutender, da der steigende Kapitalbedarf weder durch Innenfinanzierung noch durch die inländischen Kapitalmärkte gedeckt werden kann.[37]

Multinational agierende Akteure stellen demzufolge das Handlungssubjekt solcher Entscheidungen dar. Akteure werden als multinational bezeichnet, wenn sie regelmäßig Auslandsbeziehungen halten.[38] International agierende Akteure stehen bei internationalen Investitionen vor Herausforderungen. Sie verfügen über Kenntnisse des heimischen Marktes hinsichtlich sozialer, politischer und ökonomischer Strukturen. Im Ausland sind sie hingegen mit anderen Rahmenbedingungen durch fremde soziokulturelle Normen, einem differierenden regulativen Umfeld sowie heterogenen Präferenzen von Investitionspartnern konfrontiert.[39] Diese Prozessunsicherheit ist durch abweichende

32 Vgl. hierzu: Bundeszentrale für Politik, online abrufbar unter: https://www.bpb.de/nachschlagen/zahlen-und-fakten/globalisierung/52499/transport-und-kommunikation. Hier findet sich eine Übersicht der Kostenentwicklung für Telekommunikation, Luft- und Seefracht in einer vergleichenden Gegenüberstellung.

33 Vgl. Schularick (2006), S. 2.

34 Vgl. Levitt (1983), S. 92.

35 Vgl. Hickel (1998), S. 175–176; Meser (2014), S. 38.

36 Vgl. Lütz (2002), S. 19–20.

37 Vgl. Hammermeister (2012), S. 73.

38 Vgl. Dunning/Lundan (2008), S. 3.

39 Vgl. Poplat (2014), S. 13.

nationale Strukturen[40] begründet. Aufgrund dieser divergierenden Strukturen zeichnen sich grenzüberschreitende Kapitalströme im Gegensatz zu rein inländischen durch einen höheren Grad an Komplexität aus.[41] Der Kapitalverkehr ist heute sowohl durch Akteure geprägt, die auf ausländischen Märkten Geld platzieren, als auch solche, die auf ausländischen Märkten Kapital aufnehmen.[42] Dies impliziert eine völlig neue Komponente im geschichtlichen Ablauf, was den Ansatzpunkt für eine Betrachtung der finanziellen Globalisierung als neue realgeschichtliche Epoche kennzeichnet.[43] Dieser Anpassungsprozess gilt als bewusst wahrgenommen, jedoch ist er zunächst nicht beobachtbar, sondern lediglich implizit vermutet.

Tauschbeziehungen in Form von Geldflüssen zeigen die messbare Überwindung von (geografischen) Distanzen. Die Zunahme internationaler Kapitalflüsse ist über die weltweiten ausländischen Direktinvestitionen (*foreign direct investments*, FDI) abzulesen.[44] Dabei bauen FDI auf komplexen Investitionsentscheidungen auf, die eine Reihe von Entscheidungen hinsichtlich des Ziellandes verlangen.[45] Abbildung 1 zeigt die weltweiten FDI im Zeitablauf. Nach einem stetigen Wachstum in den 1990er-Jahren folgt ein Abschwung um die Jahrtausendwende. Durch Bilanzskandale, wie die von Enron im Jahr 2001 und WorldCom im Jahr 2002, fehlt den ausländischen Investoren das Vertrauen in die regulativen Kräfte der Kapitalmärkte, was sich in einem Abschwung der Transaktionen in den folgenden Jahren zeigt. Ein erneuter Anstieg auf ein bisheriges historisches Maximum wird abermals durch eine globale Krise, hier die einsetzende Finanzkrise im Jahr 2007, von einem Rückgang der Transaktionen abgelöst. Der Verlauf deutet auf erhebliche Schwankungen derartige FDI-Transaktionen hin. Diese Schwankungen werden in der Literatur als Wellen bezeichnet, die mit zunehmender finanzieller Verzahnung auch mit

40 Mit diesen unterschiedlichen nationalen Strukturen ist insbesondere die Ausstattung eines Nationalstaates mit individuellen institutionellen Rahmenbedingungen gemeint. Die Bedeutung, Entstehung und der Wandel von institutionellen Rahmenbedingungen werden in Kapitel 2.2 näher erläutert.

41 Vgl. Shimizu et al. (2004), S. 335.

42 Vgl. Hammermeister (2012), S. 97.

43 Vgl. Dürrschmidt (2004), S. 12.

44 Kapitalbewegungen gelten als ein integraler Bestandteil der finanziellen Globalisierung und dienen als geeignetes Messinstrument für die Darstellung der finanziellen Globalisierungsentwicklung. Vgl. Zimmermann/Werner/Volmer (2008), S. 147.

45 Beispielsweise sind im Ausland sich ändernde Zinssätze oder Wechselkurse vorzufinden.

dem Ausmaß von Finanzkrisen einhergehen.[46] Diese Beobachtungen sind im Einklang mit der vorherigen Identifikation unterschiedlicher Intensitäten der Globalisierungsentwicklungen im Zeitablauf. In der Literatur wird vor allem der technologische Fortschritt als zeitlich parallel verlaufender Prozess zu den FDI-Entwicklungen identifiziert, was ein Indiz für diesen Zusammenhang ist.[47]

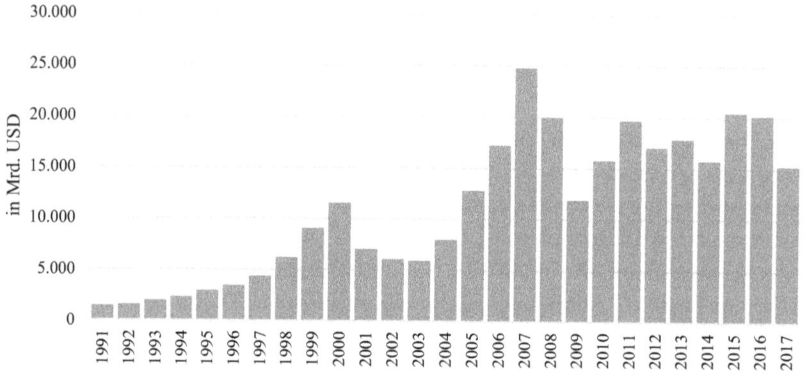


**Abbildung 1:** Weltweite FDI, 1991–2017
(Quelle: eigene Darstellung, Daten entnommen von der Weltbank)

Die weltweite Entwicklung der FDI-Transaktionsvolumina zeigt einen deutlichen Interessenzugewinn ausländischer Transaktionen im Zeitablauf. Insbesondere geschlossene Handelsabkommen und die Erleichterung des Markteintritts durch innovative Regularien im Ausland im Zuge globalisierter Finanzmärkte haben Informationsasymmetrien abgebaut und folglich Verarbeitungskosten für multinationale Investoren reduziert.[48] Es bleibt allerdings unklar, welche Länder dieses Wachstum verursachen, in welche Länder das Kapital investiert wird und ob alle Länder gleichermaßen an den steigenden Kapitalflüssen beteiligt sind.

### 2.1.2 Länderunterschiede und Lucas-Paradoxon

Wenngleich die zunehmende finanzielle Vernetzung über Landesgrenzen hinweg ein Merkmal der finanziellen Globalisierung darstellt, erfolgt diese für

46 Vgl. Xu (2017), S. 229.
47 Vgl. Klodt (1998), S. 8.
48 Vgl. Di Giovanni (2005), S. 132.

Nationalstaaten weder gleichzeitig noch in derselben Intensität. Manche Länder sind nur in geringem Maße am Internationalisierungsprozess beteiligt und/oder werden nur langsam in den Prozess einbezogen, was zu einer ungleichen Integration ganzer Volkswirtschaften beziehungsweise einzelner Regionen führt.[49] Die Vorteile des Integrationsprozesses für Länder mit geringerer Kapitalausstattung ergeben sich durch die Möglichkeit, sich am Weltmarkt Geld leihen zu können, um es auf dem heimischen Markt zu investieren.[50] Somit kann ohne eine Erhöhung von Sparmaßnahmen die Investitionsquote in ärmeren Ländern steigen und das Wirtschaftswachstum gefördert werden. Aus der neoklassischen Wachstumstheorie geht hervor, dass Kapitalströme von kapitalreichen zu kapitalarmen Ländern führen sollten, da in Letzteren die Kapitalerträge höher sind. Theoretisch sollten diese Finanzströme die begrenzten inländischen Ersparnisse in den kapitalschwachen Volkswirtschaften ergänzen und durch die Senkung der Kapitalkosten höhere Investitionen ermöglichen.[51] In der Literatur wird die Unterscheidung zwischen kapitalreichen und kapitalarmen Ländern oftmals in der Kategorisierung einwickelte, Schwellen- und Entwicklungsländer vorgenommen.[52]

In Schwellenländern findet zumeist eine Fokussierung auf zwei Sektoren statt, ein Bereich konzentriert sich auf Fertigungs- und Dienstleistungsprodukte, der andere auf Landwirtschaft.[53] Typischerweise stellt ein schnelles Wachstum eine weitere Gemeinsamkeit von Schwellenländern dar; sie befinden sich in einem stetigen Wandlungsprozess. Demgegenüber stehen niedrige Lohnniveaus als Indikator für eine langsamere soziale Entwicklung in diesen Ländern.[54] Dabei nutzen sie die wirtschaftliche Liberalisierung als Antrieb für ihr ökonomisches Wachstum.[55] Schwellenländer zählen traditionell noch zu

49 Vgl. Sanfuentes (2007), S. 261.

50 Vgl. Obstfeld (1998), S. 2.

51 Vgl. Lucas (1990), S. 92.

52 Für die nachfolgende Untersuchung steht die Bedeutung von Schwellenländern im Vordergrund, dessen Abgrenzung zu den anderen Ländergruppen eine Präzision erfordert. Deshalb wird an dieser Stelle eine genauere Definition dieser Ländergruppe vorgenommen, wobei es an einer international gültigen Definition mangelt.

53 Vgl. Chakrabarti (2016), S. 151.

54 Beispielsweise finden sich im Vergleich zu entwickelten Länder Defizite im Bereich Bildung und/oder Gesundheit vor.

55 Vgl. Hoskisson et al. (2000), S. 249; Luo/Junkunc (2008), S. 133.

den Entwicklungsländern, weisen allerdings nicht mehr deren typische Merkmale auf.[56]

In der englischsprachigen Literatur sind für Schwellenländer verschiedene Begriffe vorzufinden; unter anderem: *newly industrialized countries, emerging markets, southern multinationals, emerging and developing economies, third world multinationals* oder auch *threshold countries.*[57] In Ermangelung einer einheitlichen Definition beziehungsweise einer identischen Zusammenfassung dieser Ländergruppe treten unterschiedliche Kategorisierungen durch die verschiedenen Institutionen wie UN, den Internationalen Währungsfond (IWF) oder die Weltbank auf. Die Länderanzahl innerhalb der Gruppierungen variiert teils erheblich. Bei der Weltbank werden aktuell 107 Länder[58] als Schwellenländer deklariert, der IWF hingegen kategorisiert hierunter 155 Länder.[59] Die UN wiederum zählt 126 Schwellenländer.[60]

Das Wirtschaftswachstum eines Landes hängt insbesondere von den vorhandenen Finanzmittelzuflüssen ab. Dies stellt einen ersten geeigneten Indikator dar, um eine Unterscheidung verschiedener Ländergruppen messbar vorzunehmen. Abbildung 2 zeigt die FDI inflows, was einen Vergleich unterschiedlicher großer Wirtschaftsräume ermöglicht.

---

56 Die Klassifizierung in entwickelte, Schwellen- und Entwicklungsländer hängt von den betrachteten Parametern ab. Zu den wesentlichen Merkmalen von Entwicklungsländern zählen neben einem niedrigen BIP, geringe Spar- und Investitionsneigungen, das Vorhandensein eines primären Sektors (Landwirtschaft), einer schlechten Infrastruktur und wenig industrielle Sektoren. Für eine detaillierte Ausführung siehe Grohs (1973).

57 Vgl. u. a. Adams (1998); Dunning/van Hoesel/Narula (1998).

58 Die Weltbank klassifiziert die Ländergruppe als „Middle-income economies", in dieser Auflistung finden sich alle BRICS-Länder: https://data.worldbank.org/country/middle-income.

59 Der IMF führt diese Liste mit der Ländergruppenbezeichnung „Emerging markets and developing economies", alle BRICS-Länder werden in dieser Auflistung aufgeführt: https://www.imf.org/external/pubs/ft/weo/2019/02/weodata/weoselagr.aspx.

60 Die UN führt die Liste der 126 Länder unter der Bezeichnung „Economies in Transition".

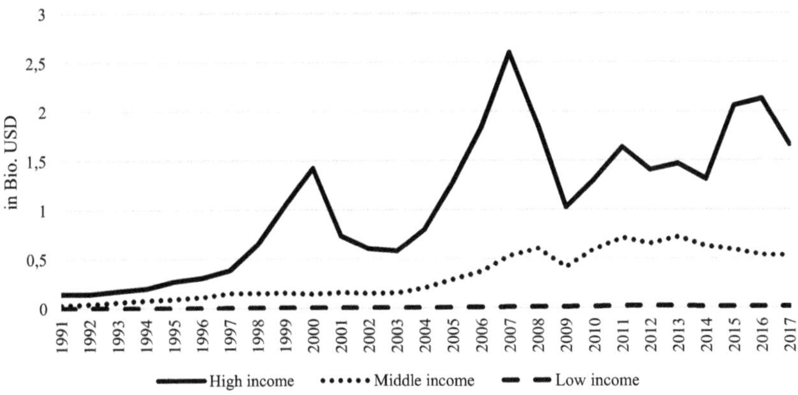


**Abbildung 2:** FDI inflows im Ländergruppenvergleich, 1991–2017
(Quelle: eigene Darstellung, Daten entnommen von der Weltbank)

Aus den drei Entwicklungsverläufen zeigt sich, dass die FDI inflows in den *High-Income*-Ländern, wenn auch mit Schwankungen, über die beobachtete Zeit einen kontinuierlichen Zuwachs erfahren, während die *Low-Income*-Länder sich auf einem dauerhaft niedrigen Niveau befinden. Die *Middle-Income*-Länder verzeichnen hingegen seit Beginn der 2000er-Jahre einen deutlichen Zuwachs.[61] Gründe für diese Heterogenität der Kapitalflüsse sind ein viel diskutierter Gegenstand der Forschung.

Lucas (1990) untersucht in seinem Beitrag die Inkohärenz zwischen der theoretischen Annahme freifließenden Kapitals und den tatsächlichen Kapitalflüssen. Die Beobachtung, dass das Kapital eher zwischen reichen Ländern fließt, wird in der Literatur als Lucas-Paradoxon beschrieben. In seiner Studie vergleicht er die USA und Indien. Unter den Annahmen der neoklassischen Wachstumstheorie zeigt er, dass das Grenzprodukt des Kapitals in Indien im Jahr 1988 58 Mal höher als in den USA ist. Diese sollte nach dem Verständnis der Neoklassik zu einem Kapitalfluss von den USA nach Indien führen, bis die Grenzprodukte des Kapitals in beiden Ländern gleichgroß wären. In der Praxis zeigt sich jedoch ein anderes Bild. Als Erklärung der Divergenz von Theorie und Praxis wird in der Studie selbst auf die Unvollkommenheit im Humankapital von Indien als stellvertretendes Land für Schwellenländer verwiesen. Die

61 Für eine Übersicht der inbegriffenen Länder in den drei Kategorien siehe: https://data.worldbank.org/indicator/NY.GDP.PCAP.CD.

Anwendbarkeit des Grenzprodukts als Erklärungsfaktor für die Richtung der globalen Kapitalströme wurde damit infrage gestellt und bietet bis heute vielerlei Anknüpfungspunkte für weitere mögliche Erklärungen im Hinblick auf die Ursachen dieser ungleichen Kapitalströme.[62]

Viele weitere Studien haben sich der Beantwortung des Lucas-Paradoxons angenommen, um Gründe für dieses zu untersuchen.[63] Ein Literaturstrang widmet sich der Bedeutung der Institutionen. So wird gezeigt, dass die institutionelle Qualität des sozialen, politischen und ökonomischen Umfelds zu wichtigen Determinanten der internationalen Kapitalflüsse zählt. Das Lucas-Paradoxon widmet sich in diesem Literaturstrang demzufolge der Frage nach dem Länderrisiko, das mit Investitionen im Ausland verbunden ist.[64] Diese Faktoren interagieren und formen den individuellen Erfolg und die Attraktivität eines Marktes. Vertrauenswürdigen Institutionen wird beim Markteintritt im Ausland eine bedeutende Rolle zugesprochen. Insbesondere wird die Rolle des Staates in Schwellenländern angebracht, da hier oftmals das Kriterium der Korruption als ein negativer Faktor Erwähnung findet.[65] Zudem spielt politische Stabilität eine gewichtige Rolle, wenn es um Entscheidungssituationen geht.

Hinsichtlich der internationalen Finanzmarktintegration zeigen La Porta et al. (1998), dass dem Gläubigerschutz durch das Rechtssystem eine bedeutsame Rolle beigemessen wird. Sie betonen, dass stärkere Rechtspositionen von

---

62 Vgl. Lucas (1990).

63 Clemens (2002) zeigt beispielsweise, dass nicht nur reiche Länder in ähnlich reiche Länder investieren, sondern auch Kapitalnehmer aus armen Ländern einen relativ schwierigen Zugang zu inländischem Kapital haben, da Kapitalgeber aus armen Ländern lieber im Ausland als im Inland investieren. Dies ist auf Marktversagen in Entwicklungsländern zurückzuführen. Kapitalnehmer aus Entwicklungsländern erhalten nicht genügend Anreize, in Entwicklungsländern zu investieren. Reinhart/Rogoff (2004) heben einen weiteren Grund für das Lucas-Paradox hervor. Ihrer Meinung nach liegt das Hauptproblem in der Unfähigkeit armer Länder, ihren finanziellen Verpflichtungen im Zusammenhang mit dem Schuldendienst und der Rückzahlung ihrer Auslandsschulden nachzukommen. Das ist der Grund, warum Investoren sie nicht als sichere Investitionsziele wahrnehmen. So sind nicht so sehr zurückhaltende Investitionen reicher Länder in armen Ländern, sondern die Tatsache, dass diese Investitionen (insbesondere Kredite) vor allem in Ländern getätigt werden, die ihre Schulden bereits nicht fristgerecht zurückgezahlt haben, ein Paradoxon.

64 Vgl. Alfaro/Kalemli-Ozcan/Volosovych (2005).

65 Vgl. u. a. Mudambi/Navarra/Delios (2013).

Gläubigern gegen Kreditnehmer breitere und tiefere Anleihen- und Aktienmärkte zur Folge haben.[66] Diese Feststellung kann sodann auf einen internationalen Kontext übertragen werden, denn so hängt die Größe des internationalen Kapitalmarktes maßgeblich von den rechtlichen Bedingungen zum Gläubigerschutz ab.[67] Diese Überlegung zur Bedeutung nationaler Gegebenheiten für die Konstruktion eines Weltmarktes lässt folglich Fragen nach den nationalen Unterschieden in der Integration in einen Weltmarkt aufkommen. Hierzu sollen zunächst Institutionen untersucht werden.

## 2.2 Institutionen im Sinne der Neuen Institutionenökonomik

### 2.2.1 Institutionenbegriff und Annahmen

> *"We cannot see, feel, touch, or even measure institutions; they are constructs of the human mind. But even the most convinced neoclassical economists admit their existence and typically make them parameters (implicitly or explicitly) in their models."*
> *North (1990), S. 107.*

Die Neue Institutionenökonomik (NIÖ)[68] ist ein verhältnismäßig junger Ansatz zur Erklärung sozialer, politischer und ökonomischer Phänomene. Der Begriff Institution ist seit der Begründung der NIÖ Mitte der 1980er-Jahre zurück in den Interessenfokus der Forschung gelangt und wird durch Ökonomen wie North (1986), (1990), (1991) und Williamson (1981), (1985) geprägt. Die NIÖ gilt zugleich als Kritik und Weiterentwicklung der ökonomischen Konzepte der Neoklassik. Während die neoklassische Theorie die Existenz von Institutionen als gegeben und unveränderlich annimmt, versucht die NIÖ Fragen nach der Wirkung und Gestaltung von Institutionen zu beantworten. Das Aufheben restriktiver Annahmen der Neoklassik bildet daher die Basis für die NIÖ.[69]

66 Vgl. La Porta et al. (1998).

67 Vgl. Schularick (2006), S. 19.

68 In der Literatur findet gleichlautend auch die Bezeichnung Neoinstitutionalismus und Neuer Institutionalismus Anwendung.

69 Orban/Sauermann/Trampusch (2018) folgend konnte sich in den Wirtschafts- und Sozialwissenschaften bisher keine Institutionentheorie durchsetzen. Allen Theorien ist jedoch das Verständnis der maßgeblichen Beeinflussung des individuellen und kollektiven Handelns durch Institutionen gemein. Seit den 1990er-Jahren haben sich vor allem drei Ansätze des Neuen Institutionalismus etabliert, der Rational Choice, der Historische sowie der Soziologische Institutionalismus. Für eine genaue Ausführung der drei Institutionentheorien vgl. Oehr (2012).

NIÖ und Neoklassik stützen sich zum Teil auf gleiche Grundannahmen, unterscheiden sich jedoch auch konfliktär. Gemeinsam ist beiden Theorien die Annahme des methodologischen Individualismus. Demnach sind eine Unternehmung, ein Staat oder eine Gesellschaft nicht als Handlungseinheit zu sehen. Der Untersuchungsfokus wird auf das Individuum und seine Entscheidungen gelegt.[70] Individuen bilden die grundlegende Einheit zum Verständnis für das aktive Gruppenverhalten und für das Funktionieren von Gesellschaft, Wirtschaft und Politik; demzufolge werden Erklärungen sozialer Phänomene und Regelmäßigkeiten in den individuellen Zielen und deren Verhalten festgestellt.[71]

Der methodologische Individualismus kennt zwei Möglichkeiten zur Entstehung von Institutionen; die spontane Konformität und die unsichtbare Hand. Die spontane Konformität bildet Institutionen aufgrund eines Gruppeninteresses von Individuen, die dieses mithilfe einer Institution schützt. Die unsichtbare Hand hingegen entzieht sich einer planvollen Absicht zur Institutionenbildung, sie entsteht durch den evolutionären Prozess.[72]

Eine zentrale Weiterentwicklung durch die NIÖ bezieht sich auf die neoklassische Annahme vollkommener Märkte.[73] Akteure verfügen in dieser Konstruktion der Welt zu jeder Zeit über alle relevanten Informationen. Ineffizienzen bei der Vertragsbildung infolge von asymmetrischen Informationen zwischen Akteuren im Sinne des Prinzipal-Agent-Ansatzes existieren in diesem Theorieansatz daher nicht.[74] Den Akteuren wird eine perfekte Rationalität zugesprochen, sodass der Einzelne in Entscheidungssituationen das rational beste Ergebnis gegenüber anderen möglichen Ergebnissen vorzieht.[75] Die Erweiterung der Neoklassik betrifft die Berücksichtigung der begrenzten Rationalität (*bounded rationalities*) von Marktakteuren in der NIÖ. Die Informationsbeschaffung und -verarbeitung von Akteuren ist demzufolge durch den Menschen an sich beschränkt, da er niemals über alle relevanten Informationen und Externalitäten aufgeklärt sein kann. Aus asymmetrischen Informationen resultieren Unsicherheiten; daher kann das Entscheidungskalkül lediglich als hinreichend akzeptabel bewertet werden.[76]

---

70 Vgl. Richter/Streissler/Furubotn (2010), S. 3; für eine genaue Ausführung des Ansatzes Schumpeter (1998), S. 90–91.

71 Vgl. Opper (2001), S. 602–603.

72 Vgl. Caspari (2019), S. 218.

73 Vgl. Richter (1991), S. 400–401.

74 Vgl. Wüstemann (2002), S. 10–11.

75 Vgl. hierzu ausführlich Kirchgässner (2013), S. 13–28.

76 Vgl. OberdÖrster (2009), S. 10.

Der Property Rights Ansatz behandelt die Art und Weise über die Verteilung, Nutzung und Veränderung von Verfügungsrechten[77] über knappe Ressourcen und die daraus resultierenden Verhaltensanreize für die betroffenen Individuen. Hierbei steht jedoch nicht die Fokussierung auf ein einzelnes physisches Gut im Zentrum, sondern die mit dem Übertrag verbundenen Rechtsbündel, denn erst die mit dem Besitz des Gutes verbundenen Rechte stellen den wertvollen Teil der Vertragsbeziehung dar.[78] Der Inhalt der Verfügungsrechte bestimmt letztlich die Verhaltensweise der beteiligten Akteure, wodurch prognostizierbares Verhalten möglich ist.[79] Optimal verteilte Verfügungsrechte führen in der Theorie zur effizienten Ressourcenallokation, bei denen keine Transaktionskosten anfallen.[80] In der Praxis sind Transaktionskosten jedoch ein wesentlicher Bestandteil bei der Vertragsgestaltung, insbesondere bei der Übertragung und der Durchsetzung der Verfügungsrechte.[81]

Fehlende Transaktionskosten sind ein weiteres wesentliches Merkmal in der neoklassischen Theorie; der Abschluss, die Überwachung und die Durchsetzung von Verträgen sind jederzeit kostenfrei möglich. In der Konsequenz sind auch Institutionen stets kostenfrei und optimal organisiert verfügbar, ihnen wird in der Neoklassik keine Relevanz für Entscheidungssituationen zugesprochen. Dabei stellt Opper (2001) fest: „Erst die Annahme, dass bei der Nutzung eines Wirtschaftssystems (Transaktionen) Kosten entstehen, macht die Qualität der vorhandenen Institutionen zu einer wesentlichen Determinante ökonomischer Entwicklung. Letztlich begründet also die Existenz von Transaktionskosten die Bedeutung von Institutionen als Forschungsgegenstand der Ökonomik."[82] Die Existenz asymmetrischer Informationen zwischen Marktteilnehmern begründet demnach die explizite Einbeziehung von Transaktionskosten in der NIÖ. Transaktionskosten sind als Hindernis für das Zustandekommen von Tauschbeziehungen zu verstehen.[83] Transaktionskosten entstehen bei Markttransaktionen. Sie entstehen dabei vor Vertragsabschluss (ex-ante) und/oder nach Vertragsabschluss (ex-post).[84] Diese

77 Synonym wird in der Literatur auch die Bezeichnung Eigentumsrechte beziehungsweise Handlungsrechte verwendet.

78 Vgl. Furubotn/Pejovich (1972), S. 1137.

79 Vgl. Furubotn/Pejovich (1972), S. 1139.

80 Vgl. Furubotn/Pejovich (1972), S. 1141; Coase (1960), S. 386.

81 Vgl. Cezanne/Mayer (1998).

82 Opper (2001), S. 603.

83 Vgl. hierzu ausführlich Coase (1937). Die Arbeit von Ronald Coase wird in der Literatur als theoretische Begründung von Transaktionskosten herangezogen.

84 Vgl. Cezanne/Mayer (1998), S. 1347.

Transaktionsvorgänge fördern die ökonomische Wohlfahrt, weshalb ein gesamtgesellschaftliches Interesse daran besteht, Informationsasymmetrien zu überwinden und die Transaktionskosten für alle Beteiligten zu senken.[85] Das können Institutionen leisten.[86]

Institutionen dienen im institutionsökonomischen Ansatz dem Zweck, Sicherheit und Vertrauen für alle beteiligten Akteure zu gewährleisten, indem sie Interaktionsrahmen für diese aufzeigen.[87] Demzufolge beeinflussen sie das Handeln von Individuen, indem Ableitungen über wahrscheinliches Handeln des Interaktionspartners möglich sind, was zur Verringerung von Unsicherheiten in Entscheidungssituationen führt. Auf diese Weise kann der individuelle und kollektive ökonomische Nutzen gesteigert werden.[88] Die Begründung einer Institution setzt daher ein Interesse an einer Bindung ökonomischen Verhaltens voraus. Für den Institutionenbegriff finden sich in dem Ansatz mehrere Definitionsansätze; eine allgemeingültige Definition besteht indessen nicht. Dies ist zum einen der Komplexität geschuldet, zum anderen unterliegt der Terminus im Zeitverlauf einer stetigen Weiterentwicklung.[89] Bisweilen herrschen teils konkurrierende Definitionsversuche vor, die unterschiedlich motiviert sind. Einerseits sind Institutionen als Spielregeln in einem bestimmten Teilbereich einer Gesellschaft, andererseits als Ergebnis eines Spiels zu verstehen.[90] Gemein ist diesen Herangehensweisen, Spielregeln als implizite oder explizite Regeln von zu erwartendem Verhalten zu verstehen, die die Interessen einer gewissen Gruppe verkörpern.[91] Nach Scott (2014) umfassen Institutionen regulative, kognitive und normative Elemente.[92] Alle drei Bereiche unterliegen in Forschungsarbeiten einem unterschiedlichen Betonungsgrad. Olsen (1992) folgend sind Institutionen „*[...] cognitive and normative structures which stabilize perceptions, interpretations and justifications. They influence the cognitive and ethical considerations that shape human judgement and behavior.*“[93] Davis et al. (1971) legen den Fokus auf den regulativen Bereich. Laut ihrer Definition

85 Vgl. Brown/Hillegeist (2007), S. 446; Werner/Zimmermann (2008), S. 275.

86 Vgl. Caspari (2019), S. 218.

87 Vgl. u. a. Boland (1979); Heiner (1983); North (1990); Schneider (1993).

88 Vgl. Jacklin/Bhattacharya (1988), S. 568–569.

89 Vgl. u. a. Weik (2020). In ihrem Aufsatz stellt sie den Institutionenbegriff im Zeitablauf aus unterschiedlichen Perspektiven dar.

90 Vgl. Richter/Furubotn (2003), S. 8–9.

91 Vgl. Nee (2001), S. 8.

92 Vgl. Scott (2014), S. 33.

93 Vgl. Olsen (1992), S. 254.

umfassen Institutionen "*[...] the set of fundamental political, social, and legal ground rules that establishes the basis for production, exchange, and distribution.*"[94] In der vorliegenden Schrift wird der Institutionenbegriff hinsichtlich des Analysezwecks im Sinne von Richter/Streissler/Furubotn (2010) definiert „[...] als ein System miteinander verknüpfter, formgebundener (formaler) und formungebundener (informeller) Regeln (Normen) einschließlich der Vorkehrungen zu deren Durchsetzung."[95] In dieser regulativ formulierten Definition schließt eine Institution nicht nur den reglementierten Handlungsrahmen, sondern auch den Bereich der Regelüberwachung explizit mit ein, durch den die Aufrechterhaltung einer funktionierenden Institution sichergestellt ist.

### 2.2.2 Persistenz und Economics of Institutions

Damit Institutionen individuelles und gemeinschaftlich zweckbezogenes Handeln der beteiligten Akteure ermöglichen, müssen sie Handlungsmöglichkeiten beschränken beziehungsweise vollständig untersagen – dies wird gleichermaßen von ihnen verlangt. Auf diese Weise gelten Verhaltenserwartungen zwischen den betroffenen Akteuren als gesichert. Durch den Verpflichtungscharakter von Institutionen schränkt sich zwar der Entscheidungsspielraum ein, gleichzeitig dienen sie aber der Unterstützung in Entscheidungssituationen, da sich Akteure nicht immer neu im bestimmten Regelungsbereich zurechtfinden müssen.[96] Institutionen stellen das Ergebnis menschlichen Handelns dar und sind in der logischen Konsequenz auch durch den Menschen veränderbar.[97] Diese Grundintention ist wissenschaftlich in traditionellen institutionenökonomischen Ansätzen formuliert.[98] Dabei wird von den beteiligten Akteuren eine gewisse Persistenz von den Institutionen verlangt, um deren Glaubwürdigkeit beizubehalten. Das erfordert die Entziehung menschlicher Einflussnahme und Gestaltungen der Institutionen.[99] Die Persistenz von Institutionen ruft insofern bei beteiligten Akteuren Verhaltenserwartungen hervor.[100]

---

94 Vgl. Davis et al. (1971), S. 5–6.

95 Vgl. Nee (1998), S. 86–87; Nee/Ingram (2001), S. 19; Richter/Streissler/Furubotn (2010), S. 7.

96 Vgl. Berger/Luckmann (1980), S. 99.

97 Vgl. Williamson (1994), S. 171.

98 Vgl. u. a. Richter/Furubotn (2003).

99 Vgl. Kingston/Caballero (2009), S. 172.

100 Vgl. Berger/Luckmann (1980), S. 58; Luhmann (2019), S. 13.

Ändern sich die Interessen der beteiligten Akteure, so ist es folglich nur rational, wenn sich auch Institutionen entsprechend der Interessenänderungen anpassen. Dem entgegen stehen jedoch in der Realität gescheiterte Reformversuche, die auf eine widerständige Eigenschaft von Institutionen hinweist, was die menschliche Gestaltung nur bedingt ermöglicht.[101]

Der Persistenzgrad von Institutionen ist abhängig von der Änderungsdynamik durch betroffene Akteure. In vielen Bereichen ist es zweckmäßig, Institutionen durch die kontinuierliche Verbesserung voranzutreiben, in anderen sind hochfrequentierte Änderungen nur bedingt zweckmäßig. Institutionelle Hysterese stellt die extremste Form der Persistenz dar. Die Geschwindigkeit, mit der sich (in)formelle Institutionen im Zeitablauf verändern ist sehr gering. Hysterese ist beispielsweise vorzufinden, wenn zufällige Schocks und Konjunkturschwankungen das makroökonomische Gleichgewicht dauerhaft beeinflussen. Williamson (2000) ordnet Institutionen in einer Institutionenhierarchie unterteilt in vier Ebenen ein. In seiner Systematik sind Institutionen nach ihrer Persistenz, gemessen an ihrer zeitlichen Änderungsdynamik eingegliedert. Anhand dieser Einordnung ist es möglich, eine zu betrachtende Institution im institutionellen Geflecht einzugliedern und zu beurteilen, wie viel Zeit aufgewendet werden muss, um deren individuelle Persistenz überwinden zu können. Nachfolgend ist die Institutionenhierarchie in Abbildung 3 dargestellt.

101 Vgl. Fischer/Jöst/Manstetten (2010), S. 3.

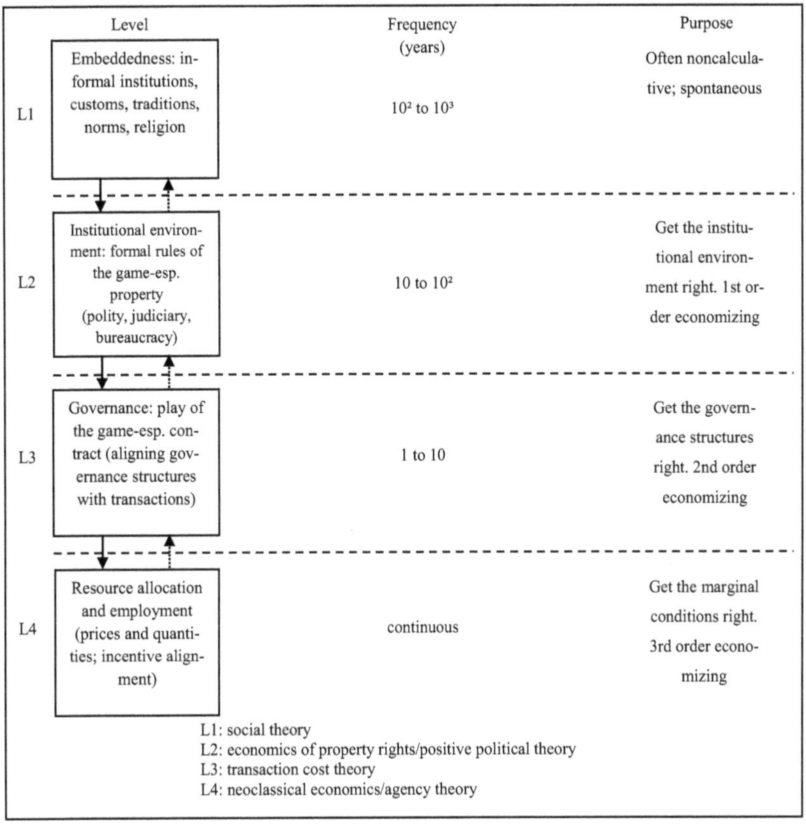


**Abbildung 3:** Institutions of Economics
(Quelle: in Anlehnung an Williamson (1998), S. 26; Williamson (2000), S. 597.)

Die vier Ebenen sind als ein zusammenhängendes System mit eindeutiger Hierarchie zu verstehen. Die vier Ebenen sind in der Abbildung durch Pfeile verbunden. Die durchgezogenen Pfeile, die von höheren Ebenen nach unten verlaufen, zeigen Einschränkungen der nachgelagerten Ebene durch die höhere Ebene an. Die nach oben gerichteten gestrichelten Pfeile weisen darauf hin, dass Rückkopplungseffekte zwischen den Ebenen bestehen.[102]

102 Vgl. Williamson (1998), S. 26.

*Ebene1 – Gesellschaftliche Einbettung*

Auf der ersten Ebene finden sich die *social embeddedness*, die als die informellen Institutionen gelten. Unter diesen Institutionen ist die Ausstattung von Nationalstaaten mit bestimmten Umweltbedingungen wie der Geschichte, Geografie, Demografie, Technologie oder Urbanisierung zu subsumieren. Gemeinsam determinieren sie die Kultur (kulturellen Werte) eines Landes.[103] Der Terminus Kultur wird bereits seit dem 18. Jahrhundert als Unterscheidungsmerkmal von Gesellschaften verstanden. Allerdings fehlt es trotz der Bedeutsamkeit des Begriffs in der Wissenschaft an einer eindeutigen Definition. Begründet liegt dies in der vielseitigen Betrachtungsweise der Forschung. So lassen sich deskriptive, komparative als auch normative Studien vorfinden, die je nach Untersuchungszielsetzung wissenschaftlich-analytisch aufgebaut sind oder sich auf die Identifikation praktischer Implikationen fokussieren.[104] Das Interesse an der Kultur als Erklärungsvariable für das Verhalten von Sozialsystemen wird durch zahlreiche Studien begründet. Neben Beiträgen in den Kulturwissenschaften finden sich weitere exemplarisch in der Anthropologie, der Soziologie, der Psychologie oder in interdisziplinären Forschungsarbeiten.[105] Daraus resultiert eine Vielzahl von eng oder weit gefassten Definitionsversuchen des Kulturbegriffs, die je nach Forschungsgebiet auf unterschiedliche Art und Weise erfolgt.[106] Bereits in den 1950er-Jahren wurden 164 parallel existierende Kulturdefinitionen im Schrifttum gezählt.[107] Hofstede (1980) ist einer der bekanntesten Vertreter in dem Forschungsbereich der Kulturwissenschaften und prägte den Begriff als die (kollektive) Programmierung des Geistes, die eine Menschengruppe von einer anderen unterscheidet und die sich auf alle Lebensbereiche ausweitet.[108] Dieser Definition folgend kann Kultur als Unterscheidungsmerkmal auf einer Makroebene verstanden werden, wobei Länder mit ähnlichen kulturellen Werten auf vergleichbaren Umweltbedingungen aufbauen. Dementsprechend ist es möglich, Länder in Kulturgruppen zusammenzufassen.[109] Eine Änderung der kulturell geprägten Eigenschaften von Ländern sieht Williamson (2000) als lediglich sehr langsam, auf einer Zeitachse

---

103 Vgl. Wehrfritz (2012), S. 65.
104 Vgl. Antweiler (2017), S. 899.
105 Vgl. Parsons/Shils (1951); Kluckhohn/Strodtbeck (1961); Hofstede (1980).
106 Vgl. Büter (2010), S. 253.
107 Vgl. Kroeber/Kluckhohn (1952), S. 10–12.
108 Vgl. Hofstede (1980), S. 24.
109 Vgl. Hofstede (1980), S. 25.

von Jahrhunderten veränderbar an, da sie als historisch geprägt gelten. Die sich aus der Kultur ergebenden Institutionen haben großen Einfluss auf das gesellschaftliche Verhalten einer ganzen Volkswirtschaft.[110]

*Ebene 2 – Institutionelles Umfeld*

Auf der zweiten Ebene sind die *high-level formal rules* verortet, die zum Teil konstruktivistisch, zum Teil evolutorisch vorhanden sind. Sie treten in Form von Gesetzten, Eigentumsrechten und Verfassungen auf, gelten als Ökonomisierung erster Ordnung und werden auch als *rules of the game* bezeichnet, in der eine Volkswirtschaft organisiert ist. Auf dieser Ebene werden die legislativen, exekutiven, judikativen und bürokratischen Funktionen der Regierung sowie die Verteilung der Befugnisse auf die verschiedenen Regierungsebenen dargelegt. Wichtige Merkmale auf dieser Ebene sind die Definition und Durchsetzung von Eigentumsrechten und des Vertragsrechts. Die Änderungsdynamik ist wie auf der Ebene 1 sehr langsam. Veränderungen finden ohne den Einfluss von Externalitäten in Jahrzehnten beziehungsweise Jahrhunderten statt. Anders sieht das unter dem Einfluss von Krisen aus. Zu nennen sind hier vor allem Finanzkrisen, die schnelle Änderungen etablierter Vorgänge erfordern. Bürgerkriege oder auch der Zusammenbruch der Sowjetunion stellen Beispiele derartiger Ad-hoc-Änderungen von etablierten Institutionen dar.[111]

*Ebene 3 – Kontrollstrukturen*

Auf der dritten Ebene sind die *institutions of governance* vorzufinden. Während auf der Ebene 2 die *rules of the game* beschrieben werden, umfassen die Institutionen auf der Ebene 3 das *play of the game*. Innerhalb der Governancestrukturen sind die Steuerungs- und Anreizsysteme vorzufinden, welche die Grundlagen für die Organisation wirtschaftlicher Transaktionen und private Vertragsbeziehungen regeln. Diese Institutionen sind entsprechend als Kontrollstrukturen zu verstehen. Deren Veränderung benötigt in der Regel ein bis zehn Jahre.

*Ebene 4 -Ressourcenallokation*

Auf der letzten Ebene finden sich die neoklassischen Optimierungsprozesse, welche die individuellen Absprachen und Abmachungen (zum Beispiel Preise)

---

110 Vgl. Williamson (1998), S. 27.

111 Vgl. North/Weingast (1989), S. 814–815.

fokussiert. Hierunter sind die alltäglichen Interaktionen strukturiert, im Fokus steht die optimale Ressourcenallokation. Die Änderungsdynamik unterliegt einer kontinuierlichen Änderungssystematik.

### 2.2.3 Konzept der Pfadabhängigkeit

Nationalstaaten werden in der institutionsökonomischen Literatur als komplexe Systeme verstanden, die sich aus mehreren institutionellen Subsystemen zusammensetzen. Hierunter sind beispielsweise das Finanzsystem, das Rechtssystem oder das Corporate-Governance-System subsumiert, die in einer interdependenten respektive komplementären Beziehung zueinanderstehen. Komplementaritäten der nationalen Institutionen beziehen sich in der Zusammenstellung auf sich gegenseitig bestärkende positive Effekte, die sich aus dem eigentlichen Zweck der jeweiligen Institution ergeben.[112] Diese gegenseitigen Abhängigkeiten bestätigen das Fortbestehen einer jeden einzelnen Institution, was die Rechtfertigung des Gesamtsystems bestärkt und folglich ein konsistentes System konstruiert.[113] Die gesamtgesellschaftliche Rechtfertigung des Systems wird als *institutional fit* bezeichnet.[114] Der *institutional fit* ist in einzelnen Ländern nicht zwangsläufig identisch, dies liegt insbesondere an den unterschiedlichen nationalen Entwicklungspfaden, die in der Literatur als Pfadabhängigkeiten tituliert sind.

Das Konzept der Pfadabhängigkeiten avancierte in den Sozialwissenschaften zu einem der am häufigsten benutzen Konzepte als Erklärungsansatz zum Wandel und der Änderungsdynamik von Institutionen.[115] In der Theorie der Pfadabhängigkeit laufen unterschiedliche Vorstellungen zusammen. Der Kerngedanke fokussiert die „*history matters*"-These.[116] Darin sind in der Vergangenheit liegende Prozesse auch für künftige Entwicklungsprozesse einer Institution von Bedeutung.[117] Das Pfadabhängigkeitsprinzip distanziert sich damit von einer ahistorischen Persistenz der Institutionenentwicklung.[118] Insofern wird der Fokus auf die Historizität pfadabhängiger Prozesse gelegt, da Institutionen auf unterschiedliche Bedürfnisse von Akteuren reagieren und durch in der Vergangenheit liegende Prozesse bedingt sind.

112 Vgl. Schmidt/Spindler (2002), S. 318–319.
113 Vgl. Hall/Soskice (2001); Oehr (2012), S. 25.
114 Vgl. Leuz (2010), S. 248.
115 Vgl. Oehr (2012), S. 19.
116 Vgl. North (1990), S. 100.
117 Vgl. North (1990), S. 100; Oehr (2012), S. 19.
118 Vgl. Druschek (2010), S. 232.

Gemäß North (1990) gehen institutionelle Pfadabhängigkeiten nicht auf einzelne Institutionen, sondern auf die Gesamtheit des institutionellen Arrangements zurück, so können staatliche Aktivitäten durch private und formlose Maßnahmen determiniert sein. Folglich stehen Institutionen in einem wechselseitigen Zusammenhang zueinander. Zudem stellen sie sowohl Ergebnis als auch Bedingung für soziales Handeln dar. Inkrementell reagieren sie auf Änderungen sozialen Verhaltens.[119] Dementsprechend stellen Institutionen immer ein Produkt in Abhängigkeit von der Vergangenheit dar. Die Veränderung eines einzelnen institutionellen Elements führt unter Umständen zur Verschlechterung eines ganzen institutionellen Geflechts.[120] Die Einführung einheitlicher Normen in Ländern mit unterschiedlichen Ausgangsbedingungen resultiert daher möglicherweise in abweichenden Effekten, exemplarisch ist hier die Umstellung der Rechnungslegungsregeln für europäische kapitalmarktorientierte Unternehmen von ihren nationalen Regularien auf IFRS seit dem Jahr 2005 zu nennen.

Insbesondere werden nach North (1992) zwei Aspekte, die den Verlauf des institutionellen Wandels produktiv antreiben, identifiziert. Hierbei handelt es sich um steigende Erträge, die aufgrund des technologie- und wirtschaftsgeschichtlichen Konzeptursprungs geprägt sind und eine Erklärung von Marktanomalien fokussiert. Steigende Erträge sind dann gegeben, wenn durch die Institution erwirtschaftete Gewinne aufgrund von steigendem Nutzen selbstverstärkend vergrößert werden.[121] Hierbei kommen vier Selbstverstärkungsmechanismen zum Tragen. Hierbei nennt er hohe Gründungskosten infolge einer Neugründung. Weiterhin führt er Lerneffekte an, die sich erhöhen, sobald die an ihr beteiligten Akteure die Effizienz der Institutionen erkennen. Aus diesen ergeben sich ebenso Koordinationseffekte. Letztlich werden Erwartungsanpassungen vorgenommen. Die Überwindung von Unsicherheit wird durch

119 Vgl. North (1990); Martin (2006), S. 54.

120 Dies ist insbesondere Gegenstand der „*varieties of capitalism*"-Literatur, siehe hierzu insbesondere Hall/Soskice (2001). Gegenstand der Forschung ist die Untersuchung des Verhaltens der Interaktion zwischen ökonomischen Akteuren innerhalb eines gegebenen institutionellen Rahmens.

121 In der Literatur werden steigende Erträge auch synonym mit positiver Rückkopplung beschrieben vgl. Meisch (2014), S. 50. Arthur (1996) beschreibt damit beispielsweise, dass sich kleine Anfangsvorteile selbst verstärken: „*Increasing returns are the tendency for that which is ahead to get farther ahead, for that which loses advantage to lose further advantage*", vgl. Arthur (1996), S. 100.

das wiederholte Anwenden der konstituierten Regularien durch die Institution garantiert.[122]

Jedoch können auch unproduktive Pfade (zunächst) weiterverfolgt werden. Die Persistenz von unproduktiven Institutionen begründet er so: „*The increasing returns characteristic of an initial set of institutions that provide disincentives to productive activity will create organizations and interest groups with a stake in the existing constraints.*“[123] Insofern sieht North unterschiedliche Anreizstrukturen als Grundlage dafür, dass sich bestimmte Interessengruppen im Fortbestehen einer Institution durchsetzen und folglich eine Änderung der Institutionen hemmen; andernfalls würde die Grundlage ihrer individuellen Wohlfahrt entzogen werden.[124] Hier kollidieren also individuelle Interessen mit dem Gesamtinteresse im System.

Hierzu führt Ackermann (2001) an, dass bestimmte Gruppen unproduktive Pfade aus anderen Gründen als der Pfadabhängigkeit begründen. Da sich die beeinflussende Gruppe über das Ausmaß des Gesamtergebnisses im Klaren ist, distanziert sich diese Erklärung von einer Pfadabhängigkeit, da Pfadabhängigkeit mit dem Ausmaß verbunden ist, dass keine direkte Einflussnahme auf das Gesamtergebnis der Institution möglich ist, hierbei stehen nämlich die „[…] selbstverstärkende[n] Interdependenzen individueller Entscheidungen“ im Vordergrund.[125] Letztlich fehlt es in dem Pfadabhängigkeitskonzept an einer Konkretisierung, welche Teile sich auf die verlaufsabhängige Entwicklungsbeziehung beziehen und welche durch geschichtliche Abhängigkeiten konstituiert sind.[126]

Abschließend lassen sich Institutionen als im Konflikt zwischen Beständigkeit und damit verknüpfter Glaubwürdigkeit und Änderungsdruck von außen durch Globalisierung und deren Anpassungszwängen in allen Bereichen der Gesellschaft verstehen. Gerade durch äußere Einflüsse wie neuen Anforderungen im Zuge der finanziellen Globalisierung wächst der Druck auf nationale Institutionen. Mit dem Bewusstsein der Existenz von Pfadabhängigkeiten für die Beurteilung gesellschaftlicher Entwicklungen ist es schließlich herausfordernd, die für eine bestimmte Institution beeinflussenden Institutionen aus der Vielzahl und noch dazu im Ländervergleich unterschiedlichen abhängigen

122 Vgl. North (1992), S. 112–113; für eine ausführliche Ausführung siehe auch Oehr (2012), S. 22.
123 Vgl. North (1990), S. 99.
124 Vgl. North (1997), S. 15.
125 Vgl. Ackermann (2001), S. 61.
126 Vgl. North (1992), 117.

Institutionen zu isolieren. Daher ist es sinnvoll, sich mit dem Wissen der Existenz von Abhängigkeiten einzelne Institutionen genauer zu untersuchen.[127]

## 2.3 Bisherige Befunde für die Finanzmarktintegration

Ob die Finanzmarktintegration international gelingt und die finanzielle Globalisierung für beteiligte Länder gleichermaßen von Vorteil sein kann, ist Gegenstand einer kontrovers geführten Debatte.[128] Einerseits zeigen Kritiker auf, dass die finanzielle Globalisierung bestenfalls nicht die von ihr erhofften Vorteile gebracht hat und schlimmstenfalls für Krisen infolge politischer Fehlentscheidungen verantwortlich ist.[129] Befürworter betonen andererseits die positiven Effekte wie entwicklungsökonomische Chancen gerade auch für kapitalärmere Länder. Sie zeigen jedoch auch auf, dass die Optimierung inländischer Finanzsysteme - und der sie beeinflussenden sozialen, politischen und wirtschaftlichen Institutionen - eine notwendige Voraussetzung dafür ist, dass die Länder an den potenziellen positiven Effekten infolge der finanziellen Globalisierung partizipieren können. Hieran knüpft die Frage an, wie die Integration in den internationalen Finanzmarkt gelingt, wenn die heimischen Finanzmärkte unterentwickelt sind.[130]

Die hohen Kapitalbedarfe in den 1990er-Jahren haben institutionelle Reformen einer Volkswirtschaft notwendig gemacht, um sich zu attraktiven Investitionsstandorten zu entwickeln und wettbewerbsfähig zu sein. Der Entwicklungsprozess wird dabei als in Abhängigkeit von der kulturellen, politischen und ökonomischen Entwicklung identifiziert. Nachdem politische und ökonomische Stabilität als gesichert gilt, sind Länder dazu angehalten, ihre Kapitalmärkte zu reformieren, sodass ein internationaler Kapitalaustausch gewährleistet ist.[131] Nationalstaatliche institutionelle Rahmenbedingungen können zur Erklärung beitragen, warum ähnliche institutionelle Teilbereiche im Ländervergleich heterogen verschieden gestaltet sind.[132]

In der Forschung gelten Institutionen disziplinübergreifend als zentrales Untersuchungsobjekt. Insbesondere wird auf die sich im internationalen

127 Vgl. Scherrer (2011), S. 6–7.
128 Vgl. Mendoza et al. (2007), S. 283.
129 Vgl. u. a. Soros (2002); Stiglitz (2002).
130 Vgl. u. a. Obstfeld/Taylor (2004).
131 Vgl. Zeghal/Mhedhbi (2006).
132 Vgl. Carneiro/Rodrigues/Craig (2017), S. 174.

Vergleich ergebenden Unterschiede in der institutionellen Qualität verwiesen. Aufgrund ihrer Vielfältigkeit entziehen sie sich einer unmittelbaren Messbarkeit. Die Messbarkeit der Institutionenqualität bedarf einer Identifikation bedeutsamer Institutionen. Auf dieser Basis sind Qualitätsmaße mit unterschiedlichen Schwerpunktsetzungen entwickelt worden.[133] Eine gute nationale Institutionenqualität zeichnet sich durch eine Vielzahl von Institutionen aus, die einen positiven Einfluss auf das Wachstum einer Gesellschaft ausüben und der Vermeidung diesem Zweck nicht dienlicher Institutionen. Dies soll im Folgenden für Schwellenländer näher diskutiert werden.

Trotz weitreichender Reformen und Deregulierungen zeichnen sich Schwellenländer durch ein lückenhaftes institutionelles Umfeld (*institutional voids*) und folglich eine geringe Institutionenqualität aus. Das Fehlen stabiler und entwickelter Institutionen ist eines der wesentlichen Merkmale, wie sich Schwellenländer von entwickelten Ländern abgrenzen.[134] Formale institutionelle Lücken beziehen sich auf das Fehlen beziehungsweise die Unterentwicklung von Regulierungsinstitutionen und formal kodifizierter, verordneter und durchgesetzter Strukturen von Gesetzen in einer Volkswirtschaft.[135] In manchen Bereichen bedeuten institutionelle Lücken ein vollständiges Fehlen von Regularien.[136] Diese finden sich neben der gesetzlichen Infrastruktur auch in weiteren und angrenzenden Bereichen der Finanz- und Kapitalmärkte, Corporate-Governance-Strukturen und in der zuverlässigen Strafverfolgung.[137]

*Institutional voids* werden in der Literatur als Unterscheidungsmerkmal zwischen entwickelten und Schwellenländern insbesondere seit den 1990er-Jahren adressiert. Begründet liegt das gestiegene Interesse an diesem Forschungsfeld an den seither gestiegenen Kapitalbedarfen der Länder.[138] Schwellenländer

133 Ein Instrument zur Messung der Institutionenqualität erfolgt beispielsweise mithilfe des Institutionenindex des Ifo-Institutes, der den Zusammenhang von Institutionen und Wachstum angibt. Weiterhin dient der Korruptionswahrnehmungsindex (CPI) als Indikator für die Beurteilung des Korruptionsniveaus in einem Land. Hiermit einhergehend dient der BERI-Index der Beurteilung des allgemeinen Länderrisikos. Die Wettbewerbsfähigkeit kann durch den Global Competitiveness Report abgelesen werden.

134 Vgl. Doh et al. (2017), S. 203.

135 Vgl. Ménard/Shirley (2008), S. 1; Oesterle/Röber (2017), S. 264.

136 Vgl. Doh et al. (2017), S. 293.

137 Vgl. Khanna/Palepu (2010), S. 13.

138 Dies wird u. a. in Abbildung 2 gezeigt.

haben sich im Zuge der finanziellen Globalisierung zu attraktiven Investitionsmärkten entwickelt.[139] Dabei lag der Untersuchungsfokus vergangener Beiträge eher auf der Vermeidung institutioneller Mängel für Investitionsentscheidungen.[140] Viele Studien legen nahe, dass die Existenz qualitativ hochwertiger Institutionen für die Wirtschaftsleistung von Bedeutung ist und die Investitionsbereitschaft, in ein Land zu investieren, beeinflusst.[141] Beispielhaft führen Lücken im Rechtssystem zu einem Mangel an verlässlichen Informationen und weisen auf unzureichende Enforcementmechanismen hin, die mit einem schlechten Investorenschutz einhergehen.[142] Die Folgen zeigen sich bedingt durch eine vergleichsweise geringere finanzielle Transparenz[143] und ein höheres Korruptionsniveau, in fehlendem Vertrauen der Anleger.[144] Ein mangelhaftes institutionelles Umfeld ist dementsprechend auch mit höheren Risikoprämien verbunden.[145] Bei der Investition in Schwellenländern sind gerade ausländische Akteure aufgrund von institutionellen Lücken mit höheren Informationsasymmetrien und in der Folge höheren Transaktionskosten konfrontiert.[146]

In der vergleichenden Rechnungslegungsforschung hat sich ein komparatistischer Forschungsbereich gebildet, in dem institutionelle Unterschiede in der Rechnungslegungsregulierung von Ländern untersucht werden.[147] Im Untersuchungsinteresse steht die Betonung von komplementären Beziehungen zwischen Institutionen. Komplementarität in der Rechnungslegung bedeutet, dass die Effizienz einer Institution durch die Wirksamkeit einer anderen (komplementären) Institution bedingt ist. Demzufolge gelten institutionelle Arrangements als statische Gebilde.[148]

Institutionalisierte nationale Rechnungslegungssysteme befinden sich daher zu jeder Zeit im Spannungsfeld zwischen Persistenz, Pfadabhängigkeiten und globalem Änderungsdruck. Einerseits fordern Akteure einen verlässlichen

---

139 Broner/Rigobon (2004) zeigen exemplarisch, dass Schwellenländer in Krisenzeiten anders reagieren als entwickelte Länder.

140 Vgl. Doh et al. (2017), S. 293.

141 Vgl. La Porta et al. (1997); La Porta et al. (1998); Acemoglu/Johnson/Robinson (2001); Acemoglu/Johnson/Robinson (2002).

142 Vgl. La Porta et al. (1998); La Porta et al. (1999); La Porta et al. (2000).

143 Vgl. Fan/Wei/Xu (2011), S. 209.

144 Vgl. Houqe/Monem (2016), S. 363.

145 Vgl. Shleifer/Vishny (1993), S. 616; Khanna/Palepu (1997).

146 Vgl. Akerlof (1970), S. 500.

147 Vgl. Oehr (2012), S. 27; Mueller (1968), S. 91.

148 Vgl. Leuz (2010), S. 236.

Handlungsrahmen, der mit der Schaffung von Vertrauen verbunden ist. Andererseits wird von Institutionen eine Dynamik verlangt, die Änderungen unter bestimmten Umständen zulässt. Der Grundannahme der Institutionentheorie zufolge neigen Organisationen dazu, sich an vorherrschende etablierte Normen und soziale Einflüsse anzupassen.[149] Doch selbst beim Vorliegen gemeinsamer Rechnungslegungsstandards ist die Wahrscheinlichkeit für Unterschiede in der Rechnungslegung zwischen den Ländern aufgrund regulatorischer Kräfte im Zeitablauf hoch. Dies ist nicht der Fall, wenn die zugrunde liegenden institutionellen Merkmale zwischen Ländern mit der Zeit ähnlich werden würden.[150] Dies begünstigt ein Zusammenwachsen von Institutionen.[151]

Viele Studien haben sich mit dem Regimewechsel von nationalen zu internationalen Rechnungslegungsregeln befasst, wobei sich die Forschung nicht immer einig ist, ob in allen Ländern eine gleiche Verbesserung der Rechnungslegungsqualität herbeigeführt wird.[152] Laut Sunder (2010) führt die Vereinheitlichung der Rechnungslegung zu „*[...] improved financial reporting, better governance and stewardship of business, not-for-profit, and governmental organizations, better informed and therefore more efficient financial markets which will direct capital towards its productive deployment.*"[153] Andere haben jedoch mehrdeutige und negative Effekte festgestellt.[154] Ball/Shivakumar (2006) stellen beispielsweise heraus, dass ein einziges Regelset nicht die Unterschiede in den nationalen Unternehmen auf allen Dimensionen abbildet.

Die Implementierung von internationalen Rechnungslegungsstandards ist mit einer institutionellen Verpflichtung verknüpft. Allerdings ist die bloße Übernahme dieser qualitativ hochwertigen Rechnungslegungsstandards unzureichend, da ohne ein adäquates Überprüfen dieser Vorgaben nicht von hoher Rechnungslegungsqualität gesprochen werden kann – ein funktionierendes Enforcement ist demzufolge unabdingbar.[155] Burgstahler/Leuz/Hail (2006), Durnev/Kim (2005), Francis/Khurana/Pereira (2005) und Hope/Jin/Kang

149 Vgl. DiMaggio/Powell (1983), S. 152; Carruthers (1995), S. 315.

150 Vgl. Holthausen (2009), S. 450.

151 Vgl. Rodrigues/Craig (2007), S. 742.

152 Vgl. Fuad/Juliarto/Harto (2019), S. 206. Eine grundsätzlich positive Wirkung wird u. a. durch Brüggemann/Hitz/Sellhorn (2013), S. 2; Daske et al. (2013), S. 533–534 gezeigt.

153 Vgl. Sunder (2010), S. 100.

154 Vgl. u. a. Hung/Subramanyam (2007); Jeanjean/Stolowy (2008); Hassan et al. (2009); Ahmed/Neel/Wang (2013).

155 Vgl. Ball (2001), S. 127; Ball/Robin/Wu (2003), S. 260; Berkowitz/Pistor/Richard (2003), S. 192.

(2006) stützen dieses Argument. So stellen Burgstahler/Leuz/Hail (2006) fest, dass sich Publizitätsangaben eines Unternehmens und der institutionelle Rahmen eines Landes bei der Bereitstellung qualitativ hochwertiger Berichte gegenseitig verstärken. Im Umkehrschluss sollten Länder mit *institutional voids* und ohne eigene Kompetenzen der Entwicklung einer national funktionierenden Regulierung verglichen mit Ländern, in denen ein qualitativ hochwertiges institutionelles Umfeld herrscht, kaum Bemühungen für hochwertige Publizitätsvorgaben betreiben. Dies wird als nutzenmaximierende Strategie institutionell schwacher Länder genutzt.[156]

Der Erfolg von Enforcementmaßnahmen hängt in hohem Maße von den nationalen Gesetzen zum Anlegerschutz ab.[157] Der Rechtsrahmen schützt Investoren einerseits durch die Sanktionierung von Unternehmen und Managern und andererseits durch die Durchsetzung von Verträgen.[158] Zwischen Nationalstaaten bestehen dabei Unterschiede in der Wirksamkeit des Enforcements.[159] Ein höheres Maß an Enforcement führt zu einer Erhöhung der Rechnungslegungsqualität, wodurch die Kapitalmarkteffizienz gefördert wird.[160] Einem hohen Maß an Enforcement stehen jedoch steigende direkte Kosten entgegen.[161] Laut Christensen/Liu/Maffett (2019) ist eine proaktive Herangehensweise von Regulierern mit hohen Prüfkosten verbunden. Florou/Morricone/Pope (2020) führen ein hohes Maß an Enforcement in Verbindung mit einem Anstieg von Prüfungsaufwand, -kosten und -risiken an.

Das Ausmaß, in dem Offenlegungsvorschriften durchgesetzt und Verstöße verfolgt werden, ist ebenso wichtig wie die Offenlegungspflichten selbst.[162] In Schwellenländern existieren bisweilen Beschränkungen bezüglich eines effektiven Enforcements in der Rechnungslegung.[163] Fehlende beziehungsweise mangelnde Professionalität von Schwellenländern im Vergleich zu entwickelten Ländern indizieren ein rückständiges Enforcement. Als Konsequenz schlägt sich mangelndes

---

156 Vgl. Ball (2006), S. 23.

157 Vgl. Goncharov (2005), S. 88.

158 Vgl. La Porta et al. (1998), S. 1128; Dyck/Zingales (2004), S. 539.

159 Vgl. Brown/Preiato/Tarca (2014), S. 30.

160 Vgl. u. a. Hope (2003); Ernstberger/Stich/Vogler (2012); Christensen/Hail/Leuz (2013); Brown/Preiato/Tarca (2014), Silvers (2016).

161 Vgl. Ewert/Wagenhofer (2019), S. 122.

162 Vgl. Ball (2001); Ball/Robin/Wu (2003); Berkowitz/Pistor/Richard (2003); Burgstahler/Leuz/Hail (2006); Durnev/Kim (2005); Francis/Khurana/Pereira (2005); Hope/Jin/Kang (2006); Sunder (1997).

163 Vgl. u. a. Saudagaran/Diga (1997); Lin/Liyan (2001); Chen/Sun/Wang (2002); Samaha/Khlif (2016).

Enforcement negativ auf die Kapitalmärkte nieder. Folgen treten unter anderem in der Form von Korruption auf. Hierdurch wird das Ausmaß und die potenziellen Auswirkungen fehlender konsequenterer Regulierung in Schwellenländern deutlich.[164] Regulierungsbehörden sind daher angehalten eine Politik zu verfolgen, die auf die Transparenz der Offenlegung von Finanzdaten ausgerichtet ist und damit einhergehend geeignete Sanktionsmaßnahmen etabliert.

Die Existenz von nationalen institutionellen Unterschieden sowie Komplementaritäten macht eine weltweite Vereinheitlichung der Rechnungslegung somit unwahrscheinlich. Die Entwicklung der Rechnungslegung darf demzufolge nicht ungeachtet von den institutionellen Komplementaritäten anderer Regulierungsregime betrachtet werden. Die Änderung eines einzelnen Elements kann das System insgesamt verschlechtern, auch wenn ein einzelnes Element gut funktioniert (beispielsweise IFRS-Übernahme versus lokale GAAP). Damit der *institutional fit* weiterhin gewahrt werden kann, ist eine Änderung mehrere Elemente eines institutionellen Arrangements gefordert. So stellen Daske et al. (2008) fest, dass die bloße IFRS-Übernahme keinen Effekt auf die Marktliquidität oder andere Kapitalmarktergebnisse hat. Sie zeigen, dass institutionelle Unterschiede, das Enforcement inbegriffen, eine zentrale Rolle für Kapitalmarkteffekte rund um die IFRS-Übernahme spielen.[165]

Die Überlegungen zur Vereinheitlichung der nationalen Rechnungslegungssysteme zu einem Weltsystem wird in der Rechnungslegungsforschung als Konvergenzprozess diskutiert. Zunächst sind hierzu zwei „vergenz-Typen" denkbar: einerseits die Konvergenz als bewusste Annäherung unterschiedlicher Systemtypen und andererseits die Divergenz als bewusste Auseinanderentwicklung von Systemtypen.[166] Innerhalb dieser beiden Extreme findet sich der Ansatz der Crossvergenz, der die beiden Extreme verknüpft. Unterstellt wird, dass die beiden Extreme nicht in der Lage sind, die Abhängigkeiten innerhalb des nationalen *institutional fits* aufzufassen. Die Entwicklung der Institutionen ist in der Literatur als Crossvergenz-Prozess bezeichnet, da Rückkopplungseffekte zwischen einzelnen Bereichen möglich sind.[167] Die Richtung der Wirkung ist dabei nicht immer eindeutig bestimmbar.[168] Ralston et al. (1997) beschreibt dies durch: „[…] *the combination of sociocultural influences*

164 Vgl. Mongrut/Winkelried (2019), S. 377.

165 Vgl. Daske et al. (2008).

166 Vgl. McGaughey/Cieri (1999); Ralston (2008).

167 Vgl. Baydoun/Willett (1995), S. 67; Roberts/Weetman/Gordon (2008), S. 231, 249.

168 Vgl. Tideman (2017), S. 122.

*and business ideology influences is the driving force that precipitates the development of new and unique values systems among individuals in a society owing to the dynamic interaction of these influences.*"[169] Studien haben die Crossvergenz für Länder bestätigt, die sich in ihrer kulturellen Prägung von einer ehemals kommunistischen zu einer stärker kapitalistischen Ideologie entwickelt haben.[170] Detaillierte Untersuchungen für die Rechnungslegung von Schwellenländern sind hier jedoch nicht vorzufinden.

## 2.4 Identifikation von Forschungslücken und Forschungsprogramm

Im Kern eines nationalen Institutionengeflechts steht im Sinne der finanziellen Globalisierung die Betrachtung der formellen Institutionen der nationalen Rechnungslegung, die als Untersuchungsgegenstand besondere Berücksichtigung findet. In der sozialwissenschaftlichen Forschung sind Unterschiede zwischen entwickelten und Schwellenländern hinsichtlich der Institutionenqualität grundsätzlich dokumentiert. Dies ist auch für die Rechnungslegung zu vermuten, die bislang noch nicht systematisch analysiert wurde. Die Entwicklung der Rechnungslegung in Schwellenländern stellt deshalb ein vielversprechendes Untersuchungsfeld dar. In der Rechnungslegungsforschung wird Schwellenländern, verglichen mit entwickelten Ländern, deutlich weniger Bedeutung beigemessen.[171]

In eine solche Analyse einzubeziehen sind nicht nur die Implementierung der internationalen Rechnungslegungsstandards zur Rechnungslegungsqualität, sondern auch andere Offenlegungsvorgaben. Dabei handelt es sich um Governance-Fragen, wie zur Vergütungsstruktur oder zu den Besitzverhältnissen, die weitere wichtige Beurteilungsmaßgaben für interessierte internationale Adressaten darstellen. Dies gilt ebenso für den Bereich der Regelüberwachung und Durchsetzung der Offenlegungsvorgaben, da hierdurch der Investorenschutz gesichert wird. Es geht also auch um Enforcementfragen, welche die Beteiligung der Regierung an

---

169 Ralston (2008), S. 29.

170 Ralston et al. (1997) zeigen, dass die gleichgerichteten kulturellen Werte in den Ländern China und Japan aufgrund ihrer ideologischen Unterschiede der Ökonomie einen individuellen Charakter aufweisen, was zu einzigartigen Wertesystemen führt.

171 Vgl. Khanna/Palepu (2000), S. 207; Fan/Wei/Xu (2011), S. 207; Manikandan/Ramachandran (2015), S. 599.

überwachenden Behörden oder Sanktionsmechanismen bei Managementfehlern untersuchen.[172]

Das Enforcement für Schwellenländer ist in der Rechnungslegungsforschung ein noch weitestgehend unbeachteter Untersuchungsbereich. Schwierigkeiten in der Überprüfung ländereigener Enforcementsysteme bestehen insbesondere in der weltweit heterogenen Behandlung des Enforcements von Rechnungslegung. Um das Vertrauen neben nationalen auch von ausländischen Investoren auf dem heimischen Markt zu gewinnen, bedarf es eines funktionierenden Enforcementsystems, das eine verlässliche Überprüfung der Publizitätsvorgaben erlaubt.[173] Die bestehende Literatur soll daher durch eine regulatorische Bestandsaufnahme der Rechnungslegungsregulierung für Schwellenländer erweitert werden. Dabei wird untersucht, ob und wenn ja, inwieweit die Schwellenländer die Publizitäts- und Enforcementvorschriften erhöht haben. In der Rechnungslegungsliteratur ist diese Bestandsaufnahme bisher auf entwickelte Länder beschränkt.[174]

Um die Veränderungen von nationalen Rechnungslegungssystemen darzustellen, gilt es zunächst ein geeignetes Untersuchungsobjekt zu identifizieren. Hierbei werden die BRICS-Länder als Gruppe von Schwellenländern ausgewählt.[175] Bislang fehlt es an einer holistischen Betrachtung der Normierung der Rechnungslegung in den BRICS-Ländern. Ziel der nachfolgenden Untersuchung ist es daher, einen Beitrag zur Rechnungslegungsentwicklung zu leisten. Die erste Forschungsfrage lautet:

(1) Wie haben sich Rechnungslegungssysteme in den BRICS-Ländern seit den 1990er-Jahren entwickelt?

Zur Beantwortung der ersten Forschungsfrage werden die Rechnungslegungssysteme der ausgewählten Schwellenländer im Zeitablauf betrachtet, deren Konzipierung vornehmlich auf den nationalen Vorgaben des Gesellschafts- und Kapitalmarktrechts fußt. Hierbei können auch zeitliche Fragen und damit Pfaddynamiken sowie Wechselbeziehungen analysiert werden. Die Änderungsprozesse im Enforcement treten verglichen mit der Publizität später auf, da die

172 Vgl. Bushman et al. (2004); La Porta/Lopez-de-Silanes/Shleifer (2006); Holthausen (2009).

173 Vgl. Gros (2010), S. 154.

174 Vgl. hierzu u. a. Baker/Barbu (2007); Ding et al. (2007); Meser/Veith/Zimmermann (2015); Zimmermann/Tideman (2017).

175 Die Identifikation der BRICS-Länder als Untersuchungsgegenstand erfolgt in Kapitel 3.1.

Regulierungsbemühungen bei dem Enforcement frühere Offenlegungsänderungen untermauern. Da die Publizität zumeist kostengünstig verfügbar ist, wie die verpflichtende Anwendung der qualitativ hochwertigen internationalen Rechnungslegungsstandards, kann für diesen Bereich ein höherer Implementierungsgrad im Gegensatz zum kostenintensiveren Enforcement erwartet werden. Die Kosten im Enforcement steigen dabei zunehmend mit einem größeren Publizitätsumfang an. Verbunden mit der Implementierung von Publizitäts- und Enforcementmaßnahmen sind auch dauerhafte Kosten für die beständige und effektive Normierung in beiden Regulierungsbereichen zu erwarten. Somit stehen Publizität und Enforcement in einem interdependenten Verhältnis zueinander.[176] Aus der Kostenperspektive lassen sich sodann Ableitungen für die Intensitäten der beiden Regulierungsbereiche formulieren. Die Änderungen im Enforcement sind im Zeitablauf in schwächerer Intensität im Vergleich zum Publizitätsniveau zu vermuten. Die Beantwortung der ersten Forschungsfrage erfolgt in Kapitel 3.

Auf Grundlage der historischen Entwicklungspfade der Rechnungslegungssysteme in den einzelnen Ländern sind anschließend Analysen zum Einfluss der Rechnungslegung möglich. Diese Arbeit fokussiert dabei auf internationale grenzüberschreitende Kapitalverkehrstransaktionen. Auf diese Weise können Hinweise für die Bedeutung der internationalen Finanzmarktintegration und den Zusammenhang von Rechnungslegungsregulierung und Kapitalströmen entwickelt werden.

In der bestehenden Literatur findet zumeist eine Fokussierung unterschiedlicher Ländergruppen anhand ihres Rechts- oder Finanzsystems statt. Da Schwellenländer insbesondere durch den Einfluss von angloamerikanischen und/oder kontinentaleuropäischen Rechtssystemen bedingt sind, ist eine eindeutige Zuordnung bei Betrachtung eines solchen Ländersettings schwierig. Hier kann aufgrund der Ergebnisse in Kapitel 3 eine vermutlich feinere Messung angeboten werden, die bisherige Forschungsergebnisse ergänzt, beziehungsweise modifiziert. Die zweite Forschungsfrage teilt sich in zwei Teilaspekte. Diese lauten wie folgt:

176 Wagenhofer/Ewert (2015), S. 33.

(2a) Haben inkrementelle Änderungen in den nationalen Rechnungslegungssystemen Auswirkungen auf internationale Transaktionen?
(2b) Welche Unterschiede ergeben sich bei der Betrachtung des Zusammenhangs von nationalen Rechnungslegungssystemen und internationalen Transaktionen zwischen entwickelten und Schwellenländern?

Die Beantwortung beider Teilaspekte 2a und 2b der zweiten Forschungsfrage ist Gegenstand von Kapitel 4.

# 3 Empirische Analyse zur Normierung der Rechnungslegung[177]

## 3.1 BRICS-Länder als Untersuchungsobjekt

### *Identifikation als Ländergruppe*

Schwellenländer wurden im vorangegangen Kapitel als Ländergruppe identifiziert, die sich einerseits durch deutliches Wachstumspotenzial und andererseits durch institutionelle Lücken auszeichnet. Innerhalb der Ländergruppe fällt auf, dass trotz der heterogenen Klassifizierung verschiedener Institutionen bestimmte Länder von allen genannten Institutionen berücksichtigt werden.[178] Hierbei handelt es sich um Brasilien, Russland, Indien, China und Südafrika, die in der vorliegenden Arbeit als repräsentative Gruppe von Schwellenländern für die nachfolgende Analyse zur Untersuchung der Rechnungslegungsnormierung als Untersuchungsobjekt herangezogen wird.

In der Literatur erlangen die Länder spätestens seit dem Beitrag *Building Better Global Economic BRICs* von dem damaligen Goldman Sachs Ökonomen Jim O'Neill im Jahr 2001 Aufmerksamkeit. Unter dem Akronym BRIC fasst er die Länder Brasilien, Russland, Indien und China mit ihren Anfangsbuchstaben zusammen. In seinem Beitrag weist er auf das ökonomische Wachstum der vier Länder selbst und auf die Investitionsmöglichkeiten in diesen Ländern hin.[179] Politisch schlossen sich die Länder im Jahr 2009 zusammen. In diesem Jahr fand das erste der von da an jährlich einberufenen Gipfeltreffen der vier Länder statt. Ende 2010 erhielt auch Südafrika eine Einladung zu der Ländergruppierung der BRIC-Staaten, in der Folge nahm Südafrika erstmals im April 2011 als Mitglied des jährlichen Treffens der Staatengemeinschaft teil. Mit der Integration von Südafrika ändert sich die Bezeichnung der Ländergruppe von BRIC zu BRICS.[180]

177 Dieses Kapitel basiert in Teilen auf Thies/Tideman/Zimmermann (2020), das von der Autorin der vorliegenden Schrift in Co-Autorenschaft mit Sebastian A. Tideman und Jochen Zimmermann entstanden ist.

178 Vgl. Kapitel 2.3.

179 Jim O'Neill, damaliger Chefvolkswirt bei Goldman Sachs prägte den Bezeichnung BRIC in einer Reihe von Aufsätzen seit dem Jahr 2001. Siehe u. a.: O´Neill (2001).

180 In der Literatur sind weitaus mehr Kombinationen dieser Ländergruppe bekannt, beispielsweise finden sich Beiträge, die das Akronym BRICK verwenden und damit

In Bezug auf grenzüberschreitende Kapitalflüsse sowie die Übertragung von Waren und Dienstleistungen wird diesen Ländern eine entscheidende Rolle beigemessen.[181] Wilson/Purushothaman (2003) bezeichnen die BRICs allgemeinhin als *„engine of new demand growth and spending power.“*[182] Im Wettbewerb um ausländisches Kapital konkurrieren die Schwellenländer mit entwickelten Ländern. Dabei prognostizierte die Weltbank im Jahr 2005, dass die sieben größten Schwellenländer zusammen, gemessen am BIP, die G7 im Jahr 2050 überholen werden.

Das ökonomische Potenzial der BRICS-Länder wird in Abbildung 4 deutlich. Es zeigt das Bevölkerungswachstum sowie die Entwicklung des BIP seit den 1990er-Jahren im Zeitverlauf im Vergleich mit den G7. Das Populationswachstum der G7 stagniert über den beobachteten Zeitraum, in den letzten Jahren ist kaum Bevölkerungszuwachs zu verzeichnen. In den BRICS-Ländern hingegen steigt das Populationswachstum von Jahr zu Jahr an. Es zeigt sich ein kontinuierlicher Bevölkerungszuwachs über den Zeitablauf.[183] Das Bevölkerungswachstum zeichnet sich insbesondere durch einen Anstieg in der Mittelschicht aus. Für China und Indien wird in 2030 eine Mittelschicht von rund 800 Millionen Menschen prognostiziert, was einen Zuwachs der Konsumentenmärkte bedeutet. Im Gegensatz dazu sind die entwickelten Länder mit rückgängigen Geburtenraten und einem demografischen Wandel aufgrund besserer medizinischer Versorgung konfrontiert.

---

Kasachstan integriert, was aufgrund seiner Bedeutung als Energielieferant hinzugefügt ist. Weitere Varianten integrieren Länder wie Indonesien (BRIICS) oder Korea und die Türkei (BRIKT). Auch die Bezeichnung BRICSAM wurde bereits verwendet, was neben den BRICS auch die ASEAN Länder (Brunei, Indonesien, Kambodscha, Laos, Malaysia, Myanmar, die Philippinen, Singapur, Thailand und Vietnam) und Mexiko integriert.

181 Vgl. Fagiolo/Reyes/Schiavo (2010), S. 509.

182 Vgl. Wilson/Purushothaman (2003), S. 2.

183 Vgl. Poplat (2014), S. 44.

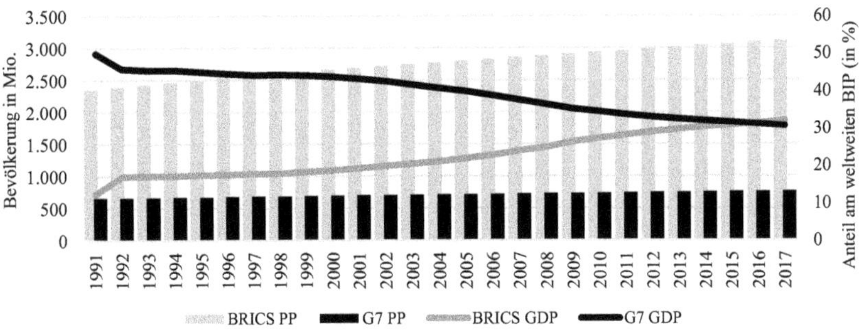


**Abbildung 4:** Bevölkerungsentwicklung und Anteil am weltweiten BIP der G7 und BRICS-Länder

(Quelle: Poplat (2014), S. 44)

Das BIP der der BRICS-Länder zeigt über den Zeitverlauf einen positiven Trend auf, wohingegen das BIP der G7 einen kontinuierlichen Rückgang verzeichnet. 2016 sind beide Ländergruppen auf dem gleichen Niveau bei jeweils etwa 30 % am weltweiten BIP. Ein Jahr später übertreffen die BRICS-Länder erstmals die G7.

Insbesondere in Krisenzeiten übertraf das Wirtschaftswachstum der BRICS-Länder das der entwickelten Märkte.[184] Aufgrund der Asienkrise 1997/1998 sowie der Russlandkrise 1998 zeigten sich wirtschaftliche Folgen in den südlichen Ländern.[185] Aus den Krisen wurden jedoch Reformen in den betreffenden Ländern vorgenommen. Die guten wirtschaftlichen Prognosen für die BRICS-Länder halten daher beispielsweise über die weltweite Finanzkrise in den Jahren 2007/2008 Bestand. Die Länder waren weit weniger von den Auswirkungen der Finanzkrise betroffen als vergleichsweise andere entwickelte Länder.[186] Bereits nach einem Jahr verzeichneten die Länder wieder Wachstum. Allerdings sahen sich die Staaten bedroht von einem wirtschaftlichen Abschwung, der durch die bevorstehende Rezession im europäischen Raum erwartet wurde.[187] Dadurch getrieben, fanden weitere weitreichende Umstrukturierungsmaßnahmen in

184 Vgl. Biggemann/Fam (2011), S. 5; Makin/Arora (2014), S. 11.

185 Vgl. May (2013), S. 264. Für China fielen die Folgen allerdings vergleichsweise gering aus.

186 Vgl. Schmalz/Ebenau (2014), S. 43. Die Folgen der Asienkrise 1997/1998 fielen für China vergleichsweise gering aus.

187 Vgl. Schmalz/Ebenau (2014), S. 44.

den Ländern statt, die als Reaktion auf die Eurokrise zur Vertiefung dieser Entwicklung führte. Das Gefälle von Nord und Süd begünstigt den Ausgleich der Kapitalnachfrage in Krisenzeiten. Dieses Paradoxon in der Folge von Auswirkungen von internationalen Krisen wird mitunter durch den unterschiedlichen Charakter des globalen und des südlichen Kapitalismus und dessen Beziehung zueinander erklärt.[188]

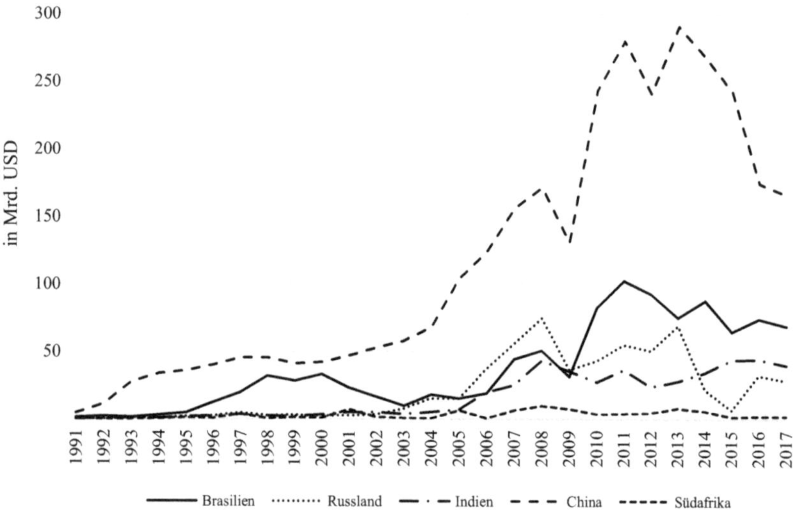


**Abbildung 5:** FDI inflows BRICS-Länder, 1991–2017
(Quelle: eigene Darstellung, Daten entnommen aus Worldbank)

Die Krisenresistenz der BRICS-Länder infolge der Finanzmarktkrise kann über die internationalen Kapitalströme gezeigt werden. Abbildung 5 zeigt die FDI *inflows* in die BRICS-Länder. Die Kapitalzuflüsse sind insbesondere in China erheblich gestiegen. Ein deutlicher Anstieg seit der Finanzmarktkrise ist zudem in Brasilien zu verzeichnen.

Khanna/Palepu/Sinha (2005) stellen heraus, dass grenzüberschreitende Investitionsströme trotz der spürbaren Öffnung der Schwellenländer in den 1990er-Jahren gering gewesen sind. Als Beispiel führen sie das

188 Vgl. May (2013), S. 264.

Investitionsverhalten von amerikanischen Unternehmen als bedeutenden Kapitalmarkt an. Diese haben seit den 1990er-Jahren mehr im eigenen Land investiert als im Ausland.[189] Die im Verhältnis wenigen im Ausland getätigten Investitionen sind überwiegend in anderen entwickelten Ländern und noch weniger in Schwellenländern getätigt worden. Im Jahr 2002 haben US-Unternehmen USD 1,6 Milliarden in dem Vereinigtem Königreich und USD 514 Millionen in Kanada, aber nur USD 173 Millionen in den BRIC-Staaten zusammen investiert. Die in den BRIC-Staaten investierte Summe entspricht lediglich rund 3 % der gesamten Transaktionsvolumina der amerikanischen Unternehmen.[190]

Seither haben sich Schwellenländer jedoch zu attraktiven Standorten für Investitionen entwickelt.[191] Während das investierte Transaktionsvolumen in den Schwellenländern im Jahr 1990 noch bei rund USD 21 Mrd. lag, stieg es auf USD 586 Mrd. im Jahr 2018 an.[192] 2010 haben Schwellen- und Entwicklungsländer gemeinsam erstmals mehr als die Hälfte aller weltweiten FDI *inflows* verzeichnet.[193]

Seit der Integration des Akronyms BRICS[194] und der regelmäßig stattfindenden Gipfeltreffen der Länder seit dem Jahr 2009 sind die Länder als Ländergruppe wahrgenommen worden. Eine einheitliche Behandlung aller fünf Länder könnte hinsichtlich der weiteren Analyse zunächst irreführend sein, da alle Länder sich hinsichtlich ihres kulturellen Umfelds[195] unterscheiden und auch ihre ökonomischen institutionellen Rahmenbedingungen differieren.[196] Im Folgenden sind die fünf Länder folglich für die im späteren Verlauf des Kapitels empirische Untersuchung zu identifizieren.

189 Dieses Phänomen wird in der Literatur als *Home Bias* bezeichnet. Dies meint die Tendenz von Investoren, Geldanlagen überproportional auf dem heimischen Markt zu investieren als im Ausland. Für eine genauere Übersicht siehe u. a. Karlsson/Nordén (2007).

190 Vgl. Khanna/Palepu/Sinha (2005), S. 64.

191 Vgl. Mathews (2006), S. 7; Luo/Tung (2007), S. 481.

192 Vgl. Worldbank (2019).

193 Vgl. UNCTAD (2011).

194 Zuvor auch unter dem Akronym BRIC.

195 Vgl. Cowperthwaite (2010); Gray (1988); Hofstede (1980).

196 Vgl. Nnadi/Tanna (2019), S. 457; Ghio/Verona (2015), S. 122.

## *Identifikation einzelner BRICS-Länder*

*Brasilien:*
Brasilien fehlte es bis in die frühen 1990er-Jahre an einer geordneten Struktur des Finanzmarktes. Die unkontrollierbare Inflation war über lange Zeit eines der größten ökonomischen Herausforderungen des Landes. Durch entgegenwirkende Maßnahmen in den 1990er-Jahren sind diese Schwierigkeiten überwunden worden.[197] Korruptionsskandale von Politikern und Unternehmern trübten das Bild einer politischen und gesellschaftlichen Stabilität.[198] In den darauf folgenden Jahren kam es zu weiteren wirtschaftlichen Krisen, die in einer makroökonomischen Instabilität mündeten. Nach der brasilianischen Währungskrise sind umfangreiche Reformen vollzogen worden, um die Stabilität wiederherzustellen. Diese Schritte haben zu einer deutlichen Entwicklung des brasilianischen Kapitalmarktes beigetragen, die aufgrund der Verbesserung des institutionellen Umfelds möglich waren. Der Rohstoff-Boom in Verbindung mit steigenden Kapitalzuflüssen ließ das Land weiter wachsen.[199]

*Russland:*
In Russland wird der Unternehmenssektor oft als dysfunktional beschrieben. Der Mangel an einer konsistenten Definition und verlässlichen Durchsetzung von Eigentumsrechten, Transparenz in der politischen Führung, ein schwaches und ein ineffizientes Justizwesen sowie die willkürliche Verabschiedung, Auslegung und Durchsetzung von Gesetzen charakterisieren das formale institutionelle Regime in Russland.[200] Staatlich kontrollierte Volkswirtschaften legten traditionell wenig Wert auf die Verbesserung der Finanzberichterstattung, die in einer Marktwirtschaft ein zentrales Mittel zur Allokation von Gütern und Dienstleistungen ist. Der Übergang zu einer marktorientierten Wirtschaft in Russland begann mit dem Zusammenbruch der Sowjetunion im Jahr 1991.[201]

Im Jahr 1992 wurde die erste russische Börse, die *Moscow Interbank Currency Exchange* (MICEX), gegründet. Die MICEX hat einen wesentlichen Einfluss

197 Vgl. Stal/Cuervo-Cazurra (2011), S. 219; Rodrigues/Schmidt/Santos (2012), S. 15.
198 Vgl. Gondim et al. (2017), S. 5. Im Jahr 2018 belegt Brasilien beispielsweise Platz 105 von 180 im Ranking erfassen Ländern.
199 Vgl. de Paula (2014), S. 301.
200 Vgl. Puffer/McCarthy/Boisot (2010); Estrin/Prevezer (2011).
201 Vgl. Goncharov/Zimmermann (2007), S. 258.

beim Aufbau der Infrastruktur des russischen Finanzmarktes geleistet. Im Jahr 1995 entstand das russische Handelssystem *Russian Trading System* (RTS), das nach dem amerikanischen Vorbild aufgebaut worden ist und die Basis für den Anstieg ausländischer Investitionen in Russland darstellte. Die erste Entwicklungsphase des neuen russischen Kapitalmarktes wurde infolge der im Jahr 1998 ausgelösten Finanzkrise vorerst gestoppt. Im Jahre 2002 implementierte die *Russian Stock Exchange* mit dem *Corporate Code of Conduct* ein nicht gesetzlich kodifiziertes Regelwerk, das dennoch bei Nichteinhaltung zur Herabstufung des Listings an der *Moscow Exchange (MOEX)* führt.

*Indien:*
Seit 1991 sind in Indien eine allgemeine Liberalisierungs- und Deregulierungswelle des Finanzsektors zu beobachten, im Zuge dessen ist die Wirtschaft auch für ausländische Unternehmen geöffnet worden. Zur gleichen Zeit sind umfangreiche Reformen an den Kapitalmärkten des Landes durchgeführt worden.[202] 1992 wurde das *Securities and Exchange Board of India* (SEBI) gegründet. Diesem kommt die Aufgabe zu, den Schutz von Investoren sowie die Verbesserung der Struktur der Kapitalmärkte zu sichern. Mit der Gründung der *National Stock Exchange* (NSE) 1994 nahm der Wettbewerb an den Märkten zu, was das Transaktionsvolumen erhöhte. Im Bankensektor fanden Veränderungen statt, wie zum Beispiel die Abschaffung von Zinskontrollen. Nach der Öffnung der Wirtschaft durch eine liberalere Politik haben sich technische und finanzielle Kooperationen und daher ausländische Investitionen erhöht.[203]

Dennoch ist Indien insbesondere für ein hohes Korruptionsniveau bekannt, was die Vertrauenswürdigkeit sowohl von den einheimischen als auch den ausländischen Akteuren sinken lässt.[204]

*China:*
China hat seit Beginn der 1990er-Jahre eine immense ökonomische Entwicklung vollzogen, die politischen Anpassungen an die neuen Herausforderungen erfolgten allerdings in zeitlicher Verzögerung.[205] Jährliche Wachstumsraten

202 Vgl. Ghio/Verona (2015), S. 127.
203 Vgl. Anderson/Lanen (1999), S. 380.
204 Vgl. Lee/Oh (2007).
205 Vgl. Hussain/Jian (1999), S. 5.

von mehr als 8 % konnten bereits während der 1990er-Jahre erzielt werden und bestärkten, dass China im internationalen Wettbewerb um ausländisches Geld wettbewerbsfähig ist. Dies ist vor allem aufgrund gelungener Reformen im Bereich der staatseigenen Unternehmen gelungen.[206] Insbesondere durch die Umwandlung von Unternehmen in Gesellschaften mit Aktienkapital.

Mit Eröffnung der ersten Börsen entstand die Notwendigkeit, ein geregeltes Umfeld zu schaffen, um einen attraktiven Markt für ausländische Investoren darzustellen. Daraufhin wurde im Jahr 1992 die *Chinese Securities Regulatory Commission* (CSRC) etabliert, um die Regulierung und Überwachung der Unternehmen zu gewährleisten und um verlässliche und transparente Informationen bereitstellen zu können. Zuvor herrschte ein nach sowjetischem Vorbild etabliertes Regulierungssystem vor.[207] Durch das Company Law aus dem Jahre 1992 wurden diverse Änderungen wirksam.[208]

*Südafrika:*

Der Kapitalmarkt von Südafrika gilt unter den Schwellenländern als einer der weit entwickeltsten.[209] Die Johannesburg Stock Exchange (JSE) wurde bereits im Jahr 1887 eröffnet und zählt heute gemessen an der Marktkapitalisierung zu einem der größten Kapitalmärkte. Die Anzahl der gelisteten Unternehmen hat Ende der 1980er-Jahre exponentiell zugenommen und befindet sich seither auf einem gleichbleibend hohen Niveau. Nach internationalen Standards gilt das Finanzsystem Südafrikas als hoch entwickelt, sowohl in Bezug auf dessen Bank- als auch auf dessen Marktsystem. Daher zählt Südafrika seit dem Jahr 2009 auch zu den aufstrebenden Märkten der BRICS-Vereinigung.

Dennoch sind auch in Südafrika *institutional voids* vorzufinden. Das Korruptionsniveau ist in den vergangenen Jahren weiter gestiegen. Daher ist die Forderung nach einer besseren öffentlichen Verwaltung einschließlich der Forderung nach mehr Transparenz und Integrität der öffentlichen Institutionen hoch.[210]

---

206 Vgl. Wei/Xie/Zhang (2017), S. 49.
207 Vgl. Nobes/Parker (2016), S. 305.
208 Vgl. Lichtenstein (1993), S. 11.
209 Vgl. Odhiambo (2014), S. 86.
210 Vgl. Pillay (2004).

## 3.2 Rechnungslegungssysteme und Regulierungsinstrumente

### 3.2.1 Rechnungslegungssysteme

*Institutioneller Kontext eines Rechnungslegungssystems*

Rechnungslegung leistet einen wesentlichen Beitrag zur Wohlfahrt von Volkswirtschaften und besteht aufgrund von institutionell etablierten Regeln.[211] Dabei stellt Rechnungslegung keinen Selbstzweck dar, sondern ist vielmehr ein Instrument, das der Zweckerreichung einer oder mehrerer Zielgruppen dient.[212] In informationsökonomischen Untersuchungen gilt Rechnungslegung als das standardisierte Informationssystem[213], das in Entscheidungssituationen Nutzen stiftet.[214] Im Sinne der NIÖ kommt der Rechnungslegung damit die Aufgabe des Abbaus von Informationsasymmetrien zwischen internen und externen Akteuren zu. Ein Rechnungslegungssystem wird in dieser Arbeit folglich als national konstruiertes System der Rechnungslegung verstanden.

Rechnungslegungssysteme von Schwellenländern gelten als lückenhaft.[215] Die Schwellenländer bedienen sich der Grundidee der Liberalisierung und Deregulierung, um die Finanzmärkte durch Veränderungen des Rechtsrahmens zu öffnen, und so Effizienz- und Wohlfahrtsgewinne für die beteiligten Volkswirtschaften zu erzielen. Die Rechnungslegungsvorschriften folgen jedoch nicht den Deregulierungstrends, die in vielen Sektoren der Schwellenländer zu beobachten sind.[216] Im Gegenteil, die Rechnungslegungsregulierung hat zugenommen, was auf die Globalisierung der Waren- und Finanzmärkte und als Reaktion auf Finanzkrisen zurückzuführen ist.[217] Nationalstaatliche Regulierungsinstitutionen stehen daher vor der Herausforderung, dem internationalen Investor gerecht zu werden. Aufgrund dieser Entwicklungen ist das Interesse wirtschaftlicher Akteure an institutionalisierten Rechnungslegungssystemen gestiegen.[218] Neben institutionellen Schwächen sind die Länder zudem mit begrenzten Ressourcen ausgestattet,

211 Vgl. Meser (2014), S. 2.
212 Vgl. Gros (2010), S. 206.
213 Vgl. Wagenhofer/Ewert (2015), S. 2.
214 Vgl. Zimmermann/Werner (2004), S. 153.
215 Vgl. Doh et al. (2017), S. 293.
216 Vgl. Franke (2000), S. 231.
217 Vgl. Zimmermann/Werner/Volmer (2008), S. 68.
218 Vgl. Werner/Zimmermann (2009), S. 86.

was zu einem zusätzlichen Hindernis der eigenen Anpassungsmöglichkeit der Institutionen führt.[219]

Ohne geeignete Vergleichsdeterminanten sind die Unterschiede eines Rechnungslegungssystems zwischen zwei Ländern nur schwer zu bewerten. Arbeiten, die sich dieser Problematik annehmen, lassen sich dem Rechnungslegungsvergleich zuordnen. Der Forschungsbereich des Rechnungslegungsvergleichs (*Comparative Accounting Research*) beschreibt die Rechnungslegungscharakteristika von mindestens zwei Ländern und unterstützt demnach das Verständnis von landesbezogenen Unterschieden.[220]

In der vergleichenden Rechnungslegungsforschung wird die Bedeutung der Umweltfaktoren bei der Gestaltung eines nationalen Rechnungslegungssystems betont. Kontinuierlich wird von der Rechnungslegung eine Reaktion auf ein sich änderndes Umfeld verlangt.[221] Rechnungslegungssysteme sind daher als in interdependenter Beziehung zu anderen Systemen stehende Institutionen zu verstehen, die im Sinne des *institutional fit* innerhalb einer Gesellschaft begründet sind. Im Ländervergleich sind teils marginale, teils erhebliche Unterschiede in den Rechnungslegungssystemen vorzufinden.[222] Differierende institutionelle Ausgestaltungen sind als Erklärung dieser Feststellung herangezogen worden. Innerhalb der *institutions of economics* wurde Kultur[223] als die in einer Volkswirtschaft umfassende informelle Institution identifiziert, aufgrund derer sich formelle Institutionen bilden.

Für eine differenziertere Betrachtung des Kulturbegriffs identifiziert Hofstede (1980) vier Kulturdimensionen, die Unterschiede zwischen Nationalstaaten verdeutlichen: Machtdistanz, Individualismus/Kollektivismus, Maskulinität/Femininität und Unsicherheitsvermeidung.[224] Die Dimension

---

219 Vgl. Koiava (2019), S. 36.

220 Vgl. Werner/Zimmermann (2009), S. 85.

221 Vgl. Zeff (1972); Choi/Mueller (1984).

222 Vgl. Zimmermann/Werner/Volmer (2008), S. 2.

223 Vgl. Kapitel 2.2.2.

224 Die Kulturdimensionen nach Hofstede sind nicht frei von Kritik, dennoch gilt seine Kulturtheorie in der Literatur als anerkannt. Viele Beiträge bauen auf den Kulturdimensionen auf. Einer der Hauptkritikpunkte adressiert die Konstruktion der Kulturdimensionen auf Basis eines einzelnen US-Konzerns, was Verzerrungen der Ergebnisse zur Folge haben könnte. Weiterhin ist die Beständigkeit der Dimensionen in einer dynamischen Welt fraglich. Später ergänzte er noch eine fünfte Dimension die Langzeit-/Kurzzeitorientierung und Genuss/Zurückhaltung. Diese wurden jedoch nicht weiter im Zusammenhang mit der Rechnungslegung diskutiert und werden deshalb nicht weiter beachtet.

Machtdistanz beschreibt die Toleranz einer ungleichen Machtverteilung innerhalb einer Gesellschaft. In dieser Dimension werden hierarchische Strukturen erfasst. Ein hohes Maß an Machtdistanz führt zu einer Akzeptanz harter Hierarchien, wohingegen ein niedriges Maß an Machtdistanz auf eine homogene Machtverteilung schließen lässt.[225] Der Grad der Individualität beschreibt das Verhältnis von Individualismus und Kollektivismus. In dieser Dimension wird festgestellt, inwiefern die Interessen eines Individuums über denen der Gruppe stehen. Maskulinität identifiziert das Rollenbild zwischen Mann und Frau. Individuen in maskulinen Gesellschaften zeichnen sich durch ausgeprägtes Konkurrenzverhalten aus; feminine Gesellschaften besonders durch Werte wie Kooperation. Die letzte der vier Kulturdimensionen betrachtet die Unsicherheitsvermeidung.[226] Innerhalb dieser Dimension wird die Risikoneigung eines Landes beurteilt und damit verbunden die starke oder schwache Orientierung an Regeln.[227]

Je weniger technisch eine Tätigkeit ist, desto stärker wird sie von der Kultur beeinflusst. Rechnungslegungssysteme weisen in einzelnen Bereichen technische Aspekte auf, entziehen sich jedoch überwiegend davon und gelten folglich als von der Kultur beeinflusst.[228] Gray (1988) konstatiert diesen Zusammenhang; ihm zufolge ist die Rechnungslegung als Subkultur der Wirkungen von der Kultur ausgesetzt. Aufbauend auf der Kulturtheorie von Hofstede (1980) sieht er länderspezifische Unterschiede in den Rechnungslegungssystemen durch nationale kulturelle Werte der Rechnungslegung konstruiert an.[229] Die kulturellen Werte haben der Theorie folgend einen direkten Einfluss auf die Ausgestaltung der Rechnungslegungssysteme und sind deshalb von Land zu Land in einem unterschiedlichen Maße ausgestaltet. Aus der Rechnungslegungsliteratur und -praxis identifiziert er Professionalität, Gleichförmigkeit, Konservatismus und Verschwiegenheit als Werte der Rechnungslegung. Professionalität unterscheidet zwischen einer durch die Unternehmen geprägten Selbstregulierung (*professionalism*) auf der einen und einer staatlichen

225 In asiatischen Ländern (zum Beispiel Indien) wird ein hohes Ungleichgewicht der Machtverteilung akzeptiert, wohingegen in nord- und mitteleuropäischen Ländern eine ungleiche Machtverteilung weniger geduldet wird.

226 In Ländern mit einer hohen Unsicherheitsvermeidung wie Deutschland oder Russland wird versucht, mithilfe von geeigneten Prognosen das Risiko einer unbestimmten Situation zu minimieren.

227 Vgl. Hofstede (1980).

228 Vgl. Perera (1989), S. 42; Baydoun/Willett (1995), S. 83–84.

229 Vgl. Gray (1988), S. 5–11.

Regulierung mit kodierten Gesetzen (*statutory control*) auf der anderen Seite.[230] Der Wunsch nach einheitlichen Rechnungslegungsregeln (*uniformity*) und die Forderung nach flexibler Methodengestaltung (*flexibility*) in der Rechnungslegung wird unter dem Wert Gleichförmigkeit zusammengefasst. Konservatismus unterscheidet die beiden Extreme einer vorsichtigen Bilanzierungspraxis (*conservatism*) einerseits und positive, optimistische Bilanzierung (*optimism*) andererseits. Der vierte Wert der Rechnungslegung bezieht sich auf die Preisgabe von Informationen. Hierunter wird die Verschwiegenheit wichtiger Informationen (*secrecy*) und/oder die vollständige Transparenz von Informationen (*transparency*) summiert. Die von Hofstede (1980) entwickelten Kulturdimensionen sind mit den Werten der Rechnungslegung verknüpft, sodass Kulturdimensionen mit bestimmten Werten der Rechnungslegung in einer komplexen Wechselbeziehung einhergehen und sich gegenseitig beeinflussen.[231]

Indirekt beeinflusst die Kultur Rechnungslegungssysteme über die von ihr geprägten Institutionen. Institutionen, die einen indirekten Einfluss auf die Ausgestaltung der Rechnungslegung haben, sind vielfältig und länderspezifisch geprägt. Beispielsweise sind in südamerikanischen Ländern wie Brasilien, die zeitweise von einer starken Inflation geprägt waren, vermehrt Regelungen zur Berücksichtigung der Geldentwertung in der Rechnungslegung vorzufinden.[232] Auch sind Krisen oder Unternehmensskandale Auslöser von Reformen in der Rechnungslegung. Der *Sarbanes-Oxley Act (SOX)* wurde 2002 verabschiedet und gilt als Reaktion des US-Gesetzgebers auf eine Reihe von Bilanz- und Finanzskandalen.[233] Ziel des Acts ist die am Kapitalmarkt partizipierenden Akteure durch eine bessere Informationsversorgung sowie verbesserter Corporate Governance zu schützen. Allesamt stellen diese nationale Anpassungen dar, die einen Einfluss auf die Ausgestaltung der Rechnungslegung haben können.[234] Abbildung 6 fasst die Einflussgrößen eines Rechnungslegungssystems zusammen.

---

230 Vgl. Gray (1988), S. 8–9.

231 Vgl. für eine ausführliche Darstellung der Verknüpfung der Kulturdimensionen mit den Werten der Rechnungslegung u. a. Gray (1988), Chanchani/Willett (2004).

232 Vgl. Roberts/Weetman/Gordon (2008), S. 205; Nobes/Parker (2012), S. 39.

233 Vgl. Coates/Srinivasan (2014), S. 629. Namensgebend für den Act sind die beiden Kongressabgeordneten Paul Sarbanes und Michael Oxley.

234 Für die spätere empirische Analyse wird auf das Rechtssystem als maßgebliche Institution genauer in Kapitel 3.3.2 eingegangen.

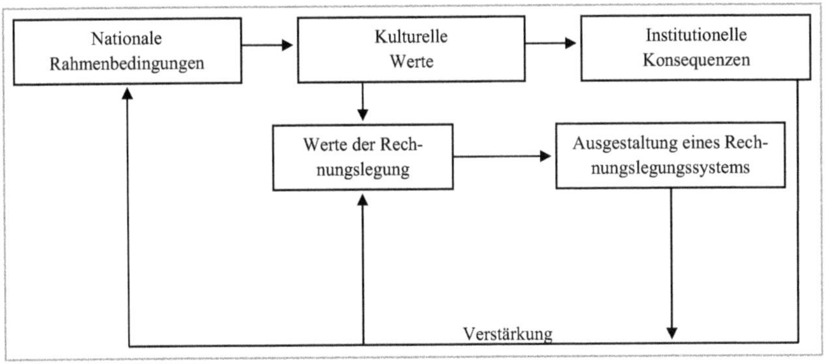


**Abbildung 6:** Determinanten nationaler Rechnungslegungssysteme
(Quelle: in veränderter Form entnommen aus Wehrfritz (2012), S. 65)

*Rechnungslegungssysteme im internationalen Kontext*

Im Idealfall ist das nationale Rechnungslegungssystem komplementär zu seinem institutionellen Umfeld organisiert. Die Ausgestaltung ist jedoch an die nationalen Gegebenheiten geknüpft, was zwangsläufig zu einer unterschiedlichen Ausprägung von Rechnungslegungssystemen im Ländervergleich führt. Als Konsequenz bestehen heterogene nationale Rechnungslegungssysteme.[235] Die Unterschiede werden im internationalen Vergleich bedingt durch die geforderte Angleichung des regulatorischen Umfelds im Zuge der Integration nationaler Kapitalmärkte deutlich. Der Angleichungsdruck offenbart sich besonders durch veränderte Investitionsstrukturen, von der Beschränkung auf den heimischen Aktienmarkt hin zu international diversifizierten Wertpapierportfolios, was einen globalen Kapitalmarkt entstehen lässt.[236] Die Harmonisierungsbestrebungen nationaler Rechnungslegungssysteme sind daher als Folge des Nachfragedrucks international agierender Akteure zu interpretieren.[237]

235 Vgl. Daske et al. (2008), S. 1089; Zimmermann/Werner/Volmer (2008), S. 2; Hammermeister (2012), S. 12. Anhand der Eingliederung der Änderungsdynamik der *economics of institutions* in Kapitel 2.2.2 sind Rechnungslegungssysteme der Ebene 3 einzuordnen. Ihre Änderungen geschehen damit über einen Zeitraum von 1–10 Jahre.

236 Vgl. Abée (2012), S. 172–173.

237 Vgl. Hammermeister/Zimmermann (2010), S. 10–20.

Aus der Perspektive der Adressaten sind divergierende Rechnungslegungssysteme unter anderem mit Herausforderungen in der Informationsbeschaffung behaftet. Internationale Investoren verlangen vergleichbare Informationen für ihre Investitionsentscheidungen auf dem internationalen Markt.[238] Bei unterschiedlichen Informationslagen entstehen für den internationalen Investor zusätzliche Informationskosten, da für heimische und ausländische Unternehmen unterschiedliche Rechnungslegungsstandards gelten. Die Rechnungslegung gilt als Instrument der Unternehmenspublizität und dient dem Abbau von Informationsasymmetrien.[239] Das Bedürfnis nach vergleichbaren entscheidungsnützlichen Informationen forderte sodann die Etablierung geeigneter standardisierter Regularien.[240] Dieser Forderung ist durch die Gründung des IASC im Jahr 1973 als Vorgängerorganisation des IASB gefolgt worden. Die Organisation hat die Etablierung global einheitlicher Rechnungslegungsstandards zum Ziel und zählt heute mit der Formulierung und stetigen Weiterentwicklung der IAS und IFRS als das weltweit bedeutendste Rechnungslegungsgremium.[241] Mithilfe einheitlicher internationaler Rechnungslegungsregeln wird das Bedürfnis nach einer informatorischen Rechnungslegung befriedigt, die die Bereitstellung entscheidungsnützlicher Informationen zum Ziel hat.[242] Eine verbesserte Informations- und Allokationseffizienz durch konvergente Rechnungslegungssysteme könnte in der Konsequenz mit einer Zunahme grenzüberschreitender Transaktionen einhergehen.[243]

Sowohl Unternehmen, Informationsbereitsteller als auch Informationsnutzer profitieren von einheitlichen Rechnungslegungssystemen durch transaktionskostensenkende Effekte.[244] Die Internationalisierung fordert aufgrund dessen die Verwendung einheitlicher Steuerungsgrößen und integrierter Rechnungslegungssysteme, die mit einer Angleichung der Rechnungslegungsregularien erreicht werden.[245] Folglich kann ein Rechnungslegungssystem als Kompromiss aus einer individuellen Kombination von Umweltfaktoren

---

238 Vgl. Healy/Palepu (2001), S. 407.

239 Vgl. Ball/Shivakumar (2006), S. 7.

240 Vgl. Zimmermann/Tideman (2015), S. 58–59.

241 Vgl. Botzem (2008), S. 54.

242 Vgl. Zimmermann/Kilian/Tideman (2015) für eine detaillierte Darstellung der informatorischen Rechnungslegung und Gegenüberstellung zur gläubigerschutzorientierte Rechnungslegung.

243 Vgl. DeFond et al. (2012), S. 28; Beneish/Miller/Yohn (2015), S. 2.

244 Vgl. Tweedie/Seidenstein (2005), S. 589.

245 Vgl. Oehr/Zimmermann (2012), S. 135.

einerseits und internationalem Konvergenzdruck im Sinne der Globalisierung andererseits verstanden werden.[246]

*Spannungsfeld*

Die Rechnungslegung ist daher stets im Spannungsfeld zwischen sozioökonomischen nationalen Bedürfnissen und denen der internationalen Investoren formuliert, was zu Koordinationsproblemen in den Ländern führt.[247] Ländereigene Systemunterschiede bestehen daher konfliktär zum internationalen Konvergenzdruck.[248] Ball (2006) zeigt diesbezüglich auf: "*Despite the undoubted integration that has occurred, notably in the capital and product markets, most market and political forces are local, and will remain so for the foreseeable future. Consequently, it is unclear how much convergence in actual financial reporting practice will (or should) occur.*"[249] Leuz (2010) konstatiert zusätzlich, dass die Unterschiede in den institutionellen Faktoren einzelner Länder vermutlich eine Hauptquelle der Heterogenität in der Berichterstattungspraxis trotz der weltweiten Übernahme einheitlicher Rechnungslegungsstandard bleiben wird, da die Stärke der Regulierung variiert.[250]

In der Literatur sowie der Rechnungslegungspraxis wird ein Rechnungslegungssystem durch die beiden Regulierungsinstrumente Publizität und Enforcement beschrieben.[251] Publizität umfasst im Allgemeinen die Vorgabe zur Bereitstellung von Unternehmensinformation. Neben den Offenlegungsregularien von Unternehmensinformationen verlangen Adressaten zudem ein institutionalisiertes Umfeld, das die Einhaltung zur Überwachung zum Schutz der Investoren bereitstellt. Enforcement stellt die Überwachung beziehungsweise Durchsetzung der Publizitätsvorgaben dar.[252] Festgelegte Qualitätsmerkmale bedingen die optimale Ausschöpfung von Investitionsmöglichkeiten, indem sie das Entscheidungsverhalten der Informationsnachfrager verändern. Unsicherheitsreduzierende Institutionen befriedigen daher einerseits die Informationswünsche der Akteure und sind andererseits als (internationaler) Wettbewerbsvorteil bei der Beschaffung von (ausländischem) Kapital zu verstehen.

246 Vgl. Nobes (1998), S. 164–165.
247 Vgl. Hammermeister (2012), S. 2.
248 Vgl. Walker (2010), S. 149–151; Simunic/Minlei/Ping (2015), S. 233–234.
249 Ball (2006), S. 8.
250 Vgl. Ball (2006); Nobes (2006); Hail/Leuz/Wysocki (2009).
251 Vgl. Zimmermann/Tideman (2015), S. 58.
252 Vgl. Gros (2010), S. 152; Zimmermann/Werner (2013), S. 169.

Die wirtschaftlichen Beziehungen in der Teildisziplin der Rechnungslegung sind zusammenfassend als hochgradig institutionalisiert anzusehen.

Länderübergreifende Studien stellen grundsätzlich positive Effekte durch stark regulierte Märkte fest.[253] Märkte, in denen ein hohes Regulierungsmaß vorherrscht, weisen vergleichsweise niedrige Kapitalkosten auf.[254] Umgekehrt sprechen niedrige Kapitalkosten für eine gute Rechnungslegungsqualität.[255] Weiterhin gewährleistet die Einführung verpflichtender Publizitätsvorgaben zwar Liquiditätsvorteile, diese sind allerdings maßgeblich durch gleichzeitige Veränderungen der Überwachung der Einhaltung der Regularien begünstigt.[256] Beispielhaft gilt die Verwendung der international anerkannten qualitativ hochwertigen Rechnungslegungsstandards IFRS ohne adäquate Maßnahmen im Enforcement folglich als vergleichsweise ineffizient.[257] Die Regulierung der Publizität kann dementsprechend nicht isoliert von dem zugrunde liegenden Enforcementsystem betrachtet werden, denn Publizitätsregularien sind nur in Verbindung mit einem effektiven Enforcement wirksam.[258] Ausschlaggebend ist die Qualitätssicherung der publizierten Informationen durch das Enforcement.[259] Die Funktionsweise und der Umfang beider Regulierungsbereiche ist Gegenstand der nachfolgenden Kapitel.

### 3.2.2 Publizität

Im Allgemeinen umfasst Publizität alle offengelegten Unternehmensinformationen, die an interessierte Adressaten gerichtet sind. Investoren nutzen diese Informationen zum Zwecke der Vergleichbarkeit von Investitionsmöglichkeiten, um auf deren Basis Investitionsentscheidung zu treffen. Informationsasymmetrien zwischen unternehmensinternen und -externen Akteuren abzubauen und die Kosten für opportunistisches Verhalten zu minimieren, stellt demzufolge die Hauptaufgabe von Publizität dar.[260] Konsequenterweise ist Publizität als

253 Vgl. hierzu u. a. Christensen/Lee/Walker (2007); Daske et al. (2008).
254 Vgl. Hail/Leuz (2006), S. 524.
255 Vgl. Kühnberger (2017), S. 131.
256 Vgl. Daske et al. (2008), S. 1131.
257 Vgl. Hope (2003), S. 238.
258 Vgl. Sunder (1997), S. 167; Berkowitz/Pistor/Richard (2003), S. 192; Hope (2003), S. 238.
259 Vgl. Kothari (2000), S. 92; Zimmermann/Volckmer (2015), S. 299.
260 Vgl. Easterbrook/Fischel (1984), S. 709; Healy/Palepu (2001), S. 408.

Minimierung von Schätzungenauigkeiten und des Schätzrisikos künftiger Renditen zu verstehen.[261]

Publizität wird dabei in freiwillige und verpflichtende Publizität unterschieden.[262] Freiwillige Publizität ist besonders in Zeiten volatiler Märkte bedingt durch makroökonomische Schocks von Interesse, da Anleger dann ein stärkeres Bedürfnis nach verlässlichen Informationen entwickeln.[263] Unternehmen erlangen durch freiwillige Publizität die Möglichkeit, kurzfristig günstiges Kapital zu beschaffen.[264] Es erscheint allerdings aufwendig, die Nützlichkeit von freiwillig offengelegten Informationen für Investoren zu gewährleisten, da im Unternehmensvergleich nicht in gleichem Maße publiziert wird, was hohe Suchkosten für Investoren verursachen kann.[265] Die Nachteile der freiwilligen Publizität werden mittels einer standardisierten verpflichtenden Publizität überwunden. Verpflichtende Publizität tritt in Form von Gesetzen durch den Staat sowie anderen Anforderungen[266] von privaten oder staatlichen Institutionen auf.[267] Dies bietet Investoren ein Mindestmaß an vergleichbaren und verlässlichen Informationen, die der Entscheidungsnützlichkeit dienen.[268]

Informationen gelten dann als entscheidungsnützlich, wenn sie relevant sind und maßgeblich auf den Entscheidungsprozess des Investors Einfluss nehmen.[269] Da eine verzögerte Vermittlung von Informationen die Entscheidungsnützlichkeit einschränkt, steht die Anforderung der Zeitnähe in einem komplementären Zusammenhang mit der fundamentalen Eigenschaft der Informationsrelevanz.[270] Publizität erlangt hierdurch die Aufgabe, einen

261 Vgl. Fama/Laffer (1971), S. 290; Hope (2003), S. 236.

262 Vgl. Hassan et al. (2009), S. 80.

263 Vgl. Balakrishnan et al. (2014), S. 2270–2271.

264 Vgl. Wagenhofer/Ewert (2015), S. 29.

265 Vgl. Fama/Laffer (1971), S. 298. Freiwillige Publizität findet auf Unternehmensebene statt, da sie keiner gesetzlichen Verpflichtung unterliegt. Die nachfolgenden Untersuchungen beschäftigen sich mit der Untersuchung von Verpflichtungen auf Länderebene. Für den weiteren Verlauf der Arbeit wird der freiwilligen Publizität deshalb keine weitere Berücksichtigung beigemessen.

266 Anforderungen sind in der vorliegenden Arbeit gegeben durch Verordnungen oder andere Regularien, wie zum Beispiel Börsenordnungen.

267 Das Verhältnis der Integration des Staates in der Rechnungslegungsregulierung unterscheidet sich im Ländervergleich deutlich; vgl. Gray (1988).

268 Vgl. Bailey et al. (2003), S. 2487; Lindemann (2004), S. 1.

269 Vgl. Meser/Veith/Zimmermann (2015), S. 255.

270 Vgl. Zülch/Hendler (2017), S. 72.

kosteneffizienten Kommunikationsprozess zwischen den unternehmensinternen und -externen Akteuren abzubilden und zeitnah relevante Informationen zu transferieren.[271] Publizität dient den Investoren, sich über die wirtschaftliche Lage eines Unternehmens zu informieren, um dadurch individuelle Erwartungen über die ihnen daraus zufließenden künftigen Netto-Zahlungsströme abzuleiten.[272] Investoren sind darüber hinaus dazu befähigt, ihr investiertes Kapital zu überwachen sowie Desinvestitionen zu beurteilen.[273]

Märkte, in denen Informationen leicht zugänglich und günstig zu beschaffen sind, werden von Investoren bei Investitionsoptionen bevorzugt.[274] Im Umkehrschluss werden solche, die sich durch qualitativ und quantitativ niedrige Publizitätsvorgaben auszeichnen eher gemieden.[275] Der Grund liegt in der Unvollkommenheit der Märkte, die durch Informations- und Anreizprobleme charakterisiert sind, welche die effiziente Ressourcenallokation erschweren. Diese Probleme führen entweder zu einem Sinken der Marktliquidität oder einem Anstieg der von Investoren verlangten Risikoprämien. Die Konsequenz sind steigende Kapitalkosten, die für höhere Risiken kompensieren.[276] Publizitätsfördernde Maßnahmen seitens des Staates sowie privater und staatlicher Institutionen tragen demzufolge zur Effizienz der Kapitalmärkte bei.[277]

Die externe Rechnungslegung liefert als Teil der verpflichtenden Publizität die wichtigste und verlässlichste Quelle der Informationsbereitstellung. Ein geeigneter erster Anhaltspunkt zur Bestandsaufnahme der Rechnungslegung verschiedener Staaten, beziehungsweise Ländergruppen, stellt die Kenntnis der verpflichtenden nationalen Rechnungslegungsstandards dar.[278] Der Zusammenhang von der Übernahme internationaler Rechnungslegungsstandards und der Qualität der Rechnungslegung ist Untersuchungsgegenstand

271 Vgl. Liang (2001), S. 229.

272 Vgl. Lohwasser (2006), S. 16.

273 Vgl. Cascino et al. (2014), S. 189.

274 Vgl. La Porta et al. (2000), S. 5; Bushman/Smith (2001), S. 238.

275 Vgl. Stiglitz (1989), S. 200; Meser/Veith/Zimmermann (2015), S. 3.

276 Kapitalkosten sind ein zentrales Element bei der Beurteilung von Unternehmen (Zimmermann/Meser (2013), S. 3), da sie u. a. die Renditeforderung der Eigenkapitalgeber abbilden und als Referenzgröße für Vergleiche zwischen Investitionsalternativen dienen.

277 Vgl. Healy/Palepu (2001), S. 407; Lindemann (2004), S. 9.

278 Für die vorliegende Arbeit ist die verpflichtende Anwendung der nationalen Rechnungslegungsstandards für kapitalmarktorientierte Unternehmen gemeint. In vielen Staaten gelten andere Regelungen für heimische KMU.

der empirischen Rechnungslegungsliteratur.[279] Dabei sind Unterschiede in der Anwendung zwischen einzelnen Ländern zu beobachten. Einige entwickelte Länder, wie die EU-Staaten, haben die IFRS für kapitalmarktorientierte Unternehmen nahezu vollumfänglich übernommen. In der Schweiz besteht ein Wahlrecht zwischen der freiwilligen Anwendung der IFRS oder den nationalen schweizerischen *General Accepted Accounting Principles* Fachempfehlungen zur Rechnungslegung (GAAP FER). In Japan wiederum sind insgesamt vier Rechnungslegungsregularien anwendbar. Neben der freiwilligen Anwendung der IFRS besteht zudem ein Wahlrecht zwischen der Anwendung der *Japanese GAAP*, der *Japan's Modified International Standards* (JMIS) oder den *United States Generally Accepted Accounting Principles* (US-GAAP). Die USA behalten die US-GAAP als einziges Regulierungsset bei. Durch das 2002 unterzeichnete Norwalk Agreement zwischen *Financial Accounting Standards Board* (FASB) und *International Accounting Standards Board* (IASB) orientieren sich beide Standardsetzungsgremien an einer gemeinsamen Entwicklung der Rechnungslegung.[280] Neben den Jahresabschlussregularien ist auch die Kontinuität der Berichterstattung, durch unterjährige Berichte oder weitere Informationen, die einen Einfluss auf das Entscheidungsverhalten der Investoren haben können, von Bedeutung.[281] Beispielhaft sind die Bereitstellung von Segmentberichtinformationen oder Ad-Hoc-Mitteilungen.[282] Eine hohe Berichtsintensität fördert die Relevanz der publizierten Informationen.[283]

Neben den berichteten finanziellen Unternehmensinformationen zählen auch berichtete Governance Informationen zu den relevanten, entscheidungsnützlichen Informationen, aufgrund dessen Investoren Rückschlüsse auf die Unternehmensperspektive schließen.[284] Durch die Bekanntgabe von Informationen, die Unternehmensinsider davon abhalten, Informationsvorsprünge zulasten schlechter informierter Investoren auszunutzen, kommt Governance Informationen in einem weiteren Sinne die Aufgabe des Investorenschutzes zu. Hierbei sind beispielsweise Informationen über Zukäufe (Verkäufe) von Aktien

279 Vgl. Golubeva (2020), S. 26.

280 Für eine detaillierte Übersicht der nationalen Rechnungslegungsvorschriften sei auf die IFRS Foundation verwiesen, die unter http://www.ifrs.org/use-around-the-world/ einen Überblick über die weltweite Verbreitung der IFRS geben.

281 Vgl. Zimmermann/Werner/Volmer (2008), S. 11; Iatridis (2011), S. 88.

282 Vgl. Tirole (2001), S. 4; Meser (2014), S. 262; Tideman (2017), S. 144.

283 Vgl. Fu/Kraft/Zhang (2012).

284 Vgl. Tideman (2017), S. 144.

durch den Vorstand als optimistische (pessimistische) Zukunftserwartung von Investoren einzuschätzen.[285]

### 3.2.3 Enforcement

Offengelegte Unternehmensinformationen können auch bei einem standardisierten regulierten Prozess der Berichterstattung ohne Eigenverschulden fehlerhaft oder aufgrund von zurückgehaltenen Informationen beziehungsweise bewusst eigennützigem Falschbilanzieren, manipuliert sein.[286] Bilanzskandale illustrieren eine solche Manipulation, die das Vertrauen von Investoren in die Richtigkeit der publizierten Informationen hemmen.[287] Sofern Investoren den Informationen misstrauen, ist von steigenden Kapitalkosten und einer sinkenden Anlagebereitschaft auszugehen. Das bedeutet im Umkehrschluss, dass ein Aufbau des Vertrauens in die Publizität durch regulierende Maßnahmen mit sinkenden Kapitalkosten verbunden ist.[288] Um der im Jahresabschluss geforderten Informationsvermittlung zum Zwecke einer ökonomischen Entscheidungsfindung gerecht zu werden, bedarf es einer getreuen Darstellung der wirtschaftlichen Verhältnisse. Eine faire Präsentation erfordert die sachverständige Beurteilung sowie Ermessensentscheidungen der Bilanzersteller. Entsprechende Sanktionsmechanismen, die einem regelwidrigen täuschenden Verhalten abschreckend entgegenwirken, sodass auch Fehler auf der Grundlage von falscher Bilanzierung zeitnah behoben werden, sind daher unabdingbar.[289] Das Ausbleiben beziehungsweise die unzureichenden eigenständigen Kontrollen über die Einhaltung von verpflichtenden Publizitätsvorgaben seitens der Unternehmen sind darin begründet, dass für entsprechend hohe Prüfkosten keine Leistung entgegensteht.[290]

Ein gutes Enforcementsystem ist insgesamt als Grundlage für einen funktionierenden Kapitalmarkt anzusehen.[291] Die Präventivwirkung des Enforcements kann dann als gesichert gelten, wenn die Wahrscheinlichkeit einer Aufdeckung von Fehlverhalten für den Bilanzierenden als hoch eingestuft wird. Gleichzeitig muss ein Fehlverhalten für den Bilanzierenden aufgrund von Sanktionen

285 Vgl. Meser (2014), S. 81–82.
286 Vgl. Zimmermann (2004b), S. 351.
287 Vgl. Ball (2009), S. 278.
288 Vgl. Hilton (2003), S. 126–128.
289 Vgl. Becker (1967), S. 207–208; Alexander (1999), S. 489.
290 Vgl. Zimmermann/Werner/Volmer (2008), S. 103.
291 Vgl. La Porta et al. (2000), S. 15.

unattraktiv sein. Im Interesse der Investoren kommt der präventiven Vermeidung einer fehlerhaften Rechnungslegung eine besondere Bedeutung zu, da hierdurch eine nachträgliche Änderung der Abschlüsse vermieden werden kann.[292] Die rechtliche Kodifizierung durch den Staat beinhaltet auch die Entscheidung, welche Anspruchsgruppen primär geschützt werden.[293] Der Schutz der Anspruchsgruppen wird zumeist durch Mindestanforderungen in der Überwachung der Einhaltung dieser durch Gesetze und ähnliche Regularien sichergestellt. Das Enforcement ist nicht in der Lage, jede Falschbilanzierung und jedes betrügerische Handeln aufzudecken. Eine absolute Sicherheit hinsichtlich der Ordnungsmäßigkeit der Rechnungslegung ist allein aufgrund begrenzter Erkenntnis- und Feststellungsmöglichkeiten der am Enforcement beteiligten Personen nicht möglich und vor allem aus Wirtschaftlichkeitsaspekten nicht erstrebenswert.[294]

In der Literatur wird Enforcement in öffentliches Enforcement, was die Verhängung von Sanktionen durch Regulierungsinstitutionen beinhaltet, und privates Enforcement, das durch private Strafverfolgung sichergestellt wird, unterschieden.[295] Hierbei steht dem Enforcement ein umfangreiches Spektrum von Mechanismen zur Verfügung, das länderspezifisch variiert.[296] Die Art und Weise wie die Einhaltung der verpflichtenden Publizitätsvorschriften gewährleistet wird, steht im Fokus vieler Forschungsbeiträge. Eine der wichtigsten Debatten behandelt die Frage nach der optimalen Zusammenstellung von Maßnahmen, um bei Verstößen gegen geltende Regularien angemessen zu reagieren.[297] Im Kern umfassen Enforcementmechanismen den institutionalisierten Handlungsrahmen, sodass die Einhaltung einer Regulierung maximiert beziehungsweise das Auftreten von Verstößen minimiert wird.[298] Dem Enforcement wird folglich die Bedeutung der Qualitätssicherung der publizierten Informationen beigemessen, da es dem Schutz des Vertrauens der Investoren in die publizierten Unternehmensdaten dient.[299]

292 Vgl. Wagenhofer/Ewert (2015), S. 6.
293 Vgl. Werner/Zimmermann (2008), S. 279.
294 Vgl. Ewert/Wagenhofer (2019), S. 122.
295 Vgl. Volmer/Werner/Zimmermann (2007), S. 449; Jackson/Roe (2009), S. 236.
296 Vgl. Brown/Tarca (2005), S. 181.
297 Vgl. Hammermeister/Zimmermann (2011), S. 200; Meser/Veith/Zimmermann (2015), S. 257.
298 Vgl. Chen et al. (2018), S. 7.
299 Vgl. Schipper/Vincent (2003), S. 108; Mercer (2004), S. 189; Gros (2010), S. 152; Meser (2014), S. 69.

Aufgrund von unterschiedlichen kulturellen und institutionellen Gegebenheiten in Nationalstaaten sind Enforcementinstitutionen mit den dafür notwendigen Kompetenzen unterschiedlich aufgestellt.[300] Im internationalen Kontext geht die Übernahme transnationaler Rechnungslegungsstandards mit ökonomischen Effekten einher.[301] Die Effekte variieren jedoch teils erheblich zwischen Nationalstaaten. Geschuldet ist dies unter anderem den institutionellen Rahmenbedingungen der nationalen Enforcementmechanismen.[302] Schlussendlich können international gleiche Publizitätsvorgaben nur dann für eine effiziente Vergleichbarkeit von Investitionsmöglichkeiten führen, wenn ein länderübergreifendes einheitliches Enforcementsystem existieren würde.[303] Bisweilen bestehen allerdings Unterschiede im Enforcementsystem im Ländervergleich.[304]

## 3.3 Operationalisierung von Regulierung

### 3.3.1 Vorüberlegung

Für die Untersuchung beider Regulierungsbereiche Publizität und Enforcement gilt es nachfolgend, eine geeignete Methodik auszuwählen. Eine geeignete Operationalisierung des Regulierungsniveaus hat die Beurteilungen über die Geschwindigkeit von Veränderungsprozessen der Regulierungsbereiche sowie deren Vergleichbarkeit zwischen den Ländern zum Ziel. Die Herausforderung der Untersuchung resultiert aus der Individualität der nationalen Regulierungsbereiche Publizität und Enforcement, die sich aufgrund des *institutional fits* ergibt. In Ermangelung eines globalen Regulierungsstandards ist es daher notwendig, eine Auswahl geeigneter relevanter Parameter zu bestimmen, die für eine Langzeituntersuchung genutzt werden können. Da sich die Vorgaben der Rechnungslegung aus den nationalen kodifizierten Gesetzen und vergleichbaren Regularien ergeben, bietet sich ein Rechtsvergleich zwischen den ausgewählten Ländern an.

Doupnik/Salter (1992) zeigen in ihrer Untersuchung Unterschiede im Rechtssystem als Ursache nationalstaatlicher Entwicklungen in der Rechnungslegung

300 Vgl. Soderstrom/Sun (2007), S. 676.

301 Vgl. Daske et al. (2008), S. 1085.

302 Vgl. Daske et al. (2008), S. 1087; Preitato/Brown/Tarca (2013), S. 7.

303 Vgl. Scheffler (2009), S. 654.

304 Vgl. Zimmermann/Werner (2013), S. 159.

auf. Im Idealfall sind die rechtlichen Strukturen der Publizitätspflichten und der Überwachung dieser im Ausland und im Heimatland vergleichbar; der Grad der Vergleichbarkeit bestimmt letztlich die Höhe der Informationskosten. Auch wenn die rechtlichen Normen zweier Staaten niemals identisch vorliegen, sind in einigen Aspekten Ähnlichkeiten in den Rechtssystemen zu erkennen.[305] In der Literatur werden dabei zwei grundsätzliche Rechtsfamilien identifiziert. Einerseits das Civil Law[306], das hauptsächlich durch die kontinentaleuropäische Rechtstradition determiniert ist und andererseits das Common Law[307], das seinen Ursprung in der angloamerikanischen Rechtstradition hat.[308] Die BRICS-Länder unterscheiden sich anhand ihres vorherrschenden Rechtssystems. Das brasilianische Rechtssystem gilt als ein Mischsystem mit Einflüssen aus dem französischem Code Civil und dem deutschen Bürgerlichen Gesetzbuch. Das System basiert auf Gesetzen, die in erster Linie von der föderalen Legislativgewalt, aber auch von den Gesetzgebern der Bundesstaaten und Gemeinden erlassen werden. Russland hat ein Civil Law System. Das russische Recht umfasst sowohl kodifizierte Gesetze (zum Beispiel das Zivilgesetzbuch und das Strafgesetzbuch) als auch andere Regularien, die mit den entsprechenden Gesetzbüchern abgestimmt sind. Das Rechtssystem Indiens hat seinen Ursprung im Common Law. Entsprechend beruhen vor allem das Zivil- und Handelsrecht auf angloamerikanischer Kodifizierung. Das chinesische Rechtssystem basiert im Grundsatz auf der kontinentaleuropäischen Rechtsordnung, entnimmt aber Elemente aus dem angloamerikanischen Rechtskreis. Südafrika hat ein gemischtes Rechtssystem; Einflüsse aus römisch-niederländischem Zivilrecht, englischem Gewohnheitsrecht und religiösem Personenrecht sind hier vorzufinden. Das römisch-niederländische Common Law Südafrikas ist das unkodifizierte Recht der Niederlande, wie es Mitte des 17. Jahrhunderts galt. In Tabelle 1 sind die unterschiedlichen Ausprägungen der Rechtssystemtypen für die BRICS-Länder abgebildet.

---

305 Vgl. Jaggi/Low (2000), S. 499.

306 In einigen Studien wird gleichbedeutend der Terminus Code Law verwendet, siehe hierzu exemplarisch Ball/Kothari/Robin (2000); Ball/Robin/Wu (2003); Ball (2006).

307 Synonym zum Terminus Civil Law wird in der Literatur auch die Bezeichnung Case Law verwendet.

308 Für eine detaillierte Diskussion der Unterscheidungskriterien siehe u. a. Glendon/Wright-Carozza (2016); Hammermeister (2012); La Porta/Lopez-de-Silanes/Shleifer (2006).

**Tabelle 1:** Rechtssysteme der BRICS-Länder[a]

| Land | Rechtssystem |
|---|---|
| Brasilien | Civil Law |
| Russland | Civil Law |
| Indien | Common Law |
| China | Civil Law mit Einflüssen des Common Law |
| Südafrika | Civil und Common Law |

[a]Innerhalb der Gruppe der Schwellenländer ist ein heterogenes Untersuchungsobjekt ausgewählt worden. Für die Einordnung des Rechtssystems von Brasilien, Indien, Südafrika vgl. La Porta et al. (1998). Russlands Rechtssystem wird ausführlich in Maggs/Schwartz/Burnham (2015) dargestellt. Eine Beschreibung des chinesischen Rechtssystems erfolgt u. a. in Capowski (2012). (Quelle: eigene Darstellung)

Die Ausgestaltung der Rechtssysteme hat sowohl einen direkten, als auch einen indirekten Einfluss auf die Rechnungslegung. So stellt die Entwicklung der Companies Acts (CoA) oder allgemeiner Regularien an die Bewertung von Bilanzpositionen und Offenlegung von Finanzinformationen einen direkten Einfluss dar, wohingegen der Schutz des Investors einen indirekten Einfluss darstellt. La Porta et al. (1998) zufolge verzeichnen Common Law Länder das höchste Maß an Investorenschutz. Meek/Saudagaran (1990) untersuchen den Gesetzgebungsprozess zur Formulierung von Rechnungslegungsvorschriften und zeigen, dass unterschiedliche Rechtssysteme auch mit Abweichungen in den Formulierungen in der Rechtsprechung einhergehen. Civil Law Rechtssysteme formulieren ihre Gesetzgebung normativ und gestalten diese als Mindestanforderungen, wohingegen in Common Law Ländern Rechnungslegungsvorschriften als Handlungsspielräume formuliert sind.[309]

### 3.3.2 Methodik zur Messung des Regulierungsniveaus

Bei Rechtsquellen handelt es sich per se um qualitative Vorgaben, die für eine vergleichende Langzeituntersuchung zunächst ungeeignet erscheinen. Die Untersuchung der ländereigenen Rechnungslegungssysteme geht mit der

309 Für eine Darstellung der wesentlichen Charakteristika beider Rechtssysteme siehe Tideman (2017), S. 126.

Herausforderung einher, dass diese nicht direkt beobachtbar sind.[310] In der empirischen Rechnungslegungsforschung finden sich Ansätze um dieser Herausforderung zu begegnen; sowohl auf Länderebene[311] als auch zum Zwecke von Ländervergleichen.[312] In der Forschung hat sich das Konzept der Leximetrie durchgesetzt, was die Quantifizierung qualitativer Vorgaben in der Form von gesetzlichen Regelungen zum Inhalt hat.[313] Mithilfe des leximetrischen Ansatzes ist es möglich, eine vergleichende Untersuchung der Rechnungslegungssysteme vorzunehmen.[314] Unterschiede sowie Gemeinsamkeiten auf diese Weise zu identifizieren und Länder vergleichbar zu machen, stellt den größten Vorteil dieser Methodik dar. Somit sind Veränderungen der Rechnungslegungssysteme im Zeitablauf beurteilbar und Beurteilungen über die Qualität dieser sind möglich.[315] Folglich können Aussagen darüber getroffen werden, ob sich nationale Regulierungssysteme im Zeitablauf angenähert, entfernt oder unverändert geblieben sind.[316]

Da die Befunde sozialwissenschaftlicher Erhebungen auch von der zugrunde liegenden Methode abhängen, ist deren Offenlegung zum Zwecke der Nachvollziehbarkeit unabdingbar.[317] La Porta et al. (1998) bieten in ihrer rechtsvergleichenden Untersuchung einen Beitrag zur Fragestellung, inwiefern sich ein starker Kapitalmarkt auf den Schutz von Minderheitsaktionären durch das Recht zurückführen lässt.[318] In dieser und in daran anknüpfenden Studien wurden mithilfe der leximetrischen Methodik rechtliche Anforderungen kodiert, um bestimmte Merkmalsausprägungen in dem zugrunde liegenden Recht durch die Zuweisung von Zahlenwerten messbar zu machen.[319] Die Komplexitätsreduktion über die Konstruktion von Indizes qualitativer Merkmale ist in der Forschung übliche Praxis. Eigens erstellte Indizes bieten den Vorteil der

---

310 Vgl. Baydoun/Willett (1995), S. 67; Roberts/Weetman/Gordon (2005), S. 231.

311 Vgl. Botosan (1997), S. 323.

312 Vgl. Cooke/Wallace (1990); Daouk/Lee/Ng (2006); Eleswarapu/Venkataraman (2006); Frost/Gordon/Hayes (2006); Hail/Leuz (2006); La Porta/Lopez-de-Silanes/Shleifer (2006); Lele/Siems (2007); Meser (2014); Abée (2017); Tideman (2017).

313 Vgl. Lele/Siems (2007), S. 17; Breidenstein (2012), S. 200.

314 Vgl. Mahy et al. (2019), S. 519.

315 Vgl. Barondes (1995), S. 161; Siems (2005), S. 523.

316 Vgl. Adams et al. (2017), S. 59.

317 Vgl. Häder (2010), S. 25.

318 Vgl. La Porta et al. (1998), S. 1113–1155.

319 Vgl. Breidenstein (2012), S. 200.

quantitativen Bewertung des regulatorischen Umfelds.[320] Die Datenverfügbarkeit ist nach Artiach/Clarkson (2011) ein wesentlicher Vorteil von eigens erstellten Indizes, da das Ausmaß der Regulierung folglich für alle Länder anhand eigener Kriterien quantifiziert wird.[321] Die neu gewonnenen Datenpunkte sind anschließend für ökonometrische Untersuchungen nutzbar.[322]

Leximetrische Untersuchungen sind nicht frei von Nachteilen. Grundsätzlich liegt der Methodik ein traditionelles Verständnis von Regularien und Normen vor, sodass eine Fokussierung auf gesetzliche Regelungen stattfindet.[323] Unterschieden in den Rechtssystemen einzelner Nationalstaaten wird folglich nicht begegnet. Weitere Regularien sind daher in die Beurteilung einzelner Parameter zu berücksichtigen, insbesondere weil der Rechtsbegriff und die Rechtsprechung Veränderungen unterliegt.[324] Dementsprechend sind funktional äquivalente Regelungen in die Untersuchung einzubeziehen; im Sinne der Leximetrie ist es daher unabdingbar, zu Beginn der Untersuchung eine Eingrenzung der rechtlichen Regelungen vorzunehmen, um alternative Regelungen, die gleiche Ergebnisse hervorbringen, in die Analyse mit einzubeziehen.[325]

Zentral für die vorliegende Arbeit ist die Betrachtung des Gesellschafts- und Kapitalmarktrechts des jeweiligen Landes.[326] Das Gesellschaftsrecht adressiert die möglichen Konflikte zwischen einzelnen Akteuren und dient insbesondere dem Gläubigerschutz. Es gibt Regelungen zum Ausgleich von Informationsasymmetrien vor und reduziert Transaktionskosten.[327] Das Kapitalmarktrecht umfasst Regularien für den Kapitalmarkt sowie Verhaltenspflichten (inter) nationaler Akteure.[328] Wichtiger als der Schutz des einzelnen Akteurs ist die Stabilität des Marktes. Die Stabilität und damit Effizienz des Marktes wird durch die Informationsfunktion dessen sichergestellt, was durch den Kapitalmarkt geregelt wird.[329] Die Notwendigkeit von Regulierung resultiert aus dem drohenden Vertrauensverlust der Marktakteure, der durch asymmetrisch

320 Vgl. Artiach/Clarkson (2011), S. 24–26.
321 Vgl. Artiach/Clarkson (2011), S. 25.
322 Vgl. Cooter/Ginsburg (2003), S. 2.
323 Vgl. Kilian (2011), S. 23; Calliess (2006), S. 2; Zumbansen (2008), S. 774.
324 Vgl. Amstutz/Karavas (2006); Jansen/Michaels (2008); Calliess/Renner (2009).
325 Vgl. Zweigert/Kötz (1998), S. 34; Siems (2005), S. 532.
326 Vgl. Hammermeister (2012), S. 8; Zimmermann/Werner (2013), S. 91.
327 Vgl. Heiser (2000), S. 62.
328 Vgl. Kümpel (2004), S. 22.
329 Vgl. Kilian (2011), S. 61–62; Goshen/Parchomovsky (2001), S. 1236.

verteilte Informationen zwischen ihnen entsteht.[330] Das Kapitalmarktrecht dient entsprechend der Funktionsfähigkeit des Kapitalmarktes und dem Anlegerschutz.[331] Kodifiziert sind auch die Regularien als Sanktionsmaßnahmen bei rechtswidrigem Verhalten der Akteure.[332]

Die Verwendung des leximetrischen Ansatzes in dieser Arbeit baut auf der Grundlage vorangegangener Studien auf. Für beide Regulierungsbereiche Publizität und Enforcement sind jeweils zehn relevante Indexelemente ausgewählt. Zusammen bilden sie einen Publizitäts- beziehungsweise Enforcementindex.[333] Tabelle 2 stellt die zehn ausgewählten Indexelemente für die Publizität dar. Der Publizitätsindex ist in zwei Bereiche unterteilt. Einerseits handelt es sich hierbei um „Finanzielle Publizität", worunter Jahresabschlussinformationen fallen, die von den Investoren primär zur Informationsbeschaffung genutzt werden.[334] Hierzu zählen die Indexelemente: Internationale Rechnungslegung (P1), Lageberichterstattung (P2), Ad-hoc-Publizität (P3), Quartalsberichterstattung (P4) und Segmentberichterstattung (P5). Der zweite Bereich der Publizität umfasst „Governance Publizität". Dabei handelt es sich um Informationen, die über den Jahresabschluss hinausgehen. Diese dienen der weiteren Informationsfunktion der Adressaten. Die Indexelemente geben Auskunft über die Vergütungsstruktur (P6), die Besitzverhältnisse (P7), die Notwendigkeit der Erstellung eines Wertpapierprospekts (P8) sowie die Struktur der Anteilseigner (P9) und die Verpflichtung zur Veröffentlichung von Wertpapiertransaktionen (P10).

Nach der Festlegung der einzelnen Indexelemente ist eine geeignete Operationalisierung der rechtlichen Anforderungen erforderlich. Eine denkbar intuitive Lösung wäre eine Binärskala, bei der den Indexelementen lediglich Merkmalsausprägungen Werte von 0, keine Merkmalsausprägung, und 1, volle Merkmalsausprägung, zugesprochen werden. Bei Entscheidungen, die mit „Ja" oder „Nein" beantwortet werden können, ist diese Skala vollkommen

330 Vgl. Akerlof (1970).

331 Vgl. Hopt (1977), S. 389.

332 Vgl. Hudson (2008), S. 26.

333 Die Bestimmung der Werte basiert auf den Vorarbeiten von Meser (2014); Meser/Veith/Zimmermann (2015); Zimmermann/Tideman (2017); Tideman (2017) und wird im Rahmen der vorliegenden Arbeit für die BRICS-Länder erhoben, siehe hierzu auch Thies/Tideman/Zimmermann (2020). Der Index, wie er in den vorangegangenen Studien verwendet ist, baut wiederum auf einem Ansatz von La Porta/Lopez-de-Silanes/Shleifer (2006) auf.

334 Vgl. Botosan (1997), S. 323–325.

ausreichend.[335] In der vorliegenden Arbeit findet diese Skalierung auch für einige wenige der 20 Teilelemente Anwendung, wie beispielsweise bei Indexelement P3[336], in dem die rechtlichen Anforderungen zur Ad-hoc-Publizität in einem Land beschrieben werden. Bei vielen anderen Elementen würde eine Binärskalierung jedoch zu erheblichen Entscheidungsschwierigkeiten des Bewertenden führen, sodass die Leximetrie ihr Ziel gänzlich verfehlt und keinen gehaltvollen Bewertungsmaßstab bietet. Der überwiegende Teil der einzelnen Elemente wird aus diesem Grund kardinal skaliert abgetragen, es finden sich also mehrere Abstufungen zwischen 0 für keine Merkmalsausprägung und 1 für volle Merkmalsausprägung. Als Beispiel sei hier die Merkmalsausprägung von Indexelement E9 „Sanktionen Management"[337] genannt. Bei voller Merkmalsausprägung nimmt das Element den Wert 1 an, wenn das Management und/oder die Abschlussprüfer bei Fehlinformationen persönlich haftbar gemacht werden können. In einer Abstufung kann das Teilelement den Wert 0,5 annehmen. Dies ist der Fall, wenn sich die Fehlinformationen auf rein vorsätzliches Verhalten des Beschuldigten beziehen. Sind keinerlei Sanktionen gegen das Management und/oder den Abschlussprüfer rechtlich kodifiziert, nimmt das Element den Wert 0 an. Die Beschreibungen der Bewertungen der einzelnen Indexelemente sind in der rechten Spalte von Tabelle 2 vorzufinden.

335 Vgl. Breidenstein (2012), S. 187.

336 Für eine detaillierte Beschreibung des Teilelements siehe Tabelle 2.

337 Für eine detaillierte Beschreibung des Teilelements siehe Tabelle 3.

**Tabelle 2:** Zusammensetzung und Berechnung des Publizitätsindex

| **Publizitätsindex** | |
|---|---|
| *Indexelement* | *Beschreibung* |
| *Finanzielle Publizität* | |
| P1: Internationale Rechnungslegungsregeln | Wert 1 bei Verpflichtung zur Erstellung des Konzernabschlusses nach international anerkannten Rechnungslegungsregeln (IFRS oder US-GAAP); Wert 0,5 im Falle eines Wahlrechts; sonst Wert 0. |
| P2: Lageberichterstattung | Wert 1; 0,75; 0,5 oder 0,25, je nach gefordertem Umfang des Lageberichts; Wert 0 bei fehlender Verpflichtung zur Erstellung eines Lageberichts. |
| P3: Ad-hoc-Publizität | Wert 1 bei Verpflichtung zur Ad-hoc-Publizität; sonst Wert 0. |
| P4: Quartalsbericht erstattung | Wert 1 bei Verpflichtung zur Erstellung von Quartalsberichten; Wert 0,5 bei Verpflichtung zur Erstellung von Halbjahresberichten; sonst Wert 0. |
| P5: Segmentbericht erstattung | Wert 1 bei klar definierten inhaltlichen Anforderungen zur Erstellung eines Segmentberichts; Wert 0,5 bei weitreichender Ermessensfreiheit hinsichtlich der Inhalte; sonst Wert 0. |
| *Governance Publizität* | |
| P6: Vergütungsstruktur | Wert 1 bei Verpflichtung zur Offenlegung der Vergütung für jedes einzelne Mitglied des Managements; Wert 0,5 bei Verpflichtung zur Offenlegung der aggregierten Vergütung des Managements; sonst Wert 0. |
| P7: Besitzverhältnisse | Wert 1 bei Verpflichtung zur Offenlegung der Besitzverhältnisse bei eigenen Unternehmensanteilen für jedes Mitglied des Managements; Wert 0,5 bei Verpflichtung zur Offenlegung der aggregierten Unternehmensanteile des gesamten Managements; sonst Wert 0. |
| P8: Wertpapierprospekt | Wert 1 bei Verpflichtung zur Erstellung eines Wertpapierprospekts im Rahmen eines Börsengangs; Wert 0,5 sofern pflichtbefreiende Ausnahmen bestehen; sonst Wert 0. |

(*Fortsetzung auf der nächsten Seite*)

**Tabelle 2:** Fortsetzung

| **Publizitätsindex** | |
|---|---|
| P9: Anteilseigner | Wert 1 bei Verpflichtung zur Veröffentlichung von Details (z. B. Name, Anteilsbesitz) von Anteilseignern, die über einen Anteilsbesitz von mindestens 10 Prozent direkte oder indirekte Kontrolle auf die Unternehmensführung ausüben können; Wert 0,5 bei Verpflichtung zur Veröffentlichung im Falle einer direkten Kontrolle; sonst Wert 0. |
| P10: Transaktionen | Wert 1 bei Verpflichtung zur Veröffentlichung sämtlicher Wertpapiertransaktionen mit verbundenen Unternehmen oder nahestehenden Personen; Wert 0,5 bei Verpflichtung zur Veröffentlichung bestimmter Transaktionen; sonst Wert 0. |
| *Wert Publizitätsindex* | *Mittelwert aus den Elementen P1 bis P10* |

(Quelle: in geringfügig veränderter Form entnommen aus Tideman (2017), S. 145–146; basierend auf Meser (2014), S. 85 und Meser/Veith/Zimmermann (2015), S. 264)

Tabelle 3 zeigt die Zusammensetzung des Enforcementindex. Dieser wird analog zum Publizitätsindex aus zehn Teilelementen gebildet, die je zu fünf Teilelementen in zwei Gruppen zusammengefasst sind. Die ersten fünf Indexelemente (E1–E5) sind mit „Unabhängigkeit“ überschrieben. Unabhängigkeit bestimmt den Integrationsgrad des Staates bei der Bestimmung von Aufsichtsbehörden und zielt auf die Überprüfung ab, ob die Aufsicht von verschiedenen Behörden durchgeführt wird.[338] Weiterhin wird der Umfang der Regulierungsbefugnisse von Aufsichtsbehörden abgefragt. Die weiteren fünf Teilelemente umfassen den Bereich der „Handlungskompetenz“ (E6–E10). Hierbei wird der Handlungsspielraum der Aufsichtsbehörden geprüft, indem das Management beziehungsweise das Unternehmen für Fehlinformationen haftbar gemacht werden kann (E6–E7), oder für die Anspruchsgruppen vor missgünstigem Verhalten durch das Unternehmen und das Management gehindert wird (E8–E10).[339] In diesen Elementen wird die Fähigkeit abgefragt, Untersuchungen einzuleiten und zeigen das Maßnahmenspektrum zur Sanktionierung von Unternehmen und Managern auf.[340] Die Teilelemente E6 „Dokumente“ und E8

338 Vgl. La Porta/Lopez-de-Silanes/Shleifer (2006), S. 3.

339 Vgl. Tirole (2001), S. 4; Bushman/Piotroski/Smith (2004), S. 209; Meser (2014), S. 81; Meser/Veith/Zimmermann (2015); S. 258; Chen (2019), S. 92.

340 Vgl. Meser/Veith/Zimmermann (2015), S. 258.

„Sanktionen Unternehmen“ wurden geringfügig abgeändert. In den zugrunde liegenden Studien sind innerhalb der Elementbeschreibungen Aufsichtsbehörden im Rahmen eines zweistufigen Enforcementverfahrens zur Einforderung von Dokumenten sowie zur Sanktionierung von Unternehmen befugt. Die Hervorhebung des zweistufigen Verfahrens wurde für diese Untersuchung gestrichen, da dieses in den betrachteten Länderfällen nicht als zweistufiges Verfahren vorliegt.

Analog zu Tabelle 2 ist auch für den Enforcementindex die Beschreibung der Indexelemente mit den jeweiligen Merkmalsausprägungen auf der rechten Seite der Tabelle 3 abgetragen.

**Tabelle 3:** Zusammensetzung und Berechnung des Enforcementindex

| **Enforcementindex** | |
|---|---|
| *Indexelement* | *Beschreibung* |
| *Unabhängigkeit* | |
| E1: Berufung | Wert 1, wenn die Mitglieder der Aufsichtsbehörde nicht ausschließlich von der Regierung berufen werden; sonst Wert 0. |
| E2: Unabhängigkeit Abschlussprüfer | Wert 1, wenn der Gesetzgeber oder die Aufsichtsbehörde umfangreiche Kriterien zur Unabhängigkeit der Abschlussprüfer formulieren; Wert 0,5 bei schwachen Kriterien; sonst Wert 0. |
| E3: Fokus | Wert 1, wenn die Aufsicht der Banken und Börsen durch voneinander unabhängigen Behörden erfolgt; sonst Wert 0. |
| E4: Legislativgewalt | Wert 1, wenn die Aufsichtsbehörde Regeln zu Börsengängen und allgemeine Kapitalmarktvorschriften ohne vorherige Zustimmung der Regierung erlassen kann; Wert 0,5 wenn Regeln und Vorschriften nur mit der Zustimmung der Regierung erlassen werden können; sonst Wert 0. |
| E5: Abberufung | Wert 1, wenn die für die Berufung der Mitglieder der Aufsichtsbehörde zuständige Regierungsbehörde selbige nicht wieder abberufen kann; sonst Wert 0. |
| *Handlungskompetenzen* | |
| E6: Dokumente | Wert 1, wenn die Aufsichtsbehörde die Befugnis besitzt, die Aushändigung von Dokumenten vonseiten sämtlicher dem verdächtigen Unternehmen nahestehenden Personen zu verlangen; Wert 0,5 wenn die Aufsichtsbehörde lediglich das Management zur Aushändigung von Dokumenten anhalten kann; sonst Wert 0. |

*(Fortsetzung auf der nächsten Seite)*

**Tabelle 3:** Fortsetzung

| **Enforcementindex** | |
|---|---|
| E7: Prüfung | Wert 1, wenn die Aufsichtsbehörde ein regelmäßiges Einreichen von standardisierten Publizitätsdokumenten vorgibt, die im Rahmen einer systematischen und proaktiven Prüfung überprüft werden; Wert 0,5 wenn das regelmäßige Einreichen nur von einer reaktiven Prüfung der Aufsichtsbehörde begleitet wird; sonst Wert 0. |
| E8: Sanktionen Unternehmen | Wert 1, wenn die Aufsichtsbehörde im Rahmen des Enforcementverfahrens weitreichende finanzielle und weitere zivilrechtliche Sanktionen gegen Unternehmen verhängen kann; Wert 0,5, wenn die Aufsichtsbehörde lediglich finanzielle Sanktionen verhängen kann; sonst Wert 0. |
| E9: Sanktionen Management | Wert 1, wenn das Management und/oder die Abschlussprüfer bei Fehlinformationen persönlich haftbar gemacht werden können; Wert 0,5, wenn das Management/ die Abschlussprüfer lediglich bei vorsätzlich veröffentlichten Fehlinformationen persönlich haftbar gemacht werden können; sonst Wert 0. |
| E10: Bilanzeid | Wert 1, wenn das Management die materielle Richtigkeit des Jahresabschlusses explizit bestätigen muss; sonst Wert 0. |
| *Wert Enforcementindex* | *Mittelwert aus den Elementen E1 bis E10* |

(Quelle: in geringfügig veränderter Form entnommen aus Tideman (2017), S. 147–148; basierend auf Meser (2014), S. 86 und Meser/Veith/Zimmermann (2015), S. 265)

Für alle 20 Teilelemente wird für jedes Jahr der Beobachtungsperiode ein Wert zwischen 0 und 1 festgelegt. Ergeben sich in einem Land regulatorische Änderungen hinsichtlich der Betrachtung eines Indexelements, spiegelt sich diese Veränderung in einem Anstieg oder Rückgang der Merkmalsausprägung wider. Anschließend wird aus dem Mittelwert der zehn Publizitätsindexelemente ein Publizitätsindex und aus den zehn Enforcementindexelementen ein Enforcementindex gebildet. Die Veränderungen der Indizes im Zeitablauf lassen sodann eine Aussage über die Entwicklung der Rechnungslegungsregulierung in einem Land zu und ermöglicht die Vergleichbarkeit von Ländern. Beide Indizes nehmen gemäß des Beurteilungsmaßstabs Werte zwischen 0 und 1 an.

Die Verwendung der Leximetrie erfordert die Berücksichtigung von Attributen des Verfahrens, die wichtige Implikationen für anschließende ökonometrische Untersuchungen und der Ergebnisse darstellen. Wenngleich sich die Leximetrie vor allem in den Rechtswissenschaften als geeignete Methode zur Operationalisierung und Komplexitätsreduktion etabliert hat, verbleiben gewisse Problematiken. Die Reduzierung der Stärke von Gesetzen auf einen numerischen Wert erfasst die sozialen und wirtschaftlichen Auswirkungen der Regularien möglicherweise nicht in vollem Maße.[341] Gleiche Regularien führen in Nationalstaaten bedingt durch ihre institutionellen Rahmenbedingungen zu unterschiedlichen Folgen, möglicherweise sind Sanktionen mit weiteren Maßnahmen verbunden, die durch den Index zunächst nicht abgebildet werden können. Weiterhin ist die mögliche Subjektivität der Zuweisung eines Zahlenwerts zu einem Teilelement als problematisch anzusehen. Eine Herausforderung stellt zudem die Auswahl beziehungsweise das bewusste Auslassen bestimmter Indexelemente dar, sowie daran anknüpfend die Festlegung der Gewichtung einzelner Elemente. Alle genannten Punkte obliegen der Verantwortung des Untersuchenden.[342]

Den aufgezeigten Schwächen wird durch eine Gleichgewichtung der Indexelemente begegnet. Keines der Teilelemente ist superior gegenüber der anderen. Alle weisen den gleichen Gewichtungsfaktor an einem Indexwert pro Jahr auf. Weiterhin ergibt sich durch die ausführliche Darlegung der rechtlichen Grundlagen und Dokumentation im Zeitablauf ein hohes Maß an Transparenz und dient der Verlässlichkeit der rechtlichen Bestandsaufnahme.

Die nachfolgende empirische Untersuchung dient der Beantwortung der ersten Forschungsfrage, welche die Systementwicklung der Rechnungslegung in den BRICS-Ländern von 1991–2017 zum Inhalt hat.

### 3.3.3 Messung des Regulierungsniveaus in den Länderfällen

#### *3.3.3.1 Brasilien*

Im Jahr 2006 wurde entschieden, die brasilianische Rechnungslegung graduell an die internationale Rechnungslegung anzupassen. Der Standardsetzungsprozess ist im Allgemeinen von staatlichen Institutionen geprägt. Unter anderem wirken die *Central Bank of Brazil*, die *Brazilian Securities and Exchange Commission* und die *Insurance Supervision Agency* beim Standardsetzungsprozess mit. So ist auch die Entscheidung, die IFRS vollumfänglich in Brasilien zu integrieren, von staatlicher Natur getrieben. Die Rechnungslegung war fortan nicht mehr auf der Basis des Steuergesetzes aufgebaut, vielmehr orientierten sich die Beteiligten an einer Übernahme der internationalen Regeln nach dem Vorbild des IASB. Brasilien fordert die IFRS nicht nur für die Abschlüsse der an den

341 Vgl. Coffee (2007), S. 304–305; Mahy et al. (2019), S. 519.

342 Vgl. Marston/Shrives (1991), S. 201, 207.

heimischen Börsen gelisteten Unternehmen, sondern auch für ausländische gelistete Unternehmen sowie kleine und mittlere Unternehmen (KMU).[343] Seit dem Jahr 2010 sind kapitalmarktorientierte Unternehmen in Brasilien dazu verpflichtet, die internationalen Rechnungslegungsstandards anzuwenden.[344]

Tabelle 4 stellt die Veränderungen der beiden Regulierungsbereiche Publizität und Enforcement in Brasilien im Zeitablauf von 1991 bis 2017 dar. Der Publizitätsindex in Brasilien hat sich von 1991 von einem Wert von 0,33 auf einen Wert von 0,83 im Jahr 2017 erhöht. Im Bereich der finanziellen Publizität (P1–P5) bestehen seit Beginn der Untersuchungsperiode schwache Vorgaben zur Erstellung eines Lageberichts. Die Ad-hoc-Publizität ist bereits verpflichtend für alle kapitalmarktorientierten Unternehmen. Änderungen ergeben sich hinsichtlich der freiwilligen Anwendung der IFRS für kapitalmarktorientierte Unternehmen seit dem Jahr 2007, die seit dem Jahr 2010 verpflichtend ist. Mit der Verpflichtung zur Anwendung der internationalen Rechnungslegungsstandards sind zudem die Anforderungen zur Segmentberichterstattung gestiegen und die Vorgaben zur Quartalsberichterstattung sind konkretisiert worden.

Im Bereich der Governance Publizität (P6–P10) bestehen 1991 bereits Vorschriften zur Erstellung eines Wertpapierprospekts sowie verpflichtenden Angaben zu aggregierten Besitzverhältnissen. Die Transparenz in der Vergütungsstruktur ist seit dem Jahr 1997 gegeben, indem Manager- und Vorstandsgehälter angegeben werden müssen. Die Pflicht zur Angabe von Stimmanteilen mit mehr als 5 % ist seit 2002 verpflichtend. Offenlegungspflichten zu Transaktionen von nahestehenden Personen existieren seit dem Jahr 2008 und stellt die letzte Reform im Bereich Governance Publizität in der Beobachtungsperiode dar.

Der Enforcementindex ist von einem Wert von 0,35 im Jahr 1991 auf einen Wert von 0,85 seit dem Jahr 2002 angestiegen. Im ersten Bereich des Enforcements Unabhängigkeit (E1–E5) fanden Reformen hinsichtlich der Formulierung von Anforderungen zur Unabhängigkeit der Wirtschaftsprüfer im Jahr 1999 statt. Die aufsichtführende Behörde CVM erlangte in 2001 Legislativgewalt und ist unabhängig bei der Abberufung von Mitgliedern seit dem Folgejahr.

Im zweiten Bereich des Enforcements Handlungskompetenzen (E6–E10) ergeben sich Regulierungsänderungen, die zu einer Erhöhung des Index in dem Jahr 1997 durch die Ausweitung von Sanktionsmechanismen von Unternehmen führen. Reaktive Prüfungen beim Vorliegen von Verdachtsfällen sind wie auch die Forderung der Herausgabe von Dokumenten in Verdacht stehender Personen seit 2001 in Brasilien gesetzlich kodifiziert.

343 Vgl. Çuruk/Cooke (2005), S. 287.

344 Vgl. Ghio/Verona (2015), S. 126.

**Tabelle 4:** Publizitäts- und Enforcementindex Brasilien

| | 1991 | 1992 | 1993 | 1994 | 1995 | 1996 | 1997 | 1998 | 1999 |
|---|---|---|---|---|---|---|---|---|---|
| P1: Internationale RL-Regeln | 0 | 0 | 0 | 0 | 0 | 0 | 0 | 0 | 0 |
| P2: Lageberichterstattung | 0,25[b] | 0,25 | 0,25 | 0,25 | 0,25 | 0,25 | 0,25 | 0,25 | 0,25 |
| P3: Ad-hoc-Publizität | 1[c] | 1 | 1 | 1 | 1 | 1 | 1 | 1 | 1 |
| P4: Quartalsberichterstattung | 0 | 0 | 0 | 0 | 0 | 0 | 0 | 0 | 0 |
| P5: Segmentberichterstattung | 0,5 | 0,5 | 0,5 | 0,5 | 0,5 | 0,5 | 0,5 | 0,5 | 0,5 |
| P6: Vergütungsstruktur | 0 | 0 | 0 | 0 | 0 | 0 | 0,5 f | 0,5 | 0,5 |
| P7: Besitzverhältnisse | 0,5[g] | 0,5 | 0,5 | 0,5 | 0,5 | 0,5 | 0,5 | 0,5 | 0,5 |
| P8: Wertpapierprospekt | 1[h] | 1 | 1 | 1 | 1 | 1 | 1 | 1 | 1 |
| P9: Anteilseigner | 0 | 0 | 0 | 0 | 0 | 0 | 0 | 0 | 0 |
| P10: Transaktionen | 0 | 0 | 0 | 0 | 0 | 0 | 0 | 0 | 0 |
| Wert Publizitätsindex | 0,33 | 0,33 | 0,33 | 0,33 | 0,33 | 0,33 | 0,38 | 0,38 | 0,38 |

| | 2000 | 2001 | 2002 | 2003 | 2004 | 2005 | 2006 | 2007 | 2008 |
|---|---|---|---|---|---|---|---|---|---|
| P1: Internationale RL-Regeln | 0 | 0 | 0 | 0 | 0 | 0 | 0 | 0,5[a] | 0,5 |
| P2: Lageberichterstattung | 0,25 | 0,25 | 0,25 | 0,25 | 0,25 | 0,25 | 0,25 | 0,25 | 0,25 |
| P3: Ad-hoc-Publizität | 1 | 1 | 1 | 1 | 1 | 1 | 1 | 1 | 1 |
| P4: Quartalsberichterstattung | 0 | 0 | 0 | 0 | 0 | 0 | 0 | 0 | 0 |
| P5: Segmentberichterstattung | 0,5 | 0,5 | 0,5 | 0,5 | 0,5 | 0,5 | 0,5 | 0,5 | 0,5 |
| P6: Vergütungsstruktur | 0,5 | 0,5 | 0,5 | 0,5 | 0,5 | 0,5 | 0,5 | 0,5 | 0,5 |
| P7: Besitzverhältnisse | 0,5 | 0,5 | 0,5 | 0,5 | 0,5 | 0,5 | 0,5 | 0,5 | 0,5 |
| P8: Wertpapierprospekt | 1 | 1 | 1 | 1 | 1 | 1 | 1 | 1 | 1 |
| P9: Anteilseigner | 0 | 0 | 1[i] | 1 | 1 | 1 | 1 | 1 | 1 |
| P10: Transaktionen | 0 | 0 | 0 | 0 | 0 | 0 | 0 | 0 | 1[j] |
| Wert Publizitätsindex | 0,38 | 0,38 | 0,48 | 0,48 | 0,48 | 0,48 | 0,48 | 0,53 | 0,63 |

| | 2009 | 2010 | 2011 | 2012 | 2013 | 2014 | 2015 | 2016 | 2017 |
|---|---|---|---|---|---|---|---|---|---|
| P1: Internationale RL-Regeln | 0,5 | 1 | 1 | 1 | 1 | 1 | 1 | 1 | 1 |
| P2: Lageberichterstattung | 0,25 | 0,25 | 0,25 | 0,25 | 0,25 | 0,25 | 0,25 | 0,25 | 0,25 |
| P3: Ad-hoc-Publizität | 1 | 1 | 1 | 1 | 1 | 1 | 1 | 1 | 1 |
| P4: Quartalsberichterstattung | 0 | 1[d] | 1 | 1 | 1 | 1 | 1 | 1 | 1 |
| P5: Segmentberichterstattung | 0,5 | 1[e] | 1 | 1 | 1 | 1 | 1 | 1 | 1 |
| P6: Vergütungsstruktur | 0,5 | 0,5 | 0,5 | 0,5 | 0,5 | 0,5 | 0,5 | 0,5 | 0,5 |
| P7: Besitzverhältnisse | 0,5 | 0,5 | 0,5 | 0,5 | 0,5 | 0,5 | 0,5 | 0,5 | 0,5 |
| P8: Wertpapierprospekt | 1 | 1 | 1 | 1 | 1 | 1 | 1 | 1 | 1 |
| P9: Anteilseigner | 1 | 1 | 1 | 1 | 1 | 1 | 1 | 1 | 1 |

*(Fortsetzung auf der nächsten Seite)*

**Tabelle 4:** Fortsetzung

| | | | | | | | | | |
|---|---|---|---|---|---|---|---|---|---|
| P10: Transaktionen | 1 | 1 | 1 | 1 | 1 | 1 | 1 | 1 | 1 |
| Wert Publizitätsindex | 0,63 | 0,83 | 0,83 | 0,83 | 0,83 | 0,83 | 0,83 | 0,83 | 0,83 |

| | **1991** | **1992** | **1993** | **1994** | **1995** | **1996** | **1997** | **1998** | **1999** |
|---|---|---|---|---|---|---|---|---|---|
| E1: Berufung | 0[k] | 0 | 0 | 0 | 0 | 0 | 0 | 0 | 0 |
| E2: Unabh. Abschlussprüfer | 0 | 0 | 0 | 0 | 0 | 0 | 0 | 0 | 1[l] |
| E3: Fokus | 1[m] | 1 | 1 | 1 | 1 | 1 | 1 | 1 | 1 |
| E4: Legislativgewalt | 0 | 0 | 0 | 0 | 0 | 0 | 0 | 0 | 0 |
| E5: Abberufung | 0 | 0 | 0 | 0 | 0 | 0 | 0 | 0 | 0 |
| E6: Dokumente | 0 | 0 | 0 | 0 | 0 | 0 | 0 | 0 | 0 |
| E7: Prüfung | 0 | 0 | 0 | 0 | 0 | 0 | 0 | 0 | 0 |
| E8: Sanktionen Unternehmen | 0,5[r] | 0,5 | 0,5 | 0,5 | 0,5 | 0,5 | 1 | 1 | 1 |
| E9: Sanktionen Management | 1[s] | 1 | 1 | 1 | 1 | 1 | 1 | 1 | 1 |
| E10: Bilanzeid | 1[t] | 1 | 1 | 1 | 1 | 1 | 1 | 1 | 1 |
| Wert Enforcementindex | 0,35 | 0,35 | 0,35 | 0,35 | 0,35 | 0,35 | 0,40 | 0,40 | 0,50 |

| | **2000** | **2001** | **2002** | **2003** | **2004** | **2005** | **2006** | **2007** | **2008** |
|---|---|---|---|---|---|---|---|---|---|
| E1: Berufung | 0 | 0 | 0 | 0 | 0 | 0 | 0 | 0 | 0 |
| E2: Unabh. Abschlussprüfer | 1 | 1 | 1 | 1 | 1 | 1 | 1 | 1 | 1 |
| E3: Fokus | 1 | 1 | 1 | 1 | 1 | 1 | 1 | 1 | 1 |
| E4: Legislativgewalt | 0 | 1[n] | 1 | 1 | 1 | 1 | 1 | 1 | 1 |
| E5: Abberufung | 0 | 0 | 1[o] | 1 | 1 | 1 | 1 | 1 | 1 |
| E6: Dokumente | 0 | 1[p] | 1 | 1 | 1 | 1 | 1 | 1 | 1 |
| E7: Prüfung | 0 | 0,5[q] | 0,5 | 0,5 | 0,5 | 0,5 | 0,5 | 0,5 | 0,5 |
| E8: Sanktionen Unternehmen | 1 | 1 | 1 | 1 | 1 | 1 | 1 | 1 | 1 |
| E9: Sanktionen Management | 1 | 1 | 1 | 1 | 1 | 1 | 1 | 1 | 1 |
| E10: Bilanzeid | 1 | 1 | 1 | 1 | 1 | 1 | 1 | 1 | 1 |
| Wert Enforcementindex | 0,50 | 0,75 | 0,85 | 0,85 | 0,85 | 0,85 | 0,85 | 0,85 | 0,85 |

| | **2009** | **2010** | **2011** | **2012** | **2013** | **2014** | **2015** | **2016** | **2017** |
|---|---|---|---|---|---|---|---|---|---|
| E1: Berufung | 0 | 0 | 0 | 0 | 0 | 0 | 0 | 0 | 0 |
| E2: Unabh. Abschlussprüfer | 1 | 1 | 1 | 1 | 1 | 1 | 1 | 1 | 1 |
| E3: Fokus | 1 | 1 | 1 | 1 | 1 | 1 | 1 | 1 | 1 |
| E4: Legislativgewalt | 1 | 1 | 1 | 1 | 1 | 1 | 1 | 1 | 1 |
| E5: Abberufung | 1 | 1 | 1 | 1 | 1 | 1 | 1 | 1 | 1 |
| E6: Dokumente | 1 | 1 | 1 | 1 | 1 | 1 | 1 | 1 | 1 |
| E7: Prüfung | 0,5 | 0,5 | 0,5 | 0,5 | 0,5 | 0,5 | 0,5 | 0,5 | 0,5 |
| E8: Sanktionen Unternehmen | 1 | 1 | 1 | 1 | 1 | 1 | 1 | 1 | 1 |

**Tabelle 4:** Fortsetzung

| | | | | | | | | | |
|---|---|---|---|---|---|---|---|---|---|
| E9: Sanktionen Management | 1 | 1 | 1 | 1 | 1 | 1 | 1 | 1 | 1 |
| E10: Bilanzeid | 1 | 1 | 1 | 1 | 1 | 1 | 1 | 1 | 1 |
| Wert Enforcementindex | 0,85 | 0,85 | 0,85 | 0,85 | 0,85 | 0,85 | 0,85 | 0,85 | 0,85 |

a Die Pflicht zur Erstellung von Konzernabschlüssen in Übereinstimmung mit den IFRS ist mit Beginn des Geschäftsjahres 2010 für kapitalmarktorientierte Unternehmen eingeführt worden. Eine freiwillige Anwendung der IFRS war seit dem Geschäftsjahr 2007 möglich (vgl. Rodrigues/Schmidt/Santos (2012), S. 15, 22; *Comissao de Valores Mobiliários* (CVM)-Anweisung Nummer 457 Art. 1-2 vom 13. Juli 2007).

b Kapitalmarktorientierte Unternehmen sind dazu angehalten, in ihrem Lagebericht über Investitionen der Gesellschaft und verbundener Unternehmen über Veränderungen während des Geschäftsjahres zu berichten. Weitere Informationen sind nicht gefordert, der Wert wurde deshalb für die gesamte Beobachtungsperiode auf den Wert 0,25 festgelegt (Law 6.404/76 Art. 243).

c Öffentliche Unternehmen sind verpflichtet, Informationen, die möglicherweise einen Einfluss auf die Marktentscheidung von Investoren haben, unverzüglich an die Börse und die allgemeine Öffentlichkeit zu berichten (Law 6.404/76 Art. 157 (4)). Über die Beobachtungsperiode ergeben sich keine Änderungen.

d Die Pflicht zur Erstellung von Quartalsberichten besteht in Brasilien seit dem Geschäftsjahr 2010 (CVM-Anweisung Nummer 480 Art. 29 vom 7. Dezember 2009).

e Im Vergleich zu den IFRS stellen die brasilianischen Rechnungslegungsnormen geringere Anforderungen an die Veröffentlichung von Informationen zu regionalen und operativen Segmenten. Mit der Verpflichtung zur Erstellung von Konzernabschlüssen nach den IFRS seit dem Geschäftsjahr 2010 haben sich die Anforderungen erhöht. Der Score nimmt ab dem Jahr 2010 den Wert 1 an.

f Kapitalmarktorientierte Unternehmen waren bis zum Jahr 2010 dazu verpflichtet, Vorstandsgehälter in Summe oder pro Person anzugeben (Law 9.457/97 Art. 152). Mit Beginn des Geschäftsjahres 2010 ist diese Regelung modifiziert worden. Seither müssen die Unternehmen das Dokument *Reference Form* (*Formulário de Referência (FdR)*) offenlegen. Hierbei sind das Maximum, Minimum und der Durchschnitt der Gehälter für Senior Manager und den Vorstand anzugeben (vgl. Barros et al. (2015), S. 48–49; CVM-Anweisung Nummer 480 vom 7. Dezember 2009).

g Mit Unterzeichnung der Bestellungsurkunde muss ein Manager seine Besitzanteile an dem Unternehmen und Anteile von verbundenen Unternehmen angeben (Law 6.404/76 Art. 157).

h Die Anforderungen zur Veröffentlichung eines Wertpapierprospekts werden unverändert über die Beobachtungsperiode im Law 6.385/76 Art. 19 (3) (I) beschrieben.

i Gemäß CVM-Anweisung Nummer 358 Art. 12 vom 3. Januar 2002 gilt die Pflicht zur Meldung von Personen oder Personengruppen, die mit einem Anteilsbesitz von mindestens 5 Prozent der Stimmrechtsaktien indirekt oder direkt Kontrolle über das Unternehmen ausüben. Die Anforderungen wurden weiter durch die CVM-Anweisung Nummer 449 Art. 12 vom 15. Juli 2007 spezifiziert.

**Tabelle 4:** Fortsetzung

j Im Zuge der Angleichung der Brazilian GAAP an die IFRS wurde im Jahr 2008 der Standard Comitê de Pronunciamentos Contábeis (CPC) 05 verabschiedet, welcher die Transaktionen von nahestehenden Personen behandelt. Es liegen keine signifikanten Unterschiede zum International Accounting Standards (IAS) 24 vor. Die CVM-Anweisung Nummer 481 aus dem Jahr 2009 gibt zudem Anweisungen, wie Transaktionen mit nahestehenden Personen offenzulegen sind. Diese wurde in der CVM-Anweisung Nummer 581 aus dem Jahre 2014 weiterentwickelt.

k Die brasilianische Wertpapieraufsichtsbehörde CVM wird gesetzlich durch den Aufsichtsvorsitzenden und vier weitere Kommissionsmitglieder geführt. Die Mitglieder werden nach Prüfung durch den Senat vom Präsidenten gewählt (vgl. Rodrigues/Schmidt/Santos (2012), S. 23; Law 6.385/76 Art. 6, geändert durch Law 10.411/02).

l Kriterien zur Unabhängigkeit der Wirtschaftsprüfer und Wirtschaftsprüfungsgesellschaften finden sich in der CVM-Anweisung Nummer 308 Art. 4-6 vom 14. Mai 1999. Demzufolge müssen Unternehmen für die Registrierung in der Kategorie der unabhängigen Prüfer verschiedene Eigenschaften erfüllen.

m Die Aufsicht der Banken obliegt der Zentralbank Brasiliens (Banco Central do Brasil, Gesetz 4.595/64). Die Börsenaufsicht wird durch die brasilianische Kapitalaufsichtsbehörde CVM wahrgenommen, diese wurde im Dezember 1976 gegründet. Das Element nimmt daher über die gesamte Beobachtungsperiode den Wert 1 an (vgl. Kumar (2005), S. 153).

n Durch das Gesetz 10.303/01 erlangte die CVM Legislativgewalt, zuvor bestanden keine gleichlautenden Regelungen (vgl. Gesetz 6.385/76 geändert durch Gesetz 10.303/01 Art. 2, (3); Lourenço/Major (2015), S. 81; Luna/Klein (2014), S. 196).

o Unabhängig vom Straf- und Verwaltungsgesetz verliert ein Mitglied sein Mandat nur bei Nichtbeachtung seiner Pflichten oder Verstößen innerhalb seines Amtes, Rücktritt oder gesetzlicher Verurteilung (Gesetz 10.411/02, Art. 6, (2) und (3)).

p Die Aushändigung von Dokumenten kann von sämtlichen in Verdacht stehenden Personen verlangt werden (vgl. OECD (2013), S. 46; Gesetzesverordnung 3.995 Art. 9 Absatz I).

q Untersuchungen können durch die CVM veranlasst werden, sobald es Hinweise auf ein gegen das Gesetz verstoßendes Verhalten gibt (Gesetz 6.385/76 wird im Art. 9 (I) (b) und (V)).

r Bis 1997 hatte die CVM die Befugnis Verwarnungen und Geldstrafen zu verhängen. Mit Inkrafttreten der Gesetzesänderung im Jahr 1997 wurden weitere Sanktionsmechanismen möglich (Gesetz 9.457/97, Art. 11, OECD (2013), S. 46).

s Das Management kapitalmarktorientierter Unternehmen kann für Fehlverhalten aufgrund von Betrug persönlich haftbar gemacht werden (Gesetz 6.404/76, Art. 158; Gesetz 10,303/01, Art. 27-C).

t Die Pflicht zum Ablegen eines Bilanzeids besteht seit dem Jahr 1976 (Gesetz 6.404/76, Art. 177).

(Quelle: eigene Darstellung)

### 3.3.3.2 *Russland*

Die russische Rechnungslegung, wie auch die gesamte gesetzgeberische Basis wurde vollständig neu ausgearbeitet.[345] Die Dominanz der staatlichen Unternehmen und des staatlichen Bankensektors wurde zurückgenommen.[346] Im Rahmen des institutionellen Aufbaus wurde in Russland daher der Existenz von Regeln zur Anwendung und Durchsetzung auch in der Rechnungslegung eine besondere Rolle beigemessen. [347] Im Jahr 1998 begannen Bestrebungen, die nationalen Rechnungslegungsstandards an die internationale Rechnungslegung anzupassen.[348] Das zuvor bestehende Rechnungslegungssystem war im Zuge der Neuausrichtung des Staates nicht mehr ausreichend. Alle Unternehmen standen im staatlichen Besitz und unterlagen auch der staatlichen Kontrolle, daher war auch der Staat einziger Rechnungslegungsadressat. Mit dem Übergang zur Marktwirtschaft und der Einführung der Börsen musste die Rechnungslegung auch anderen Anspruchsgruppen dienlich sein.[349] Die Implementierung internationaler Rechnungslegungsstandards in Russland verlief zunächst schleppend, da etwa zu Beginn nicht alle Standards in die russische Sprache übersetzt worden sind. Weiterhin machte es die fehlende Expertise der Prüfer und Buchhalter schwierig, die Unternehmen auf die Umstellung der internationalen Rechnungslegungsvorschriften vorzubereiten. Die Universitäten begannen erst spät, die internationale Rechnungslegung zu lehren. Viele der damals geltenden russischen Rechnungslegungsstandards konkurrierten mit den internationalen Vorgaben.[350]

Tabelle 5 zeigt die russische Regulierungsentwicklung im Zeitablauf von 1991 bis 2017. Russland weist zu Beginn der Untersuchungsperiode einen Publizitätsindex von 0,03 auf und entwickelt sich auf einen Indexwert von 0,83 am Ende der Untersuchungsperiode. Im Bereich der Finanziellen Publizität (P1–P5) sind 1991 lediglich freiwillige Angaben zur Lageberichterstattung reguliert. Alle weiteren Vorgaben in diesem Bereich sind erst in den Folgejahren konkretisiert worden. Zuletzt ist die verpflichtende Anwendung der internationalen

345 Vgl. Ghio/Verona (2015), S. 126.

346 Vgl. Kornai (1992), S. 131–134.

347 Vgl. Hare/Turley (2013), S. 38.; Khishtovani (2016), S. 120.

348 Reformierung der Rechnungslegung nach der internationalen Rechnungslegung durch die Anordnung Nr. 238 vom 6. März 1998.

349 Vgl. Ionova/Scholz (2014), S. 1–2.

350 Vgl. McGee/Preobragenskaya (2005), S. 43–44.

Rechnungslegungsstandards für kapitalmarktorientierte Unternehmen im Jahr 2012 im russischen Gesetz kodifiziert worden.

Im Bereich Governance Publizität (P6–P10) sind erste Regelungen in den Jahren 1995/1996 etabliert worden, die zu einer Erhöhung des Indexwertes um 0,30 auf 0,33 geführt haben. Hierbei handelt es sich um die Offenlegung von Transaktionen für Anteilseigner von mehr als 20 Prozent, die Offenlegung von Besitzverhältnissen für bestimmte Unternehmen sowie verpflichtende Erstellung eines Wertpapierprospekts beim Börsengang. Weitere zum Gesetz ergänzende Regelungen empfehlen seit dem Jahr 2002 Angaben zur Vergütungsstruktur des Managements. Zuletzt ergeben sich Änderungen im Bereich Governance Publizität durch die verpflichtende Nennung persönlicher Angaben der Anteilseigner mit mehr als 5 Prozent Anteilsbesitz im Jahr 2006.

Der Enforcementindex steigt von einem Wert von 0,20 in 1991 auf 0,65 am Ende der Untersuchungsperiode. Im Bereich der Unabhängigkeit (E1–E5) sind Anforderungen zur Unabhängigkeit des Abschlussprüfers seit dem Jahr 1993 gesetzlich kodifiziert. Während die Banken und Wertpapieraufsichtsbehörden bis 2013 unabhängig voneinander agierten, wurden diese im Jahr 2013 unter der *Bank of Russia* vereint, was zu einem Rückgang des Indexelements von 1 auf 0 führte.

Im Bereich der Handlungskompetenz (E6–E10) sind finanzielle Sanktionsmechanismen seit dem Jahr 1996 im Gesetz verankert, die im Jahr 2000 weiter ausgebaut worden sind. Sanktionsmechanismen gegen das Management wurden ergänzend im Jahr 2010 eingeführt. Reaktive Prüfungen existieren in Russland seit dem Jahr 2013. Im gleichen Jahr sind die Vorgaben zum Bilanzeid des Managements eingeführt worden.

**Tabelle 5:** Publizitäts- und Enforcementindex Russland

| | 1991 | 1992 | 1993 | 1994 | 1995 | 1996 | 1997 | 1998 | 1999 |
|---|---|---|---|---|---|---|---|---|---|
| P1: Internationale RL-Regeln | 0 | 0 | 0 | 0 | 0 | 0 | 0 | 0 | 0 |
| P2: Lageberichterstattung | 0,25[b] | 0,25 | 0,25 | 0,25 | 0,25 | 0,25 | 0,25 | 0,25 | 0,25 |
| P3: Ad-hoc-Publizität | 0 | 0 | 0 | 0 | 0 | 1[c] | 1 | 1 | 1 |
| P4: Quartalsberichterstattung | 0 | 0 | 0 | 0 | 0 | 0 | 0 | 0 | 1[d] |
| P5: Segmentberichterstattung | 0 | 0 | 0 | 0 | 0 | 0 | 0 | 0 | 0 |
| P6: Vergütungsstruktur | 0 | 0 | 0 | 0 | 0 | 0 | 0 | 0 | 0 |
| P7: Besitzverhältnisse | 0 | 0 | 0 | 0 | 0 | 1[g] | 1 | 1 | 1 |
| P8: Wertpapierprospekt | 0 | 0 | 0 | 0 | 0 | 0,5[h] | 0,5 | 0,5 | 0,5 |
| P9: Anteilseigner | 0 | 0 | 0 | 0 | 0 | 0 | 0 | 0 | 0 |
| P10: Transaktionen | 0 | 0 | 0 | 0 | 0,5[j] | 0,5 | 0,5 | 0,5 | 0,5 |
| Wert Publizitätsindex | 0,03 | 0,03 | 0,03 | 0,03 | 0,08 | 0,33 | 0,33 | 0,33 | 0,43 |

| | 2000 | 2001 | 2002 | 2003 | 2004 | 2005 | 2006 | 2007 | 2008 |
|---|---|---|---|---|---|---|---|---|---|
| P1: Internationale RL-Regeln | 0 | 0 | 0 | 0 | 0 | 0 | 0 | 0 | 0 |
| P2: Lageberichterstattung | 0,25 | 0,25 | 0,25 | 0,25 | 0,25 | 0,25 | 0,25 | 0,25 | 0,25 |
| P3: Ad-hoc-Publizität | 1 | 1 | 1 | 1 | 1 | 1 | 1 | 1 | 1 |
| P4: Quartalsberichterstattung | 1 | 1 | 1 | 1 | 1 | 1 | 1 | 1 | 1 |
| P5: Segmentberichterstattung | 1[e] | 1 | 1 | 1 | 1 | 1 | 1 | 1 | 1 |
| P6: Vergütungsstruktur | 0 | 0 | 0,5 f | 0,5 | 0,5 | 0,5 | 0,5 | 0,5 | 0,5 |
| P7: Besitzverhältnisse | 1 | 1 | 1 | 1 | 1 | 1 | 1 | 1 | 1 |
| P8: Wertpapierprospekt | 0,5 | 0,5 | 0,5 | 0,5 | 0,5 | 0,5 | 0,5 | 0,5 | 0,5 |
| P9: Anteilseigner | 0 | 0 | 0 | 0 | 0 | 0 | 1[i] | 1 | 1 |
| P10: Transaktionen | 1 | 1 | 1 | 1 | 1 | 1 | 1 | 1 | 1 |
| Wert Publizitätsindex | 0,58 | 0,58 | 0,63 | 0,63 | 0,63 | 0,63 | 0,73 | 0,73 | 0,73 |

| | 2009 | 2010 | 2011 | 2012 | 2013 | 2014 | 2015 | 2016 | 2017 |
|---|---|---|---|---|---|---|---|---|---|
| P1: Internationale RL-Regeln | 0 | 0 | 0 | 1[a] | 1 | 1 | 1 | 1 | 1 |
| P2: Lageberichterstattung | 0,25 | 0,25 | 0,25 | 0,25 | 0,25 | 0,25 | 0,25 | 0,25 | 0,25 |
| P3: Ad-hoc-Publizität | 1 | 1 | 1 | 1 | 1 | 1 | 1 | 1 | 1 |
| P4: Quartalsberichterstattung | 1 | 1 | 1 | 1 | 1 | 1 | 1 | 1 | 1 |
| P5: Segmentberichterstattung | 1 | 1 | 1 | 1 | 1 | 1 | 1 | 1 | 1 |
| P6: Vergütungsstruktur | 0,5 | 0,5 | 0,5 | 0,5 | 0,5 | 0,5 | 0,5 | 0,5 | 0,5 |
| P7: Besitzverhältnisse | 1 | 1 | 1 | 1 | 1 | 1 | 1 | 1 | 1 |
| P8: Wertpapierprospekt | 0,5 | 0,5 | 0,5 | 0,5 | 0,5 | 0,5 | 0,5 | 0,5 | 0,5 |
| P9: Anteilseigner | 1 | 1 | 1 | 1 | 1 | 1 | 1 | 1 | 1 |

*(Fortsetzung auf der nächsten Seite)*

**Tabelle 5:** Fortsetzung

| | | | | | | | | | |
|---|---|---|---|---|---|---|---|---|---|
| P10: Transaktionen | 1 | 1 | 1 | 1 | 1 | 1 | 1 | 1 | 1 |
| Wert Publizitätsindex | 0,73 | 0,73 | 0,73 | 0,83 | 0,83 | 0,83 | 0,83 | 0,83 | 0,83 |

| | **1991** | **1992** | **1993** | **1994** | **1995** | **1996** | **1997** | **1998** | **1999** |
|---|---|---|---|---|---|---|---|---|---|
| E1: Berufung | 0 | 0 | 0 | 0 | 0 | 0 | 0 | 0 | 0 |
| E2: Unabh. Abschlussprüfer | 0 | 0 | 1[l] | 1 | 1 | 1 | 1 | 1 | 1 |
| E3: Fokus | 1[m] | 1 | 1 | 1 | 1 | 1 | 1 | 1 | 1 |
| E4: Legislativgewalt | 1[n] | 1 | 1 | 1 | 1 | 1 | 1 | 1 | 1 |
| E5: Abberufung | 0[o] | 0 | 0 | 0 | 0 | 0 | 0 | 0 | 0 |
| E6: Dokumente | 0 | 0 | 0 | 0 | 0 | 0 | 0 | 0 | 0 |
| E7: Prüfung | 0 | 0 | 0 | 0 | 0 | 0 | 0 | 0 | 0 |
| E8: Sanktionen Unternehmen | 0 | 0 | 0 | 0 | 0 | 0,5[r] | 0,5 | 0,5 | 0,5 |
| E9: Sanktionen Management | 0 | 0 | 0 | 0 | 0 | 0 | 0 | 0 | 0 |
| E10: Bilanzeid | 0 | 0 | 0 | 0 | 0 | 0 | 0 | 0 | 0 |
| Wert Enforcementindex | 0,20 | 0,20 | 0,30 | 0,30 | 0,30 | 0,35 | 0,35 | 0,35 | 0,35 |

| | **2000** | **2001** | **2002** | **2003** | **2004** | **2005** | **2006** | **2007** | **2008** |
|---|---|---|---|---|---|---|---|---|---|
| E1: Berufung | 0 | 0 | 0 | 0 | 0 | 0 | 0 | 0 | 0 |
| E2: Unabh. Abschlussprüfer | 1 | 1 | 1 | 1 | 1 | 1 | 1 | 1 | 1 |
| E3: Fokus | 1 | 1 | 1 | 1 | 1 | 1 | 1 | 1 | 1 |
| E4: Legislativgewalt | 1 | 1 | 1 | 1 | 1 | 1 | 1 | 1 | 1 |
| E5: Abberufung | 0 | 0 | 0 | 0 | 0 | 0 | 0 | 0 | 0 |
| E6: Dokumente | 0 | 0 | 0 | 0 | 0 | 0 | 0 | 1[p] | 1 |
| E7: Prüfung | 0 | 0 | 0 | 0 | 0 | 0 | 0 | 0 | 0 |
| E8: Sanktionen Unternehmen | 1 | 1 | 1 | 1 | 1 | 1 | 1 | 1 | 1 |
| E9: Sanktionen Management | 0 | 0 | 0 | 0 | 0 | 0 | 0 | 0 | 0 |
| E10: Bilanzeid | 0 | 0 | 0 | 0 | 0 | 0 | 0 | 0 | 0 |
| Wert Enforcementindex | 0,40 | 0,40 | 0,40 | 0,40 | 0,40 | 0,40 | 0,40 | 0,50 | 0,50 |

| | **2009** | **2010** | **2011** | **2012** | **2013** | **2014** | **2015** | **2016** | **2017** |
|---|---|---|---|---|---|---|---|---|---|
| E1: Berufung | 0 | 0 | 0 | 0 | 0[k] | 0 | 0 | 0 | 0 |
| E2: Unabh. Abschlussprüfer | 1 | 1 | 1 | 1 | 1 | 1 | 1 | 1 | 1 |
| E3: Fokus | 1 | 1 | 1 | 1 | 0 | 0 | 0 | 0 | 0 |
| E4: Legislativgewalt | 1 | 1 | 1 | 1 | 1 | 1 | 1 | 1 | 1 |
| E5: Abberufung | 0 | 0 | 0 | 0 | 0 | 0 | 0 | 0 | 0 |
| E6: Dokumente | 1 | 1 | 1 | 1 | 1 | 1 | 1 | 1 | 1 |
| E7: Prüfung | 0 | 0 | 0 | 0 | 0,5[q] | 0,5 | 0,5 | 0,5 | 0,5 |
| E8: Sanktionen Unternehmen | 1 | 1 | 1 | 1 | 1 | 1 | 1 | 1 | 1 |

**Tabelle 5:** Fortsetzung

| | | | | | | | | | |
|---|---|---|---|---|---|---|---|---|---|
| E9: Sanktionen Management | 0 | 1[s] | 1 | 1 | 1 | 1 | 1 | 1 | 1 |
| E10: Bilanzeid | 0 | 0 | 0 | 0 | 1[t] | 1 | 1 | 1 | 1 |
| Wert Enforcementindex | 0,50 | 0,60 | 0,60 | 0,60 | 0,65 | 0,65 | 0,65 | 0,65 | 0,65 |

a Die Pflicht zur Erstellung von Konzernabschlüssen nach IFRS ist für kapitalmarktorientierte Unternehmen mit Beginn des Geschäftsjahres 2012 eingeführt worden. Zuvor existierte kein Wahlrecht für eine freiwillige Anwendung (vgl. Kim (2016), S. 348).

b Der Lagebericht ist auf Entscheidung der Geschäftsführer und des Vorstandes zu erstellen, wenn diese die im Lagebericht enthaltenen Informationen für die wirtschaftlichen Entscheidungen der Jahresabschlussadressaten als nützlich erachten. Die Offenlegung der Informationen erfolgt daher auf freiwilliger Basis (vgl. Ionova/Scholz (2014), S. 40).

c Regelungen zur Ad-hoc-Publizität finden sich im Federal Law (FL) Nr. 39 vom 22. April 1996, Art. 30 sowie in den speziellen Regelungen zur Publizität der Federal Commission of Securities Market (FCSM). Ereignisse, die einen Einfluss auf den Aktienpreis haben und demnach veröffentlich werden müssen, sind in einer Liste zusammengetragen (FCSM Resolution vom 12. August 1998; FL Nr. 39-FZ vom 22. April 1996).

d Neben dem Jahresabschluss sind in Russland nach *Polozheniya po Bukhgalterskomu Uchetu* (PBU) 4/1999 § 51 auch monatliche und vierteljährliche Zwischenabschlüsse zu erstellen, die aus der Bilanz und der Gewinn- und Verlustrechnung (GuV) bestehen. Wesentliche Unterschiede zum IAS 34 existieren nicht (vgl. Semke (2010), S. 7; Anordnung des Finanzministeriums der RF Nr. 43n vom 6. Juli 1999).

e Regelungen zur Segmentberichterstattung finden sich in PBU 12/2000 und wurde auf Anweisung des Ministry of Finance (MoF) von Russland am 27. Januar 2000 erlassen. Dieser ist identisch mit dem früheren IAS 14, bevor er 1998 abgeändert worden ist. Der Standard wurde 2010 in Anlehnung an IFRS 8 Geschäftssegmente überarbeitet zu RAS 12/2010 (vgl. McGee/Preobragenskaya (2005), S. 25), seit 2012 sind die IFRS gleichlautend anzuwenden.

f Gemäß FCSM Regelung „*About the information disclosure by the issuers of securities*" Art. 8.2.3 sind alle Manager zur Preisgabe der Vergütungsstruktur angehalten. Im russischen Gesetz sind keine Angaben zur Vergütungsstruktur gegeben. Lediglich im Corporate Governance Code finden sich Empfehlungen. Kapitalmarktorientierte Unternehmen sollen demnach die Gesamtmenge an Vergütung der Vorstandsmitglieder angeben (vgl. Kurtbedinov (2008), S. 220).

g Angaben zum Anteilsbesitz des Managements sind in der Vergangenheit per se nicht gefordert. Erst mit der Verabschiedung des Kapitalmarktgesetzes sind Angaben verpflichtend (FL Nr. 39 vom 22. April 1996, Art. 30).

*(Fortsetzung auf der nächsten Seite)*

**Tabelle 5:** Fortsetzung

h Die Erstellung eines Wertpapierprospekts ist für Unternehmen auf regulierten Märkten seit 1996 verpflichtend. Dabei bestehen pflichtbefreiende Ausnahmen, wenn bestimmte größenbezogene Kriterien erfüllt sind (vgl. Gubin/Molotnikov (2016), S. 2).

i Jeder Anteilseigner, der indirekt oder direkt mehr als 5 Prozent hält, muss persönliche Angaben im Unternehmensregister machen (FL Nr. 39 vom 22. April 1996, Art. 30, mit Gesetzesänderung vom 16. Oktober 2006 verpflichtend).

j Seit 1995 sind kapitalmarktorientierte Unternehmen dazu verpflichtet, Transaktionen für Anteilseigner mit mehr als 20 Prozent Beteiligungen zu veröffentlichen. Die Verpflichtung zur Offenlegung von Transaktionen mit den Management-Mitgliedern oder Vorständen ist mit der Verabschiedung von PBU 11 geregelt, es bestehen keine Abweichungen zum IAS 24 (vgl. Kurtbedinov (2008), S. 221; McGee/Preobragenskaya (2005), S. 26; FL Nr. 208 on Joint Stock Companies Art. 82).

k Die Aufsichtsbehörde in Russland wurde in der Beobachtungsperiode von 1991 bis 1996 durch das MoF vertreten. Mit der Einführung des Aktiengesetzes von 1996 wurde die FCSM als Nachfolger ernannt. Alle Überwachungsfunktionen sind im März 2004 aufgrund von Neuorganisation der Regierung an das Federal Financial Markets Service (FFSM) übergegangen, das bis 2013 die Aufsichtsverantwortung trug. Im Jahr 2013 wurde die Bank of Russia als neues Aufsichtsgremium einberufen. Die Mitglieder wurden und werden ausschließlich durch den Staat ernannt (Federal Law On the Central Bank of the Russian Federation, Art. 5; FL Nr. 251-FZ "On Amendments to Certain Legislative Acts of the Russian Federation connected with Transfer of Authorities to Exercise Regulation, Control and Supervision of Financial Markets to the Central Bank of the Russian Federation" vom 23. Juli 2013).

l Anforderungen zur Unabhängigkeit der Abschlussprüfer sind seit dem Jahr 1993 gesetzlich gefordert. Im Bundesgesetz zur Abschlussprüfung vom 30. Dezember 2008 wurden die Anforderungen weiter spezifiziert (vgl. Sucher/Bychkova (2001), S. 825; Temporary Rules on Auditing, Art. 12).

m Die Banken- und Wertpapieraufsichtsbehörde waren bis zum Jahr 2013 in getrennten Behörden vorzufinden. Seit dem Jahr 2013 sind die Aufsichtsbehörden in der Bank of Russia vereint (vgl. Rubtsov (2013), S. 114–115).

n Das MoF hatte ebenso wie das FCSM die Befugnis, Kapitalmarktregelungen zu erlassen. Die Zentralbank Russlands ist durch das FL Nr. 251 Art. 76 vom 23. Juli 2013 befugt, Kapitalmarktregelungen zu erlassen (vgl. Maggs (1992), S. 133–135; Pistor/Xu (2004), S. 14).

o Die Wahl und die Abberufung von Mitgliedern der Bank of Russia wird durch den Staat vorgenommen (FL On the Central Bank of the Russian Federation, Art. 5).

p Die FSFM war dazu berechtigt, im Rahmen einer Untersuchung alle notwendigen Unterlagen von dem betroffenen Unternehmen anzufordern (Item 3.4, 3.7 of Degree of the FSFM No. 05-16 vom 1. Juli 2007). Die Befugnis obliegt der Bank of Russia unverändert.

q Die Bank of the Russia führt reaktive Prüfungen durch (IMF (2016)).

**Tabelle 5:** Fortsetzung

r Das FCSM hatte das Recht, Untersuchungen durchzuführen. Um Geldbußen zu verhängen, musste jedoch vor Gericht Klage erhoben werden (Investor Protection Law, das zu Beginn des Jahres 2000 in Kraft trat; Law No. 46 on the Protection of Investors Rights of March 1999). Das neue Gesetz erlaubt es dem FCSM, auch ohne die Instanzen der Gerichte durchlaufen zu müssen, Geldstrafen an Unternehmen zu verhängen, die die Bestimmungen des Wertpapiergesetzes missachten (vgl. Pistor/Xu (2004), S. 178–179).
s Das Management kann zu Geldbußen oder Gefängnisstrafen verurteilt werden (vgl. Klepitskij (2016), S. 127–128; Article 185.3 of The Criminal Code durch Änderung aus dem Jahr 2010; FL vom 27. Juli 2010, Art. 5).
t Das Management eines an der Börse gelisteten Unternehmens ist seit dem Jahr 2013 verpflichtet, die materielle Richtigkeit des Jahresabschlusses explizit durch Unterschrift zu bestätigen (FL on Accounting, Art. 10 Nr. 3 Absatz 7).

(Quelle: eigene Darstellung)

### *3.3.3.3 Indien*

Die neuen Rechnungslegungsstandards, die infolge der Liberalisierungswelle etabliert worden sind, wurden auf die Bedürfnisse des Kapitalmarkts zugeschnitten. Anhaltende Bemühungen der *Reserve Bank of India* (RBI) zur Einführung einer effizienteren Marktaufsicht und aufsichtsrechtlicher Normen haben seitdem für eine Annäherung an internationale Standards gesorgt. Indien hat als eine der am schnellsten wachsenden Volkswirtschaften der Welt das Interesse von ausländischen Investoren geweckt. Die Reformen, die vor allem in den 2000er-Jahren stattgefunden haben, lassen darauf schließen, dass die internationale Rechnungslegung in diesem Land stark beeinflusst wurde.

Das indische Rechnungslegungssystem baut auf dem CoA von 1956 auf und entspricht in großen Teilen dem Vorbild der Rechnungslegung in Großbritannien. Das Gesetz wurde einige Male angepasst, um den indischen Bedürfnissen an die Rechnungslegung gerecht zu werden. Das Land war geprägt von weitreichenden nationalen Unterschieden, da in Indien beispielsweise insgesamt 18 offizielle Sprachen und einige Dialekte vorherrschen, die über 29 Bundesstaaten und acht Territorien verteilt liegen und jedes eigene Handelspraktiken hatte.[351] Einige Organisationen sind bei der Entwicklung der Rechnungslegungsstandards involviert. Hierzu zählen unter anderen die *Indian Accounting Association*, welche die Rechnungslegungspraxis erforscht und das *Institute of the Chartered Accountants of India*, (ICAI), die für die Verabschiedung der indischen Rechnungslegungsstandards verantwortlich ist.

351 Vgl. Perumpral et al. (2009), S. 107.

Trotz der Reformen zu einem konvergenten System bleiben nationale Besonderheiten bestehen. So darf die Prüfung des Jahresabschlusses per Gesetz nicht von Unternehmen in ihrem internationalen Namen vollzogen werden, daher müssen internationale Unternehmen in Zusammenarbeit mit nationalen Prüfungsunternehmen arbeiten. In Indien zählen die Big 4 Prüfungsgesellschaften nicht zu den vorherrschenden Prüfungsunternehmen. Vielmehr sind dort Unternehmen vorherrschend, die in langjährigem Kontakt mit den Gründungsfamilien stehen. Die Beziehungen sind gleichermaßen professionell und persönlich. Durch den langjährigen Kontakt findet hingegen selten ein Wechsel des Wirtschaftsprüfers statt. Die größten an der Börse gelisteten Unternehmen sind zu großen Teilen im Besitz von nur wenigen Anteilseignern beziehungsweise im Familienbesitz.[352]

Tabelle 6 stellt die Veränderungen der beiden Regulierungsbereiche Publizität und Enforcement in Indien im Zeitablauf von 1991 bis 2017 dar. Der Publizitätsindex entwickelt sich von einem anfänglichen Indexwert von 0,10 im Jahr 1991 auf einen Indexwert von 0,95 im Jahr 2017. Im Bereich der finanziellen Publizität ist in den 1990er-Jahren keine Ausprägung der Indexelemente zu beobachten. Erst im Jahr 2000 sind umfassende Regelungen zur Lageberichterstattung sowie die Anforderungen der Quartalsberichterstattung etabliert worden. Seit dem Folgejahr ist die Pflicht zur Segmentberichterstattung in den nationalen Rechnungslegungsstandards kodifiziert. Seit dem Jahr 2010 ist die freiwillige Anwendung der internationalen Rechnungslegungsstandards für kapitalmarktorientierte Unternehmen implementiert worden, Regelungen zur Ad-hoc-Publizität folgten im Jahr 2015.

Im Bereich der Governance Publizität (P6–P10) sind am Beobachtungsanfang im Indexelement Transaktionen Anforderungen vorzufinden, die eine Offenlegung von Transaktionen mit nahestehenden Personen und verbundenen Unternehmen verlangen. Ergänzende Regelungen in dem Publizitätsbereich sind im Folgejahr hinsichtlich der verpflichtenden Angaben zu Anteils- und Besitzverhältnissen vorgenommen worden. Angaben zur Vergütungsstruktur sind für jedes einzelne Mitglied des Managements seit dem Jahr 2000 gesetzlich kodifiziert. Zuletzt ist die Erstellung eines Wertpapierprospekts seit dem Jahr 2013 verpflichtend.

Der Enforcementindex weist am Beginn der Untersuchungsperiode einen Indexwert von 0,35 auf und liegt seit dem Jahr 2003 unverändert bei einem Wert von 0,65. Im Bereich Unabhängigkeit (E1–E5) gibt der CoA von 1956

352 Vgl. Narayanaswamy/Raghunandan/Rama (2012), S. 586.

Regelungen zur Unabhängigkeit des Wirtschaftsprüfers sowie die Aufsicht von Banken und Börsen vor, wobei Letztere im Folgejahr durch den SEBI Act implementiert wurde. Die Berufung und Abberufung von Mitgliedern der Aufsichtsbehörden obliegt bis heute in staatlicher Verantwortung. 1995 erlangte die Aufsichtsbehörde SEBI Legislativgewalt.

Die bestehenden Handlungskompetenzen (E6–E10) im Enforcement sind nahezu vollständig in den Jahren 1991 und 1992 in Indien etabliert worden. Eine letzte Reform fand im Jahr 2003 statt. Seither ist die Aufsichtsbehörde zur Anforderung sämtlicher Dokumente nahestehender Personen befugt.Tabelle 6:

**Tabelle 6:** Publizitäts- und Enforcementindex Indien

| | 1991 | 1992 | 1993 | 1994 | 1995 | 1996 | 1997 | 1998 | 1999 |
|---|---|---|---|---|---|---|---|---|---|
| P1: Internationale RL-Regeln | 0 | 0 | 0 | 0 | 0 | 0 | 0 | 0 | 0 |
| P2: Lageberichterstattung | 0 | 0 | 0 | 0 | 0 | 0 | 0 | 0 | 0 |
| P3: Ad-hoc-Publizität | 0 | 0 | 0 | 0 | 0 | 0 | 0 | 0 | 0 |
| P4: Quartalsberichterstattung | 0 | 0 | 0 | 0 | 0 | 0 | 0 | 0 | 0 |
| P5: Segmentberichterstattung | 0 | 0 | 0 | 0 | 0 | 0 | 0 | 0 | 0 |
| P6: Vergütungsstruktur | 0 | 0 | 0 | 0 | 0 | 0 | 0 | 0 | 0 |
| P7: Besitzverhältnisse | 0 | 1[g] | 1 | 1 | 1 | 1 | 1 | 1 | 1 |
| P8: Wertpapierprospekt | 0 | 0 | 0 | 0 | 0 | 0 | 0 | 0 | 0 |
| P9: Anteilseigner | 0 | 1[i] | 1 | 1 | 1 | 1 | 1 | 1 | 1 |
| P10: Transaktionen | 1[j] | 1 | 1 | 1 | 1 | 1 | 1 | 1 | 1 |
| Wert Publizitätsindex | 0,10 | 0,30 | 0,30 | 0,30 | 0,30 | 0,30 | 0,30 | 0,30 | 0,30 |

| | 2000 | 2001 | 2002 | 2003 | 2004 | 2005 | 2006 | 2007 | 2008 |
|---|---|---|---|---|---|---|---|---|---|
| P1: Internationale RL-Regeln | 0 | 0 | 0 | 0 | 0 | 0 | 0 | 0 | 0 |
| P2: Lageberichterstattung | 1[b] | 1 | 1 | 1 | 1 | 1 | 1 | 1 | 1 |
| P3: Ad-hoc-Publizität | 0 | 0 | 0 | 0 | 0 | 0 | 0 | 0 | 0 |
| P4: Quartalsberichterstattung | 1[d] | 1 | 1 | 1 | 1 | 1 | 1 | 1 | 1 |
| P5: Segmentberichterstattung | 0 | 1[e] | 1 | 1 | 1 | 1 | 1 | 1 | 1 |
| P6: Vergütungsstruktur | 1 f | 1 | 1 | 1 | 1 | 1 | 1 | 1 | 1 |
| P7: Besitzverhältnisse | 1 | 1 | 1 | 1 | 1 | 1 | 1 | 1 | 1 |
| P8: Wertpapierprospekt | 0 | 0 | 0 | 0 | 0 | 0 | 0 | 0 | 0 |
| P9: Anteilseigner | 1 | 1 | 1 | 1 | 1 | 1 | 1 | 1 | 1 |
| P10: Transaktionen | 1 | 1 | 1 | 1 | 1 | 1 | 1 | 1 | 1 |
| Wert Publizitätsindex | 0,60 | 0,70 | 0,70 | 0,70 | 0,70 | 0,70 | 0,70 | 0,70 | 0,70 |

(*Fortsetzung auf der nächsten Seite*)

| | 2009 | 2010 | 2011 | 2012 | 2013 | 2014 | 2015 | 2016 | 2017 |
|---|---|---|---|---|---|---|---|---|---|
| P1: Internationale RL-Regeln | 0 | 0,5[a] | 0,5 | 0,5 | 0,5 | 0,5 | 0,5 | 0,5 | 0,5 |
| P2: Lageberichterstattung | 1 | 1 | 1 | 1 | 1 | 1 | 1 | 1 | 1 |
| P3: Ad-hoc-Publizität | 0 | 0 | 0 | 0 | 0 | 0 | 1[c] | 1 | 1 |
| P4: Quartalsberichterstattung | 1 | 1 | 1 | 1 | 1 | 1 | 1 | 1 | 1 |
| P5: Segmentberichterstattung | 1 | 1 | 1 | 1 | 1 | 1 | 1 | 1 | 1 |
| P6: Vergütungsstruktur | 1 | 1 | 1 | 1 | 1 | 1 | 1 | 1 | 1 |
| P7: Besitzverhältnisse | 1 | 1 | 1 | 1 | 1 | 1 | 1 | 1 | 1 |
| P8: Wertpapierprospekt | 0 | 0 | 0 | 0 | 1[h] | 1 | 1 | 1 | 1 |
| P9: Anteilseigner | 1 | 1 | 1 | 1 | 1 | 1 | 1 | 1 | 1 |
| P10: Transaktionen | 1 | 1 | 1 | 1 | 1 | 1 | 1 | 1 | 1 |
| Wert Publizitätsindex | 0,70 | 0,75 | 0,75 | 0,75 | 0,85 | 0,85 | 0,95 | 0,95 | 0,95 |

| | 1991 | 1992 | 1993 | 1994 | 1995 | 1996 | 1997 | 1998 | 1999 |
|---|---|---|---|---|---|---|---|---|---|
| E1: Berufung | 0 | 0[k] | 0 | 0 | 0 | 0 | 0 | 0 | 0 |
| E2: Unabh. Abschlussprüfer | 1[l] | 1 | 1 | 1 | 1 | 1 | 1 | 1 | 1 |
| E3: Fokus | 1[m] | 1 | 1 | 1 | 1 | 1 | 1 | 1 | 1 |
| E4: Legislativgewalt | 0 | 0 | 0 | 0 | 1[n] | 1 | 1 | 1 | 1 |
| E5: Abberufung | 0 | 0[o] | 0 | 0 | 0 | 0 | 0 | 0 | 0 |
| E6: Dokumente | 0 | 0 | 0 | 0 | 0 | 0 | 0 | 0 | 0 |
| E7: Prüfung | 0 | 0,5[q] | 0,5 | 0,5 | 0,5 | 0,5 | 0,5 | 0,5 | 0,5 |
| E8: Sanktionen Unternehmen | 0 | 0,5[r] | 0,5 | 0,5 | 0,5 | 0,5 | 0,5 | 0,5 | 0,5 |
| E9: Sanktionen Management | 0,5[s] | 0,5 | 0,5 | 0,5 | 0,5 | 0,5 | 0,5 | 0,5 | 0,5 |
| E10: Bilanzeid | 1[t] | 1 | 1 | 1 | 1 | 1 | 1 | 1 | 1 |
| Wert Enforcementindex | 0,35 | 0,45 | 0,45 | 0,45 | 0,55 | 0,55 | 0,55 | 0,55 | 0,55 |

| | 2000 | 2001 | 2002 | 2003 | 2004 | 2005 | 2006 | 2007 | 2008 |
|---|---|---|---|---|---|---|---|---|---|
| E1: Berufung | 0 | 0 | 0 | 0 | 0 | 0 | 0 | 0 | 0 |
| E2: Unabh. Abschlussprüfer | 1 | 1 | 1 | 1 | 1 | 1 | 1 | 1 | 1 |
| E3: Fokus | 1 | 1 | 1 | 1 | 1 | 1 | 1 | 1 | 1 |
| E4: Legislativgewalt | 1 | 1 | 1 | 1 | 1 | 1 | 1 | 1 | 1 |
| E5: Abberufung | 0 | 0 | 0 | 0 | 0 | 0 | 0 | 0 | 0 |
| E6: Dokumente | 0 | 0 | 0 | 1[p] | 1 | 1 | 1 | 1 | 1 |
| E7: Prüfung | 0,5 | 0,5 | 0,5 | 0,5 | 0,5 | 0,5 | 0,5 | 0,5 | 0,5 |
| E8: Sanktionen Unternehmen | 0,5 | 0,5 | 0,5 | 0,5 | 0,5 | 0,5 | 0,5 | 0,5 | 0,5 |
| E9: Sanktionen Management | 0,5 | 0,5 | 0,5 | 0,5 | 0,5 | 0,5 | 0,5 | 0,5 | 0,5 |
| E10: Bilanzeid | 1 | 1 | 1 | 1 | 1 | 1 | 1 | 1 | 1 |
| Wert Enforcementindex | 0,55 | 0,55 | 0,55 | 0,65 | 0,65 | 0,65 | 0,65 | 0,65 | 0,65 |

**Tabelle 6:** Fortsetzung

| | 2009 | 2010 | 2011 | 2012 | 2013 | 2014 | 2015 | 2016 | 2017 |
|---|---|---|---|---|---|---|---|---|---|
| E1: Berufung | 0 | 0 | 0 | 0 | 0 | 0 | 0 | 0 | 0 |
| E2: Unabh. Abschlussprüfer | 1 | 1 | 1 | 1 | 1 | 1 | 1 | 1 | 1 |
| E3: Fokus | 1 | 1 | 1 | 1 | 1 | 1 | 1 | 1 | 1 |
| E4: Legislativgewalt | 1 | 1 | 1 | 1 | 1 | 1 | 1 | 1 | 1 |
| E5: Abberufung | 0 | 0 | 0 | 0 | 0 | 0 | 0 | 0 | 0 |
| E6: Dokumente | 1 | 1 | 1 | 1 | 1 | 1 | 1 | 1 | 1 |
| E7: Prüfung | 0,5 | 0,5 | 0,5 | 0,5 | 0,5 | 0,5 | 0,5 | 0,5 | 0,5 |
| E8: Sanktionen Unternehmen | 0,5 | 0,5 | 0,5 | 0,5 | 0,5 | 0,5 | 0,5 | 0,5 | 0,5 |
| E9: Sanktionen Management | 0,5 | 0,5 | 0,5 | 0,5 | 0,5 | 0,5 | 0,5 | 0,5 | 0,5 |
| E10: Bilanzeid | 1 | 1 | 1 | 1 | 1 | 1 | 1 | 1 | 1 |
| Wert Enforcementindex | 0,65 | 0,65 | 0,65 | 0,65 | 0,65 | 0,65 | 0,65 | 0,65 | 0,65 |

a Seit April 2010 besteht ein Wahlrecht zur Anwendung der im CoA von 1956 in Art. 211 (3) (c) genannten Anwendung der indischen Rechnungslegungsregeln oder zur freiwilligen Anwendung der IFRS. Im Januar 2015 veröffentlichte das indische *Ministry of Corporate Affairs* (MCA) einen überarbeiteten Fahrplan für die Einführung der *Indian Accounting Standards* (Ind AS). Im Wesentlichen haben Unternehmen mit einem Reinvermögen von ≥ Rs. 500 Crore die Ind AS ab dem 1. April 2016 verpflichtend anzuwenden. Unternehmen, die ein Reinvermögen von < Rs. 500 Crore aufweisen, aber in oder außerhalb Indiens börsennotiert sind beziehungsweise eine Börsennotierung anstreben, sowie Unternehmen mit einem Reinvermögen von ≥ Rs. 250 Crore, müssen die neuen Regeln ab dem 1. April 2017 anwenden. Ausgenommen vom neuen Fahrplan sind allerdings Banken, Versicherungsunternehmen und sonstige Finanzinstitute (vgl. Ghio/Verona (2015), S. 127–128).

b Die Corporate Governance gewann in Indien in den letzten Jahren immer mehr an Bedeutung. Darauf folgten zwei verbindliche Erklärungen des SEBI zur Corporate Governance. Das SEBI machte die Empfehlungen der Arbeitsgruppe bindend, indem es diese als Klausel 49 der Vereinbarung für notierte Aktiengesellschaften verbindlich machte. Diese wurden auf Unternehmen in den Indizes BSE 200 und S&P CNX Nifty und alle neu zu notierenden Unternehmen am 31. März 2001 angewendet. Klausel 49 IV F besagt, dass der Lagebericht beispielsweise die folgenden Inhalte thematisieren soll: Chancen und Risiken des Unternehmens, mögliche Bedrohungen, Segmentinformationen, interne Kontrollsysteme und ihre Funktionsweise.

*(Fortsetzung auf der nächsten Seite)*

**Tabelle 6:** Fortsetzung

c Durch den *SEBI Act* im Jahre 1992 wurde das Verbot zum Insiderhandel gesetzlich verankert. Die Notwendigkeit, dass Insiderinformationen, die einen Einfluss auf das Kaufverhalten von Investoren haben, an den Kapitalmarkt getragen werden müssen, wurde erst mit der Änderung zum *Prohibition of Insider Trading Regulation* 2015 geändert. Regel 8 beinhaltet den *Fair Discolure Code*. Unternehmen sind demnach dazu angehalten, Informationen mit Einfluss auf den Aktienwert direkt an den Kapitalmarkt zu berichten.

d Das SEBI hat am 4. Februar 2000 Richtlinien herausgegeben, die eine unterjährige Berichterstattung verlangt. Der AS 25 *Interim Financial Reporting* wurde 2002 veröffentlicht. Dieser spezifiziert insbesondere weitere Empfehlungen zur Ausgestaltung der unterjährigen Berichterstattung.

e Die Pflicht zur Segmentberichterstattung wurde im Jahr 2001 durch das ICAI im Standard AS 17 - Segment Reporting implementiert (vgl. Reddy/Satish (2001), S. 20–21). Mit der Angleichung an die IFRS gilt seit dem 1. April 2011 Ind AS 108 - Operating Segments, der die Unternehmen dazu anhält, sowohl produkt- und dienstleistungsbezogene Segmente als auch geografische Segmente auszuweisen (vgl. Birt/Joshi/Kend (2017), S. 133).ww

f Es ist erforderlich, alle Elemente der Vergütungsstruktur der einzelnen Vorstandsmitglieder zusammengefasst unter Hauptgruppen wie Gehalt, Leistungen, Boni, Aktienoptionen und Renten im Jahresabschluss offenzulegen (vgl. Chakrabarti et al. (2012), S. 439–440; Klausel 49 IV E (ii), in Kraft getreten am 21. Februar 2000).

g Angaben zu den Besitzverhältnissen von Managern sind seit dem Jahr 1992 erforderlich (Klausel 49, IV E (iv)).

h Eine allgemeine Pflicht zur Erstellung von Wertpapierprospekten besteht seit dem Jahr 2013 und ist im CoA 2013, Art. 26 verankert.

i Mit der Einführung der Regelung zum Verbot des Insiderhandels aus dem Jahr 1992, sind Manager verpflichtet persönliche Angaben in einem Formblatt zu ihren Besitzverhältnissen zu machen.

j Jeder Manager ist dazu angehalten, Interesse an Verträgen mit verbundenen Unternehmen und nahestehenden Personen in einem Meeting bekannt zu machen (CoA 1956, Art. 299 wurde weiterentwickelt im Ind AS 18 *Related Party* und in Klausel 49).

k Die Mitglieder der Aufsichtsbehörde werden ausnahmslos von der Regierung bestimmt und gewählt. (SEBI Act, 1992, Art. 4 Nummer (1) und (4)).

l Der CoA von 1956 gibt in Art. 226 Bestimmungen vor, wann ein Prüfer nicht als solcher eingesetzt werden darf. Aufgrund der eher schwachen Vorgaben ist der Score auf einen Wert von 0,5 festgelegt.

m Die Überwachung des Finanzsystems in Indien wird von verschiedenen Aufsichtsbehörden übernommen. Die Reserve Bank of India (RBI) reguliert und überwacht den größten Teil des Finanzsystems. Investmentfonds und der Aktienmarkt werden von dem SEBI überwacht, der Versicherungsbereich von der Insurance Regulatory Development Authority of India (IDRA) (vgl. Chakrabarti/Megginson/Yadav (2008), S. 72,75; *Securities Contract Act* (SCRA), 1956; SEBI Act, 1992).

**Tabelle 6:** Fortsetzung

n Ursprünglich hatte das SEBI keine Legislativgewalt, diese wurde dem Gremium erst im Jahr 1995 zugesprochen. Ohne weitere Zustimmung der Regierung ist das SEBI dazu ermächtigt, die Anforderungen an die Zulassungsbedingungen der Börse und weitere Bedingungen zu ändern (vgl. Bhalla (2008), S. 31; SEBI Amendement Act 1995, Art. 11A, Nummer 2).

o Die Mitglieder des SEBI können nur aus bestimmten Gründen durch die Regierung entlassen werden (SEBI Act, 1992, Art. 6).

p Es dürfen jegliche Dokumente durch das SEBI von einem zu untersuchenden Unternehmen angefordert werden (vgl. Bhalla (2008), S. 193; SEBI Amendement Act, 1995, Art. 11, Nummer (3) (iii)).

q Wenn Anhaltspunkte für einen Verstoß vorliegen, werden Untersuchungen bei dem betreffenden Unternehmen durchgeführt (SEBI Act, 1992, Art. 11(C)).

r Das Unternehmen und die beteiligten Personen werden für Vergehen gegen das Gesetz persönlich haftbar gemacht (vgl. Chakrabarti et al. (2012), S. 446; SEBI Act, 1992, Art. 27 Securities Law Amendments Act 2004 Art. 11).

s Wenn wesentliche oder falsche Informationen wissentlich nicht weitergegeben werden, können diese Personen persönlich haftbar gemacht werden. Der Wert wird aufgrund der Betonung der Absicht zu vorsätzlichem Handeln auf einen Wert von 0,5 festgelegt (vgl. Chakrabarti et al. (2012), S. 446; CoA 1956, Art. 628).

t Der Jahresabschluss muss von einem autorisierten Vorsitzenden oder von zwei Managern unterzeichnet werden (CoA 1956, Art. 217, Nummer (4) und CoA 2013, Art. 134, Nummer (6)).

(Quelle: eigene Darstellung)

#### *3.3.3.4 China*

Die chinesische Rechnungslegung war bis zu Beginn der 1990er-Jahre eher rudimentär vorhanden. Hauptsächlich diente sie dem Zweck der Steuerbemessung und erhob keinen Anspruch auf wesentliche Informationselemente.[353] In den Jahren 1990 und 1991 wurden die *Shanghai Stock Exchange* (SSE) und die *Shenzhen Stock Exchange* (SZSE) eröffnet. Der Austausch von Aktien im Besitz von lokalen und ausländischen Investoren war fortan möglich, was im Hinblick auf die Kapitalmarktregulierung weitere Reformen notwendig machte. Die *Accounting Standards for Business Enterprises* (ASBE) sind im Jahr 1993 eingeführt worden und weisen einige Charakteristika der internationalen Rechnungslegungsstandards auf.[354]

353 Vgl. Ghio/Verona (2015), S. 128.

354 Vgl. Tang/Chow/Cooper (1994), S. 294.

Die Institutionen, die dazu befähigt sind, Regelungen für kapitalmarktorientierte Unternehmen zu erlassen, sind überwiegend staatlich organisiert. Der Investorenschutz wurde durch weitere Reformen verbessert. Trotz der Konvergenzbemühungen der Chinese GAAP und der IFRS gibt es noch heute viele Punkte, in denen die Zielvorstellungen auseinandergehen. Zum Ende des Jahres 2003 hat China einige Gesetze übernommen, um Minderheitsbeteiligte zu schützen.

In China gab es während der 1990er-Jahre drei große Reformen, die die chinesische Rechnungslegung vorantreiben sollte. Auch im Hinblick auf ein funktionierendes Enforcement wurden einige Verbesserungen geschaffen. Dennoch hat China die IFRS nicht gänzlich übernommen. In der Folge bestehen weiterhin große Unterschiede zu den internationalen Rechnungslegungsregeln. Beispielsweise wurde das *Fair Value Accounting* erst sehr spät eingeführt.[355] Daher kann erwartet werden, dass es in der Rechnungslegung nach wie vor Unterschiede geben wird, die eine Vergleichbarkeit von Jahresabschlüssen erschwert.

Die dominante Rolle des staatlichen Besitzes von gelisteten Unternehmen ist ein Grund für die Beeinflussung der Unternehmensanreize zur Publizität von Unternehmensinformationen in China.[356] Piotroski/Wong/Zhang (2015) zeigen, dass solch eine Besitzstruktur die Nachfrage und das Angebot von transparenten Unternehmensinformationen auf verschiedene Weisen beeinflusst. Erstens: Regierungseigentümer können private Kanäle nutzen, um Informationen zu erhalten und Managementleistungen zu beurteilen. Zweitens: Die Gewinnmaximierung ist nicht das alleinige Ziel von *state owned enterprises* (SOE) und Transaktionen mit nahestehenden Personen sind weit verbreitet, was Anreize zur Information der Öffentlichkeit unterdrückt. Aus den gleichen Gründen verringert dies die Nachfrage nach qualitativ hochwertigen Audits.[357] Im Vergleich zu Nicht-SOEs ist es wahrscheinlicher, dass eher kleine lokale Prüfungsunternehmen zur Beurteilung des Jahresabschlusses engagiert werden.[358]

Tabelle 7 stellt die Veränderungen der beiden Regulierungsbereiche Publizität und Enforcement in China im Zeitablauf von 1991 bis 2017 dar. Der Publizitätsindex liegt im Jahr 1991 bei 0,00 und ist seit 2007 auf einen Indexwert von 0,80 gestiegen. Erste Reformen im Bereich der finanziellen Publizität (P1–P5)

355 Vgl. Chen/Cheng (2007), S. 60.

356 Vgl. He/Wong/Young (2012), S. 542.

357 Vgl. Piotroski/Wong/Zhang (2015), S. 407.

358 Vgl. Wang/Wong/Xia (2008), S. 113.

sind im Jahr 1992 vorzufinden. Hier ist die Verpflichtung zur Lageberichterstattung implementiert worden, weitere Offenlegungsreformen sind in den 1990er-Jahren nicht zu beobachten. Erst seit dem Jahr 2001 sind Regelungen zur Quartalsberichterstattung kodifiziert. Angaben zur Ad-hoc-Publizität sind seit dem Jahr 2006 gefordert. Seit dem Folgejahr sind Angaben zu den Unternehmenssegmenten erforderlich. Die internationalen Rechnungslegungsstandards sind weder verpflichtend noch freiwillig anwendbar.

Im Bereich Governance Publizität (P6–P10) sind erste Anforderungen hinsichtlich der Erstellung eines Wertpapierprospekts seit dem Jahr 1994 festzustellen. Angaben zu Transaktionen mit nahestehenden Personen und verbundenen Unternehmen sind seit dem Jahr 1997 verpflichtend. In den beiden darauffolgenden Jahren wurden Angaben zu Besitzverhältnissen und Anteilseignern gesetzlich kodifiziert. Kumulierte Angaben zur Offenlegung der Vergütungsstruktur des Managements sind seit dem Jahr 2001 verpflichtend, seit 2006 ist dies für jede Einzelperson offenzulegen.

Der Enforcementindex weist im Jahr 1991 einen Indexwert von 0,10 auf und steigt in der Beobachtungsperiode auf 0,75 seit dem Jahr 2006. Die Bestellung und Abberufung von Mitgliedern der Aufsichtsbehörde verbleibt über die gesamte Beobachtungsperiode in staatlicher Verfügungsgewalt. Reformen im Bereich Unabhängigkeit (E1–E5) ergeben sich lediglich aus der Unabhängigkeit der Aufsichtsbehörden von Banken und Börsen, sowie der Legislativgewalt für Regelungen bei Börsengängen und allgemeinen Kapitalmarktvorschriften seit dem Jahr 1992 sowie der gesetzlich kodifizierten Unabhängigkeit der Wirtschaftsprüfer seit dem Jahr 1993.

Im Bereich der Handlungskompetenzen (E6–E10) ist zu Beginn der Beobachtungsperiode bereits der Bilanzeid gesetzlich kodifiziert. Sanktionsmechanismen gegenüber Unternehmen und dem Management sind in den beiden darauffolgenden Jahren festgelegt worden. Das reaktive Prüfungssystem resultiert aus einer gesetzlichen Änderung im Jahr 2006, seither ist auch die Herausgabe von sämtlichen Dokumenten vonseiten eines verdächtigen Unternehmen nahestehenden Personen festgelegt.

**Tabelle 7:** Publizitäts- und Enforcementindex China

| | 1991 | 1992 | 1993 | 1994 | 1995 | 1996 | 1997 | 1998 | 1999 |
|---|---|---|---|---|---|---|---|---|---|
| P1: Internationale RL-Regeln | 0 | 0 | 0 | 0 | 0 | 0 | 0 | 0 | 0 |
| P2: Lageberichterstattung | 0 | 1[b] | 1 | 1 | 1 | 1 | 1 | 1 | 1 |
| P3: Ad-hoc-Publizität | 0 | 0 | 0 | 0 | 0 | 0 | 0 | 0 | 0 |
| P4: Quartalsberichterstattung | 0 | 0 | 0 | 0 | 0 | 0 | 0 | 0 | 0 |
| P5: Segmentberichterstattung | 0 | 0 | 0 | 0 | 0 | 0 | 0 | 0 | 0 |
| P6: Vergütungsstruktur | 0 | 0 | 0 | 0 | 0 | 0 | 0 | 0 | 0 |
| P7: Besitzverhältnisse | 0 | 0 | 0 | 0 | 0 | 0 | 0 | 0,5[g] | 0,5 |
| P8: Wertpapierprospekt | 0 | 0 | 0 | 1[h] | 1 | 1 | 1 | 1 | 1 |
| P9: Anteilseigner | 0 | 0 | 0 | 0 | 0 | 0 | 0 | 0 | 0,5[i] |
| P10: Transaktionen | 0 | 0 | 0 | 0 | 0 | 0 | 1[j] | 1 | 1 |
| Wert Publizitätsindex | 0,00 | 0,10 | 0,10 | 0,20 | 0,20 | 0,20 | 0,30 | 0,35 | 0,40 |

| | 2000 | 2001 | 2002 | 2003 | 2004 | 2005 | 2006 | 2007 | 2008 |
|---|---|---|---|---|---|---|---|---|---|
| P1: Internationale RL-Regeln | 0 | 0 | 0 | 0 | 0 | 0 | 0[a] | 0 | 0 |
| P2: Lageberichterstattung | 1 | 1 | 1 | 1 | 1 | 1 | 1 | 1 | 1 |
| P3: Ad-hoc-Publizität | 0 | 0 | 0 | 0 | 0 | 0 | 1[c] | 1 | 1 |
| P4: Quartalsberichterstattung | 0 | 1[d] | 1 | 1 | 1 | 1 | 1 | 1 | 1 |
| P5: Segmentberichterstattung | 0 | 0 | 0 | 0 | 0 | 0 | 0 | 1[e] | 1 |
| P6: Vergütungsstruktur | 0 | 0,5[f] | 0,5 | 0,5 | 0,5 | 0,5 | 1 | 1 | 1 |
| P7: Besitzverhältnisse | 0,5 | 0,5 | 0,5 | 0,5 | 0,5 | 0,5 | 0,5 | 0,5 | 0,5 |
| P8: Wertpapierprospekt | 1 | 1 | 1 | 1 | 1 | 1 | 1 | 1 | 1 |
| P9: Anteilseigner | 0,5 | 0,5 | 0,5 | 0,5 | 0,5 | 0,5 | 0,5 | 0,5 | 0,5 |
| P10: Transaktionen | 1 | 1 | 1 | 1 | 1 | 1 | 1 | 1 | 1 |
| Wert Publizitätsindex | 0,40 | 0,55 | 0,55 | 0,55 | 0,55 | 0,55 | 0,70 | 0,80 | 0,80 |

| | 2009 | 2010 | 2011 | 2012 | 2013 | 2014 | 2015 | 2016 | 2017 |
|---|---|---|---|---|---|---|---|---|---|
| P1: Internationale RL-Regeln | 0 | 0 | 0 | 0 | 0 | 0 | 0 | 0 | 0 |
| P2: Lageberichterstattung | 1 | 1 | 1 | 1 | 1 | 1 | 1 | 1 | 1 |
| P3: Ad-hoc-Publizität | 1 | 1 | 1 | 1 | 1 | 1 | 1 | 1 | 1 |
| P4: Quartalsberichterstattung | 1 | 1 | 1 | 1 | 1 | 1 | 1 | 1 | 1 |
| P5: Segmentberichterstattung | 1 | 1 | 1 | 1 | 1 | 1 | 1 | 1 | 1 |
| P6: Vergütungsstruktur | 1 | 1 | 1 | 1 | 1 | 1 | 1 | 1 | 1 |
| P7: Besitzverhältnisse | 0,5 | 0,5 | 0,5 | 0,5 | 0,5 | 0,5 | 0,5 | 0,5 | 0,5 |
| P8: Wertpapierprospekt | 1 | 1 | 1 | 1 | 1 | 1 | 1 | 1 | 1 |
| P9: Anteilseigner | 0,5 | 0,5 | 0,5 | 0,5 | 0,5 | 0,5 | 0,5 | 0,5 | 0,5 |
| P10: Transaktionen | 1 | 1 | 1 | 1 | 1 | 1 | 1 | 1 | 1 |
| Wert Publizitätsindex | 0,80 | 0,80 | 0,80 | 0,80 | 0,80 | 0,80 | 0,80 | 0,80 | 0,80 |

**Tabelle 7:** Fortsetzung

| | **1991** | **1992** | **1993** | **1994** | **1995** | **1996** | **1997** | **1998** | **1999** |
|---|---|---|---|---|---|---|---|---|---|
| E1: Berufung | 0 | 0[k] | 0 | 0 | 0 | 0 | 0 | 0 | 0 |
| E2: Unabh. Abschlussprüfer | 0 | 0 | 1[l] | 1 | 1 | 1 | 1 | 1 | 1 |
| E3: Fokus | 0 | 1[m] | 1 | 1 | 1 | 1 | 1 | 1 | 1 |
| E4: Legislativgewalt | 0 | 1[n] | 1 | 1 | 1 | 1 | 1 | 1 | 1 |
| E5: Abberufung | 0 | 0[o] | 0 | 0 | 0 | 0 | 0 | 0 | 0 |
| E6: Dokumente | 0 | 0 | 0 | 0 | 0 | 0 | 0 | 0 | 0 |
| E7: Prüfung | 0 | 0 | 0 | 0 | 0 | 0 | 0 | 0 | 0 |
| E8: Sanktionen Unternehmen | 0 | 1[r] | 1 | 1 | 1 | 1 | 1 | 1 | 1 |
| E9: Sanktionen Management | 0 | 0 | 1[s] | 1 | 1 | 1 | 1 | 1 | 1 |
| E10: Bilanzeid | 1[t] | 1 | 1 | 1 | 1 | 1 | 1 | 1 | 1 |
| Wert Enforcementindex | 0,10 | 0,40 | 0,60 | 0,60 | 0,60 | 0,60 | 0,60 | 0,60 | 0,60 |

| | **2000** | **2001** | **2002** | **2003** | **2004** | **2005** | **2006** | **2007** | **2008** |
|---|---|---|---|---|---|---|---|---|---|
| E1: Berufung | 0 | 0 | 0 | 0 | 0 | 0 | 0 | 0 | 0 |
| E2: Unabh. Abschlussprüfer | 1 | 1 | 1 | 1 | 1 | 1 | 1 | 1 | 1 |
| E3: Fokus | 1 | 1 | 1 | 1 | 1 | 1 | 1 | 1 | 1 |
| E4: Legislativgewalt | 1 | 1 | 1 | 1 | 1 | 1 | 1 | 1 | 1 |
| E5: Abberufung | 0 | 0 | 0 | 0 | 0 | 0 | 0 | 0 | 0 |
| E6: Dokumente | 0 | 0 | 0 | 0 | 0 | 0 | 1[p] | 1 | 1 |
| E7: Prüfung | 0 | 0 | 0 | 0 | 0 | 0 | 0,5[q] | 0,5 | 0,5 |
| E8: Sanktionen Unternehmen | 1 | 1 | 1 | 1 | 1 | 1 | 1 | 1 | 1 |
| E9: Sanktionen Management | 1 | 1 | 1 | 1 | 1 | 1 | 1 | 1 | 1 |
| E10: Bilanzeid | 1 | 1 | 1 | 1 | 1 | 1 | 1 | 1 | 1 |
| Wert Enforcementindex | 0,60 | 0,60 | 0,60 | 0,60 | 0,60 | 0,60 | 0,75 | 0,75 | 0,75 |

| | **2009** | **2010** | **2011** | **2012** | **2013** | **2014** | **2015** | **2016** | **2017** |
|---|---|---|---|---|---|---|---|---|---|
| E1: Berufung | 0 | 0 | 0 | 0 | 0 | 0 | 0 | 0 | 0 |
| E2: Unabh. Abschlussprüfer | 1 | 1 | 1 | 1 | 1 | 1 | 1 | 1 | 1 |
| E3: Fokus | 1 | 1 | 1 | 1 | 1 | 1 | 1 | 1 | 1 |
| E4: Legislativgewalt | 1 | 1 | 1 | 1 | 1 | 1 | 1 | 1 | 1 |
| E5: Abberufung | 0 | 0 | 0 | 0 | 0 | 0 | 0 | 0 | 0 |
| E6: Dokumente | 1 | 1 | 1 | 1 | 1 | 1 | 1 | 1 | 1 |
| E7: Prüfung | 0,5 | 0,5 | 0,5 | 0,5 | 0,5 | 0,5 | 0,5 | 0,5 | 0,5 |
| E8: Sanktionen Unternehmen | 1 | 1 | 1 | 1 | 1 | 1 | 1 | 1 | 1 |
| E9: Sanktionen Management | 1 | 1 | 1 | 1 | 1 | 1 | 1 | 1 | 1 |

*(Fortsetzung auf der nächsten Seite)*

**Tabelle 7:** Fortsetzung

| | | | | | | | | | |
|---|---|---|---|---|---|---|---|---|---|
| E10: Bilanzeid | 1 | 1 | 1 | 1 | 1 | 1 | 1 | 1 | 1 |
| Wert Enforcementindex | 0,75 | 0,75 | 0,75 | 0,75 | 0,75 | 0,75 | 0,75 | 0,75 | 0,75 |

a Am 15. Februar 2006 hat das Finanzministerium der Volksrepublik China ein neues Werk an Rechnungslegungsstandards ASBE veröffentlicht, die in großen Teilen mit den IFRS konvergiert sind. Alle an chinesischen Börsen notierten Unternehmen müssen die ASBE anwenden. Eine Anwendung der wie vom IASB herausgegebenen IFRS ist nicht gestattet. Die ASBE werden in Übereinstimmung mit den IFRS weiterentwickelt, um die Konvergenz weiterhin voranzutreiben (vgl. Riccardi (2016), S 1–2; Ching Chi Heng/Noronha (2011), S. 156; Peng et al. (2008), S. 451).

b Seit dem Jahr 1992 sind kapitalmarktorientierte Unternehmen dazu verpflichtet, einen Lagebericht aufzustellen (vgl. Xiao (1999), S. 354).

c Alle Ereignisse, die einen Effekt auf den Aktienkurs und damit auf die Marktentscheidung eines Investors haben können, müssen in einem Bericht an die Börse erklärt worden. Dabei müssen die Ursachen, der gegenwärtige Status und die eventuellen rechtlichen Konsequenzen offengelegt werden (Law of the People's Republic of China (PRC) on Securities, Art. 67).

d Abschlussinformationen sind jährlich, halbjährlich, quartalsweise und monatlich offenzulegen (Regulations on Financial Accounting Reports of Enterprises Art. 6).

e ASBE 35 Segmentberichterstattung gibt an, dass Unternehmen über Chancen und Risiken der Produkte und Regionen in den jährlichen Abschlüssen berichten müssen.

f Frühere Regelungen verlangten nicht, dass börsennotierte Unternehmen in ihren Jahresberichten vollständige Informationen über die Vergütung von Führungskräften enthalten. Seit 2001 sind die börsennotierten Unternehmen allerdings verpflichtet, die Summe der Gesamtvergütungen für die drei höchstbezahltesten Führungskräfte und die drei höchsbezahltesten Beiratsmitglieder, einschließlich der Vorstandsmitglieder, zu melden. Von 2001 bis 2005 war die Offenlegung der Vorstandsvergütung nicht für jede einzelne Person gesondert erforderlich. Erst seit 2006 müssen die börsennotierten Unternehmen jedes einzelne Vorstandsmitglied und die Gesamtvergütung des Unternehmens als Summe aus Gehalt, Bonus, Stipendien und sonstigen Leistungen melden (vgl. Conyon/He (2012), S. 416; Company Law, Art. 116).

g Gemäß der SSE Listing Rules, sind die Unternehmen in Art. 3.1.2 dazu verpflichtet, Anteile ihrer Manager offenzulegen.

h Die Erstellung eines Wertpapierprospekts ist für Unternehmen auf regulierten Märkten seit 1994 verpflichtend (Company Law of the PRC Art. 87 und 88; Company Law 2010 Art. 85 und 86).

i Das Securities Law of the PRC Art. 79 und 80 gibt Bestimmungen zur Offenlegung von persönlichen Daten der Anteilseigner vor. Aus dem Gesetz wird allerdings nicht deutlich, ob sich die Kontrolle nur auf die direkte beschränkt, oder ob die indirekte Kontrolle ausreicht. Der Wert wird daher auf 0,5 festgelegt.

j ASBE 36 wurde 2007 eingeführt und hat den ursprünglichen Standard von 1997 abgelöst.

**Tabelle 7:** Fortsetzung

k Der Staatsrat hat 1992 das *State Council Securities Commission* (SCSC) gegründet, dieses hatte allerdings noch keine regulatorische Vollmacht. 1993 wurde daher das CSRC als zweite Instanz gegründet. 1998 wurden die beiden Gremien unter dem CSRC zusammengefasst. Der Vorsitzende des CSRC ist kraft seines Amtes auch Mitglied des Staatsrats, daher ist kein Versuch getätigt worden, eine unabhängige Regulierungsbehörde zu schaffen (vgl. Pistor/Xu (2004), S. 20).

l Wirtschaftsprüfer und Wirtschaftsprüfungsgesellschaften müssen die Gesetze und Verwaltungsvorschriften bei der Erfüllung der beruflichen Tätigkeit einhalten, hierzu zählt auch die Unabhängigkeit des Wirtschaftsprüfers (Law of the PRC on Certified Public Accountants, Art. 6).

m Die Börsenaufsicht wird durch die CSRC übernommen, dieses wurde 1992 gegründet (vgl. Firth/Mo/Wong (2014), S. 5). China Banking Regulatory Commission (CBRC) wurde am 28. April 2003 die Überwachungsfunktion der People's Bank of China (PBOC) übertragen. Ziel der Reform war es, die Effizienz der Bankenaufsicht zu verbessern und der PBOC zu helfen, sich weiter auf die Währungspolitik zu konzentrieren.

n Der Aufsichtsbehörde ist die gesetzliche Befugnis zugesprochen, Vorschriften für die Regulierung des Wertpapiermarktes zu formulieren (Securities Law of the PRC, Art. 167, Nummer (1)).

o Der Vorstand der CSRC wird für eine Amtszeit von fünf Jahren ernannt und kann noch eine zweite Amtszeit absolvieren. Die Regelungen zur Entlassung von Mitgliedern der CSRC geben nicht vor, wer die Mitglieder entlassen kann. Gründe für eine Entlassung werden in dem *Civil Servant Law of the PRC* sowie in der *Regulation on the Disciplinary Actions against Civil Servants of Administrative Organs* gegeben, das Element nimmt daher über die gesamte Zeit den Wert 0 an.

p Die Befugnis zur Erlangung sämtlicher Dokumente besteht seit 2006 (Securities Law of PRC, Art. 150 Nr. 3–5).

q Aus dem Gesetz heraus resultiert, dass ein eher reaktives System vorliegt. Nur bei besonderen Anhaltspunkten werden Untersuchungen durchgeführt. Eine kontinuierliche Überprüfung nach Stichproben wird nicht vollzogen (Law of the PRC on Securities, Art. 180).

r Dem CSRC steht eine breite Palette an Sanktionsmechanismen zur Verfügung (vgl. Firth/Mo/Wong (2014), S. 5–6).

s Manager können für Fehlverhalten gesamtschuldnerisch haftbar gemacht werden (vgl. Firth/Mo/Wong (2005), S. 370).

t Der Abschluss muss von der verantwortlichen Person, dem hauptverantwortlichen Leiter des Rechnungswesens und einer weiteren Person des Rechnungswesens unterschrieben und gestempelt werden (Accounting Law of the PRC, Art. 21).

(Quelle: eigene Darstellung)

### *3.3.3.5 Südafrika*

Der starke Finanzmarkt liegt unter anderem in einer qualitativ hochwertigen Rechnungslegung begründet. Die Regulierungen bauen auf dem CoA von 1973 auf. Bereits während der 1980er-Jahre haben die Standardsetzer ein Interesse an den Standards des damaligen *International Accounting Standards Committee* (IASC) gehabt. Vermutlich war das Interesse dahin gehend begünstigt, weil Südafrika ein Mitglied im IASC-Board war.[359] Von dort an wurden die nationalen Standards bereits in Anlehnung an die internationalen Standards vereint.[360] Jedoch begann der formale Internationalisierungsprozess erst im Jahr 1993. In den frühen 2000er-Jahren waren die SA GAAP bereits sehr ähnlich zu den IAS und IFRS.[361] Seit 2005 müssen Unternehmen, die an der JSE gelistet sind, verpflichtend nach den internationalen Rechnungslegungsregeln bilanzieren. Die nationalen Standards wurden zurückgezogen. Mit der Einführung des neuen CoA aus dem Jahr 2008 sind auch die Anforderungen an das Enforcement deutlich verbessert worden.

Tabelle 8 stellt die Veränderungen der beiden Regulierungsbereiche Publizität und Enforcement in Südafrika im Zeitablauf von 1991 bis 2017 dar. Der Publizitätsindex steigt von einem anfänglichen Indexwert von 0,15 auf 0,95 seit dem Jahr 2010. Im Bereich der finanziellen Publizität bestanden am Anfang der Untersuchungsperiode bereits Anforderungen zur Halbjahres- und Segmentberichterstattung. Bereits seit dem Jahr 1995 haben kapitalmarktorientierte Unternehmen das Wahlrecht, ihre Abschlüsse nach den damals geltenden SA GAAP oder nach den IAS/IFRS zu erstellen. In 2005 wurde die Pflicht zur Anwendung der IAS/IFRS festgelegt. Vorgaben zur Ad-hoc-Publizität sind seit dem Jahr 1998 in den Börsenzugangsberechtigungen geregelt. Erst deutlich später sind Anforderungen zur Offenlegung eines Lageberichts im Jahr 2010 verpflichtend geworden.

Vorgaben zur Governance Publizität (P6–P10) sind erstmals im Jahr 1994 vorzufinden. Seither sind Angaben zur aggregierten Vergütungsstruktur des Managements vorzunehmen; die Vorgaben sind im Jahr 2002 durch die Offenlegung der Vergütungsstruktur von Einzelpersonen ausgeweitet worden. Angaben zu Transaktionen mit nahestehenden Personen und verbundenen Unternehmen sind in Südafrika seit dem Jahr 1999 anzugeben. Vorgaben zur Erstellung eines Wertpapierprospekts und zu den Details von Anteilseignern

359 Vgl. Everingham/Hopkins (1987), S. 10.
360 Vgl. Coetzee/Schmulian (2013), S. 244–245.
361 Vgl. SAICA (2004), S. 1.

sind seit dem Jahr 2008 verpflichtend. Seit dem Folgejahr sind kapitalmarktorientierte Unternehmen dazu verpflichtet, Besitzverhältnisse der Geschäftsführer zu veröffentlichen.

Der Enforcementindex liegt am Anfang der Untersuchungsperiode bei einem Wert von 0,25 und steigt auf einen Indexwert von 0,80 seit dem Jahr 2011 an. Im Bereich der Unabhängigkeit (E1–E5) ist seit Beginn der Untersuchungsperiode die Aufsicht von Banken und Börsen von voneinander unabhängigen Behörden etabliert. Die Unabhängigkeit der Wirtschaftsprüfer unterliegt zunächst eher schwachen Kriterien und wurde im Jahr 2004 konkretisiert. Während die Berufung von Mitgliedern der Aufsichtsbehörden seit dem Jahr 2008 unabhängig vom Staat geregelt ist, verbleibt die Abberufung von Mitgliedern weiterhin beim Staat. Die aufsitzführende Behörde hat weiterhin lediglich eine überwachende Funktion und keine Legislativgewalt.

Im Bereich der Handlungskompetenz (E6–E10) sind Sanktionen gegenüber dem Management von Beginn der Untersuchungsperiode möglich. Von 2002 bis 2010 sind reaktive Prüfungen durch die Aufsichtsbehörde vorgenommen worden, ab 2011 sind diese proaktiv organisiert. Die übrigen Indexelemente zur Handlungskompetenz sind im Jahr 2008 überarbeitet worden, sodass alle drei Elemente seither den Wert 1 annehmen.

**Tabelle 8:** Publizitäts- und Enforcementindex Südafrika

| | **1991** | **1992** | **1993** | **1994** | **1995** | **1996** | **1997** | **1998** | **1999** |
|---|---|---|---|---|---|---|---|---|---|
| P1: Internationale RL-Regeln | 0 | 0 | 0 | 0 | 0,5[a] | 0,5 | 0,5 | 0,5 | 0,5 |
| P2: Lageberichterstattung | 0 | 0 | 0 | 0 | 0 | 0 | 0 | 0 | 0 |
| P3: Ad-hoc-Publizität | 0 | 0 | 0 | 0 | 0 | 0 | 0 | 1[c] | 1 |
| P4: Quartalsberichterstattung | 0,5[d] | 0,5 | 0,5 | 0,5 | 0,5 | 0,5 | 0,5 | 0,5 | 0,5 |
| P5: Segmentberichterstattung | 1[e] | 1 | 1 | 1 | 1 | 1 | 1 | 1 | 1 |
| P6: Vergütungsstruktur | 0 | 0 | 0 | 0,5[f] | 0,5 | 0,5 | 0,5 | 0,5 | 0,5 |
| P7: Besitzverhältnisse | 0 | 0 | 0 | 0 | 0 | 0 | 0 | 0 | 0 |
| P8: Wertpapierprospekt | 0 | 0 | 0 | 0 | 0 | 0 | 0 | 0 | 0 |
| P9: Anteilseigner | 0 | 0 | 0 | 0 | 0 | 0 | 0 | 0 | 0 |
| P10: Transaktionen | 0 | 0 | 0 | 0 | 0 | 0 | 0 | 0 | 1[j] |
| Wert Publizitätsindex | 0,15 | 0,15 | 0,15 | 0,20 | 0,25 | 0,25 | 0,25 | 0,35 | 0,45 |

| | **2000** | **2001** | **2002** | **2003** | **2004** | **2005** | **2006** | **2007** | **2008** |
|---|---|---|---|---|---|---|---|---|---|
| P1: Internationale RL-Regeln | 0,5 | 0,5 | 0,5 | 0,5 | 0,5 | 1 | 1 | 1 | 1 |
| P2: Lageberichterstattung | 0 | 0 | 0 | 0 | 0 | 0 | 0 | 0 | 0 |
| P3: Ad-hoc-Publizität | 1 | 1 | 1 | 1 | 1 | 1 | 1 | 1 | 1 |
| P4: Quartalsberichterstattung | 0,5 | 0,5 | 0,5 | 0,5 | 0,5 | 0,5 | 0,5 | 0,5 | 0,5 |
| P5: Segmentberichterstattung | 1 | 1 | 1 | 1 | 1 | 1 | 1 | 1 | 1 |
| P6: Vergütungsstruktur | 0,5 | 0,5 | 1 | 1 | 1 | 1 | 1 | 1 | 1 |
| P7: Besitzverhältnisse | 0 | 0 | 0 | 0 | 0 | 0 | 0 | 0 | 0 |
| P8: Wertpapierprospekt | 0 | 0 | 0 | 0 | 0 | 0 | 0 | 0 | 1[h] |
| P9: Anteilseigner | 0 | 0 | 0 | 0 | 0 | 0 | 0 | 0 | 1[i] |
| P10: Transaktionen | 1 | 1 | 1 | 1 | 1 | 1 | 1 | 1 | 1 |
| Wert Publizitätsindex | 0,45 | 0,45 | 0,50 | 0,50 | 0,50 | 0,55 | 0,55 | 0,55 | 0,75 |

| | **2009** | **2010** | **2011** | **2012** | **2013** | **2014** | **2015** | **2016** | **2017** |
|---|---|---|---|---|---|---|---|---|---|
| P1: Internationale RL-Regeln | 1 | 1 | 1 | 1 | 1 | 1 | 1 | 1 | 1 |
| P2: Lageberichterstattung | 0 | 1[b] | 1 | 1 | 1 | 1 | 1 | 1 | 1 |
| P3: Ad-hoc-Publizität | 1 | 1 | 1 | 1 | 1 | 1 | 1 | 1 | 1 |
| P4: Quartalsberichterstattung | 0,5 | 0,5 | 0,5 | 0,5 | 0,5 | 0,5 | 0,5 | 0,5 | 0,5 |
| P5: Segmentberichterstattung | 1 | 1 | 1 | 1 | 1 | 1 | 1 | 1 | 1 |
| P6: Vergütungsstruktur | 1 | 1 | 1 | 1 | 1 | 1 | 1 | 1 | 1 |
| P7: Besitzverhältnisse | 1[g] | 1 | 1 | 1 | 1 | 1 | 1 | 1 | 1 |
| P8: Wertpapierprospekt | 1 | 1 | 1 | 1 | 1 | 1 | 1 | 1 | 1 |
| P9: Anteilseigner | 1 | 1 | 1 | 1 | 1 | 1 | 1 | 1 | 1 |
| P10: Transaktionen | 1 | 1 | 1 | 1 | 1 | 1 | 1 | 1 | 1 |
| Wert Publizitätsindex | 0,85 | 0,95 | 0,95 | 0,95 | 0,95 | 0,95 | 0,95 | 0,95 | 0,95 |

**Tabelle 8:** Fortsetzung

| | 1991 | 1992 | 1993 | 1994 | 1995 | 1996 | 1997 | 1998 | 1999 |
|---|---|---|---|---|---|---|---|---|---|
| E1: Berufung | 0 | 0 | 0 | 0 | 0 | 0 | 0 | 0 | 0 |
| E2: Unabh. Abschlussprüfer | 0,5[l] | 0,5 | 0,5 | 0,5 | 0,5 | 0,5 | 0,5 | 0,5 | 0,5 |
| E3: Fokus | 1[m] | 1 | 1 | 1 | 1 | 1 | 1 | 1 | 1 |
| E4: Legislativgewalt | 0 | 0 | 0 | 0 | 0 | 0 | 0 | 0 | 0 |
| E5: Abberufung | 0 | 0 | 0 | 0 | 0 | 0 | 0 | 0 | 0 |
| E6: Dokumente | 0 | 0 | 0 | 0 | 0 | 0 | 0 | 0 | 0 |
| E7: Prüfung | 0 | 0 | 0 | 0 | 0 | 0 | 0 | 0 | 0 |
| E8: Sanktionen Unternehmen | 0 | 0 | 0 | 0 | 0 | 0 | 0 | 0 | 0 |
| E9: Sanktionen Management | 1[s] | 1 | 1 | 1 | 1 | 1 | 1 | 1 | 1 |
| E10: Bilanzeid | 0 | 0 | 0 | 0 | 0 | 0 | 0 | 0 | 0 |
| Wert Enforcement -Index | 0,25 | 0,25 | 0,25 | 0,25 | 0,25 | 0,25 | 0,25 | 0,25 | 0,25 |

| | 2000 | 2001 | 2002 | 2003 | 2004 | 2005 | 2006 | 2007 | 2008 |
|---|---|---|---|---|---|---|---|---|---|
| E1: Berufung | 0 | 0 | 0 | 0 | 0 | 0 | 0 | 0 | 1[k] |
| E2: Unabh. Abschlussprüfer | 0,5 | 0,5 | 0,5 | 0,5 | 1 | 1 | 1 | 1 | 1 |
| E3: Fokus | 1 | 1 | 1 | 1 | 1 | 1 | 1 | 1 | 1 |
| E4: Legislativgewalt | 0 | 0 | 0 | 0 | 0 | 0 | 0 | 0 | 0[n] |
| E5: Abberufung | 0 | 0 | 0 | 0 | 0 | 0 | 0 | 0 | 0[o] |
| E6: Dokumente | 0 | 0 | 0 | 0 | 0 | 0 | 0 | 0 | 1[p] |
| E7: Prüfung | 0 | 0 | 0,5[q] | 0,5 | 0,5 | 0,5 | 0,5 | 0,5 | 0,5 |
| E8: Sanktionen Unternehmen | 0 | 0 | 0 | 0 | 0 | 0 | 0 | 0 | 1[r] |
| E9: Sanktionen Management | 1 | 1 | 1 | 1 | 1 | 1 | 1 | 1 | 1 |
| E10: Bilanzeid | 0 | 0 | 0 | 0 | 0 | 0 | 0 | 0 | 1[t] |
| Wert Enforcementindex | 0,25 | 0,25 | 0,30 | 0,30 | 0,35 | 0,35 | 0,35 | 0,35 | 0,75 |

| | 2009 | 2010 | 2011 | 2012 | 2013 | 2014 | 2015 | 2016 | 2017 |
|---|---|---|---|---|---|---|---|---|---|
| E1: Berufung | 1 | 1 | 1 | 1 | 1 | 1 | 1 | 1 | 1 |
| E2: Unabh. Abschlussprüfer | 1 | 1 | 1 | 1 | 1 | 1 | 1 | 1 | 1 |
| E3: Fokus | 1 | 1 | 1 | 1 | 1 | 1 | 1 | 1 | 1 |
| E4: Legislativgewalt | 0 | 0 | 0 | 0 | 0 | 0 | 0 | 0 | 0 |
| E5: Abberufung | 0 | 0 | 0 | 0 | 0 | 0 | 0 | 0 | 0 |
| E6: Dokumente | 1 | 1 | 1 | 1 | 1 | 1 | 1 | 1 | 1 |
| E7: Prüfung | 0,5 | 0,5 | 1 | 1 | 1 | 1 | 1 | 1 | 1 |
| E8: Sanktionen Unternehmen | 1 | 1 | 1 | 1 | 1 | 1 | 1 | 1 | 1 |
| E9: Sanktionen Management | 1 | 1 | 1 | 1 | 1 | 1 | 1 | 1 | 1 |

*(Fortsetzung auf der nächsten Seite)*

**Tabelle 8:** Fortsetzung

| | | | | | | | | | |
|---|---|---|---|---|---|---|---|---|---|
| E10: Bilanzeid | 1 | 1 | 1 | 1 | 1 | 1 | 1 | 1 | 1 |
| Wert Enforcementindex | 0,75 | 0,75 | 0,80 | 0,80 | 0,80 | 0,80 | 0,80 | 0,80 | 0,80 |

a Im Jahre 1995 hat die Selbstregulierungsorganisation *Accounting Principles Board* (APB) entschieden, die SA GAAP mit den IFRS Standards zu harmonisieren. Das *Council of the South African Institute of Chartered Accountants* (SAICA) und das APB verabschieden die südafrikanischen Rechnungslegungsstandards. Seit 1995 wurden die nationalen Standards bereits mit geringfügigen Anpassungen an die IFRS angleichend entwickelt. Die Unternehmen konnten von dem Wahlrecht Gebrauch machen, die SA-GAAP oder die IFRS anzuwenden (vgl. Prather-Kinsey (2006), S. 145). Seit dem Jahr 2003 hat die APB nach dem ordnungsgemäßen Verfahren die IFRS-Standards als SA GAAP ohne Änderung veröffentlicht. Im März 2012 wurde entschieden die SA GAAP als geltende Rechnungslegungsstandards für Geschäftsjahre, die am oder nach dem 1. Dezember 2012 beginnen, abzuschaffen.

b Gemäß des King Code of Governance (King III) müssen Unternehmen ihre Jahresabschlüsse als integrierten Bericht offenlegen. Da der King III unter die Zulassungsbedingungen der JSE fällt, müssen gelistete Unternehmen für alle Geschäftsjahre beginnend am oder nach dem 1. März 2010 ihre Abschlüsse als integrierten Bericht erstellen.

c Die JSE Zulassungsbedingungen enthalten besondere Bedingungen für Meldungen über relevante Informationen. Unternehmen sind demnach zur Ad-hoc-Publizität verpflichtet (vgl. Vaughn/Ryan (2006), S. 506–507).

d Kapitalmarktorientierte Unternehmen müssen halbjährliche Berichte erstellen. Während der betrachteten Periode haben sich keine weiteren Änderungen ergeben. (CoA No. 61 von 1973).

e AC 115 war wirksam für Perioden nach dem 1. Juli 1986. Mit dem Wechsel zur Rechnungslegung nach IFRS mussten Unternehmen in Anlehnung an IAS 14 mehr Informationen herausgeben. Mit der Übernahme von dem seit dem Jahr 2009 wirksam gewordenen IFRS 8, wurden weitere Informationsanforderungen verlangt.

f Mit King I wurden erste Empfehlungen abgegeben, dass Unternehmen die Verdienste der Geschäftsführer als Gesamtsumme getrennt von den Provisionen offenlegen. In King II wurde das erste Mal verlangt, dass Unternehmen die individuellen Gehälter ihrer Geschäftsführer veröffentlichen. Seit dem 1. März 2010 sind die gelisteten Unternehmen zum Integrated Reporting (IR) angehalten. Demzufolge müssen auch die Bestimmungen des King III angenommen werden. Diese verlangen eine Offenlegung der Gehälter eines jeden Geschäftsführers. (CoA No. 71 von 2008, Art. 30 Nr. (4), Buchstabe (a)).

g Unternehmen sind gemäß Art. 30, Nummer (4), Buchstabe (d) dazu angehalten, die Besitzverhältnisse der Geschäftsführer zu veröffentlichen (CoA No. 71 von 2008 wurde im April 2009).

h Zu jedem öffentlichen Angebot müssen gelistete Unternehmen ein Wertpapierprospekt veröffentlichen (CoA von 1973, Art. 145).

**Tabelle 8:** Fortsetzung

i Jede Person, die direkt oder indirekt mehr als 5 Prozent der Anteile hält, muss Angaben zu seiner Person machen und offenlegen (CoA von 2008 Art. 122 (1) und (2)).
j Wertpapiertransaktionen mit Insidern sind in Südafrika seit dem Jahr 1999 zu veröffentlichen (vgl. Oman et al. (2003), S. 198).
k Die Mitglieder der unabhängigen Regulierungsinstitution *Companies and Intellectual Property Commission* (CIPC) werden vom Minister gewählt (CoA 2008, Art. 189).
l Eine Definition zur Unabhängigkeit des Abschlussprüfers ging aus dem Gesetz bis zum Jahr 2008 nicht hervor. Es wurde lediglich indirekt beschrieben, wer nicht als solcher infrage kommt. Dies wurde durch die Gesetzesänderung im Jahr 2008 genauer spezifiziert (CoA 1977 Art. 275, CoA 2008 Art. 94 (8), in Verbindung mit 90, Nummer (2), Buchstabe (c)).
m Die Banken werden durch die Reserve Bank und die Börsen durch das CIPC (vorher *Companies and Intellectual Property Registration Office* (CIPRO)) überwacht, die Aufsichtsbehörden sind unabhängig voneinander (Banks Act 1990).
n Im CoA 2008 werden Regelungen zu *Initial Public Offerings* (IPO) angegeben. Änderungen können durch den Minister veranlasst werden (Art. 95, (7)). Die Börsenordnung wird direkt durch die JSE veranlasst. Das CIPC hat demzufolge nur eine überwachende Funktion inne und kann keine Regeln verabschieden.
o Es bestehen keine Regelungen zur Dauer der Amtszeit und zur Abberufung von Mitgliedern, sodass das Element für den kompletten Zeitraum den Wert 0 annimmt.
p Es können jegliche Dokumente angefordert werden (vgl. Schmidt et al. (2011), S. 70–71; CoA 2008, Art. 176, Nummer (1)).
q Im Rahmen des neuen proaktiven Überprüfungs- und Begutachtungsverfahrens wird der Jahresabschluss jedes börsennotierten Unternehmens mindestens alle fünf Jahre überprüft, und zwar zusätzlich zu anderen Themen, die sich aus öffentlichen oder sonstigen Beschwerden ergeben. Zuvor wurden Reviews auf Initiative der JSE durchgeführt, wenn diese eine Anfrage oder Beschwerde erhalten haben (vgl. Schmidt et al. (2011), S. 62).
r Mit der Einführung des CoA 2008 stehen dem CIPC auch Sanktionsmechanismen gegenüber der Unternehmung zu (vgl. Schmidt et al. (2011), S. 74).
s Das Management kann bei grob fahrlässigem Fehlverhalten zu Geld- oder Gefängnisstrafen verurteilt werden (CoA 1973, Section 424; CoA 2008, Section 77 (3) (c) und (d)).
t Der Jahresabschluss ist vom Management zu prüfen. Die Prüfung wird durch die Unterschrift bestätigt (vgl. Naidoo (2009), S. 47; CoA 71, Art. 30 (3) (c)).

(Quelle: eigene Darstellung)

## 3.4 Diskussion der Ergebnisse

Nachfolgend werden die Ergebnisse der vorangegangenen leximetrischen Analyse zur Rechnungslegungsentwicklung der BRICS-Länder für die Präsentation und Diskussion der Ergebnisse vergleichend gegenübergestellt. Dabei werden die Länderindizes der fünf Länder jeweils für Publizität und Enforcement über den Untersuchungszeitraum abgetragen. Anschließend werden die jeweils fünf Publizitäts- und Enforcementindizes aggregiert, um eine Beurteilung der Entwicklungsgeschwindigkeiten von Publizität und Enforcement auf Ländergruppenebene zu ermöglichen. Das Ziel ist es, die in Kapitel 2.4 formulierte erste Forschungsfrage, die sich auf die Untersuchung der Rechnungslegungsentwicklung der BRICS-Länder über den Untersuchungszeitraum bezieht, zu beantworten. Hierfür erfolgt zunächst eine Darstellung des jeweiligen nationalen Rechnungslegungssystems im internationalen Kontext.

Aus der Bestandaufnahme der nationalstaatlichen Publizitätsanforderungen aus den Tabellen 6–10 ist insgesamt ein Anstieg des Publizitäts- und Enforcementniveaus in allen fünf Ländern zu beobachten. Innerhalb einzelner Indexelemente sind dennoch Unterschiede zu beobachten. In China, Indien und Südafrika wurden in der Beobachtungsperiode verbindliche Regelungen für einen Lagebericht (P2) etabliert, während Brasilien und Russland seit 1991 lediglich eine begrenzte Offenlegung verlangen und auf freiwilliger Basis Empfehlungen abgeben. Die Offenlegungspflichten zu wesentlichen Unternehmensinformationen, wie Quartalsberichten (P4) und Segmentinformationen (P5) haben sich in allen Ländern, mit Ausnahme von Südafrika, zu einer vollen Merkmalsausprägung für diese Indexelemente entwickelt. Für die Vergütungsstruktur (P6) müssen nur brasilianische und russische kapitalmarktorientierte Unternehmen am Ende der Untersuchungsperiode aggregierte Werte angeben. In China ist die aggregierte Offenlegung des Insiderbesitzes (P9) erforderlich. Alle Unternehmen der Länder müssen für jedes öffentliche Angebot einen Prospekt (P8) erstellen; in Russland gibt es einige wesentliche Ausnahmen. Außer in China verlangen die Vorschriften der Länder die Offenlegung detaillierter Aktionärsinformationen seit dem Jahr 1998 (P7).

Aus den zehn Indexelementen ist der Publizitätsindex als arithmetischer Mittelwert pro Jahr für jedes Land erstellt worden. Abbildung 7 zeigt die Entwicklung der Publizitätsindizes der fünf Länder vergleichend über den Beobachtungszeitraum von 1991 bis 2017. Die Publizitätsregulierung aller BRICS-Länder wird durch den inkrementellen Anstieg der Publizitätsindizes der fünf Länder über die Beobachtungszeit deutlich. Zum Untersuchungsbeginn ist ein allgemein niedriges Niveau an Publizitätsvorgaben erkennbar, innerhalb dessen die Spanne der Indizes zwischen den Ländern sehr breit ist. Brasilien weist mit einem durchschnittlichen Publizitätsindex von 0,32 das höchste Publizitätsniveau auf, wohingegen Russland mit einem durchschnittlichen Index von 0,03 das geringste Regulierungsniveau im Ländervergleich verzeichnet. In der zweiten Hälfte der 1990er-Jahre findet eine Angleichung des Regulierungsniveaus statt. Über die Untersuchungsperiode ist ein Trend in Richtung eines informatorischen Rechnungslegungssystems[362] in allen fünf Ländern zu konstatieren, was durch den Anstieg zu einer maximalen Ausprägung des Index von 1 sichtbar wird. Lediglich in Brasilien bleiben Regulierungsreformen in der Publizität bis zum Jahr 2006 aus, diese setzen erst zur Zeit der Finanzkrise um 2007/2008 ein. Neben Brasilien ist auch in Südafrika zur ähnlichen Zeit ein starker regulatorischer Anstieg erkennbar. Ab 2012 weisen alle Staaten einen Indexwert von ≥ 0,80 auf. Indien und Südafrika zeigen den höchsten Publizitätsindex mit einem Wert von 0,95. Der relativ stärkste Anstieg über den gesamten Beobachtungszeitraum ist in der russischen Publizität zu verzeichnen. Der Index startet bei einem Wert von 0,03 und liegt im Jahr 2017 bei einem Wert von 0,83.

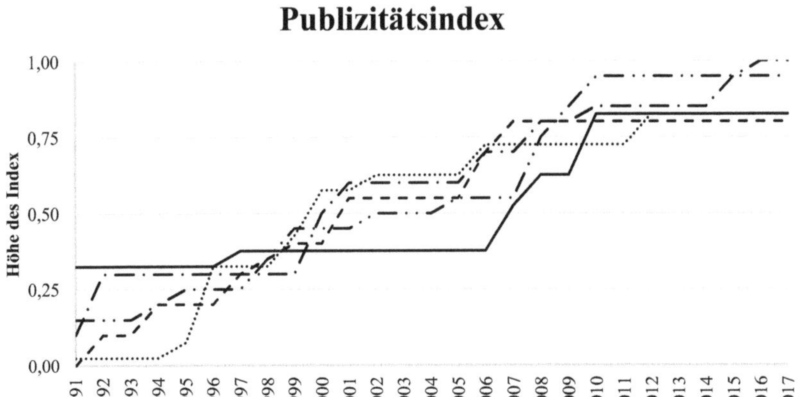


**Abbildung 7:** Publizitätsindex, 1991–2017

(Quelle: eigene Darstellung; siehe für die Publizitätsindexbestimmung Tabelle 2 sowie Tabellen 6–10)

362 Vgl. hierzu Kapitel 3.2.1.

Auch im Enforcement zeigen die fünf Länder über den Zeitablauf Entwicklungen hin zu einem informatorischen Rechnungslegungssystem auf. In den einzelnen Indexelementen bestehen zum Ende der Untersuchungsperiode dennoch Unterschiede im Ländervergleich. Beispielsweise wird die Bestellung von Vorstandsmitgliedern (E1) von Strafverfolgungsbehörden in Brasilien, China und Russland nach wie vor von der Regierung oder anderen Exekutivorganen vorgenommen. Mit Ausnahme von Russland wird die Aufsicht über Geschäftsbanken und Börsen (E3) von unabhängigen Agenturen wahrgenommen. Bis auf Südafrika haben alle Vollstreckungsbehörden der betrachteten Länder die Möglichkeit ohne Zustimmung anderer staatlicher Institutionen Vorschriften über öffentliche Angebote und Börsenzulassungsvorschriften zu erlassen (E4). Die Regierungen aller Länder, mit Ausnahme von Brasilien, können Mitglieder der Vollstreckungsbehörden entlassen (E5). Ähnlich verhält es sich mit Blick auf den Überprüfungsprozess. Abgesehen von der südafrikanischen Regulierung ist lediglich eine reaktive Überprüfung gesetzlich vorgeschrieben (E7).

Abbildung 8 zeigt die Entwicklung der Enforcementindizes pro Jahr über die Untersuchungsperiode von 1991 bis 2017. Alle fünf Länder weisen vergleichbare Entwicklungstrends wie bei den Publizitätsindizes auf. Es ist ein Anstieg des Enforcementniveaus in allen Ländern zu beobachten, der einzige beobachtete Rückgang eines Indexelements[363] wird durch den Anstieg zwei anderer Indexelemente ausgeglichen. Den niedrigsten durchschnittlichen Indexwert zu Beginn der Untersuchungsperiode verzeichnet China mit einem Wert von 0,10. Ein vergleichsweise hoher Indexwert ist zu Beginn der Untersuchungsperiode in Indien mit einem Wert von 0,35 vorzufinden. China führt insbesondere im Jahr 1992 viele Reformen durch, die zur Verbesserung des Enforcements beigetragen haben, dies spiegelt sich in einem starken Anstieg des chinesischen Enforcementindex wider. In der Folge finden in den Ländern Russland, Indien und China wenige regulative Reformen im Enforcement statt, was die Steigung der Indizes geringer ausfallen lässt. Brasilien schneidet, wie auch in den Publizitätsregularien, im Enforcement im Ländervergleich am stärksten ab. In den Jahren 1996 bis 2002 ist ein inkrementeller Anstieg des Enforcementindex erkennbar. Seit 2001 ist der Enforcementindex mit Indexwerten von ≥ 0,75 den anderen beobachteten Ländern überlegen. In Südafrika setzen die Reformen im Enforcement in dem Jahr 2001 ein. Zu Zeiten der Finanzkrise im Jahr 2007 ist ein deutlicher Anstieg von 0,35 auf 0,75 erkennbar. Am Ende des Untersuchungszeitraums hat Brasilien das höchste Niveau an Enforcementvorgaben

363 Dies betrifft das Indexelement E3 im Jahr 2013 in Russland.

implementiert und notiert bei einem Indexwert von 0,85. Russland befindet sich dagegen mit einem Wert von 0,65 bis dahin noch auf dem niedrigsten Niveau. Insgesamt ist das Enforcementniveau in China am stärksten gestiegen, der Indexwert hat sich von 0,10 im Jahr 1991 um 0,65 auf einen Wert von 0,75 im Jahr 2017 erhöht.

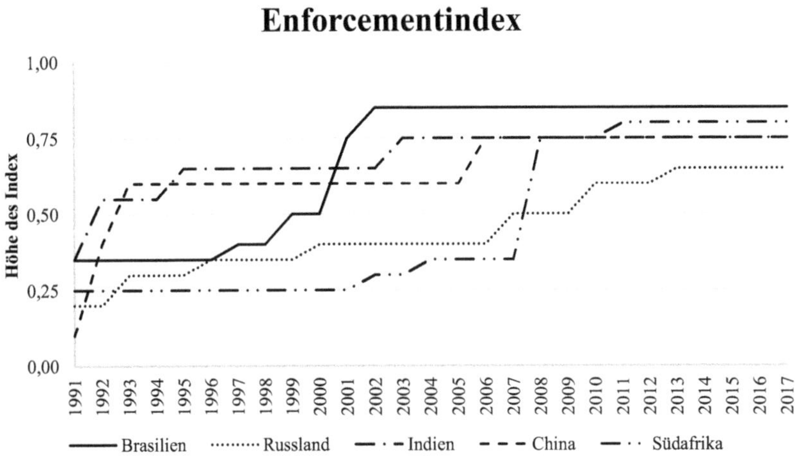


Abbildung 8: Enforcementindex, 1991-2017

**Abbildung 8:** Enforcementindex, 1991–2017
(Quelle: eigene Darstellung; siehe für die Indexbestimmung Tabelle 3 sowie Tabellen 6–10)

Für eine Beurteilung der Entwicklung von Publizität und Enforcement auf Ländergruppenebene sind die beiden Regulierungsbereiche Publizität und Enforcement abschließend als gleichgewichtete arithmetische Regulierungsindizes in der nachfolgenden Abbildung 9 dargestellt.

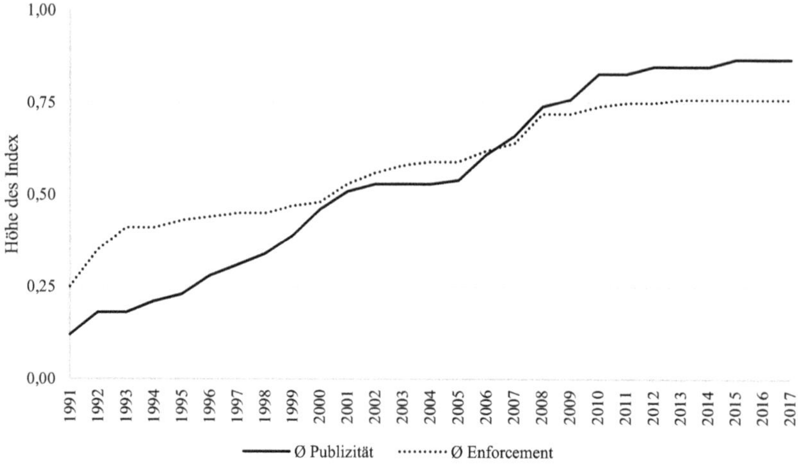


**Abbildung 9:** Entwicklung des durchschnittlichen Publizitäts- und Enforcementindex auf Ländergruppenebene
(Quelle: eigene Darstellung; siehe für die Indexbestimmung Tabelle 2 und 3 sowie Tabellen 6–10)

Das durchschnittliche Publizitätsniveau der Schwellenländer steigt von 0,12 in 1991 auf einen Indexwert von 0,87 in 2017. Das durchschnittliche Enforcementniveau steigt von einem Indexwert von 0,25 in 1991 auf 0,76 am Ende der Untersuchungsperiode. Im Jahr 2006 befinden sich beide durchschnittlichen Indizes auf dem gleichen Niveau. Anschließend übersteigt das Niveau den des Publizitätsindex den durchschnittlichen Enforcementindex. Die Steigung des durchschnittlichen Enforcementniveaus ist im Vergleich zur Steigung des durchschnittlichen Publizitätsniveaus niedriger. Damit zeigt sich zwar grundsätzlich eine gleichgerichtete steigende Entwicklung beider Regulierungsbereiche, jedoch zeichnen sich unterschiedlichen Intensitäten über den Beobachtungszeitraum ab.

Ursächlich für die inkrementellen Entwicklungsverläufe beider Regulierungsverläufe sind die gestiegenen Kapitalbedarfe und geöffneten Kapitalmärkte der Länder seit den 1990er-Jahren. Die Ansprüche internationaler Investoren an die Rechnungslegung haben sich über die Zeit verstärkt, woraufhin der Staat beziehungsweise nationale Regulierer mit regulativen Eingriffen reagiert. Die Vernetzung der Finanz- und Kapitalmärkte gilt als Treiber der Entwicklungstendenzen in der Rechnungslegungsregulierung. Dieser identifizierte inkrementelle Entwicklungsprozess kann durch die potenzielle

Notwendigkeit eines internationalen Wettbewerbs in der Rechnungslegung und damit verbundenen Kosten, die aufgrund von Rechnungslegungsunterschieden auferlegt werden, verstärkt werden.[364]

Allerdings können auch exogene Schocks derartige Wandlungsprozesse hervorbringen, die zu Entfernungs- beziehungsweise Angleichungsprozessen zwischen länderübergreifenden institutionellen Geflechten führen.[365] Die Ursachen für diese Entwicklungen sind vor allem in den Kapitalmarktreformen infolge von Bilanzskandalen und Unternehmenskrisen zu vermuten, die Defizite in dem bestehenden System aufdecken.[366] Wandlungsprozesse resultieren dabei vornehmlich auf Vorkommnisse im eigenen Land. Jedoch wird auch konstatiert, dass Änderungsprozesse durch Krisen anderen Ländern hervorgerufen werden; insbesondere wenn es sich hierbei um kulturell ähnliche Länder handelt und die Wahrscheinlichkeit für eine Krise der Form im heimischen Land hoch ist.[367]

Das zunächst höhere Niveau des durchschnittlichen Enforcementniveaus im Vergleich zum durchschnittlichen Publizitätsniveau bis zum Jahr 2006 überrascht. Erwartungsgemäß wäre aufgrund der durch die Literatur bestätigten höheren Implementierungskosten für Enforcementmechanismen ein geringeres Niveau, insbesondere zu Beginn der 1990er-Jahre, in denen die Kapitalbedarfe der Länder erst einen einsetzenden Anstieg erfahren haben, zu vermuten. Für die Ursachen dieser Entwicklungsverläufe von Publizität und Enforcement sind zwei wesentliche Aspekte zu konstatieren: Auch wenn die Implementierungskosten für Publizität und Enforcement mit Problemen der Messbarkeit einhergehen, so sind die Kosten im Enforcement verglichen mit den Implementierungskosten für Publizitätsregularien als deutlich höher einzustufen.[368] Andererseits ist die Zeitkomponente für die Umsetzung neuer Regularien im Enforcement zu berücksichtigen. Das Enforcement wird mit einem Zeitversatz etabliert, da der Umfang des Enforcements auch immer mit dem Grad der implementierten Publizitätsanforderungen einhergeht.[369] Daraus folgt, dass eine wechselseitige Beziehung zwischen beiden Regulierungsbereichen besteht.

---

364 Vgl. Morrison/White (2009), S. 1099.

365 Vgl. Oehr (2012), S. 48; Werner/Zimmermann (2015), S. 78.

366 Vgl. Zimmermann (2003), S. 428–429.

367 Vgl. Werner/Zimmermann (2015), S. 78. Derartige Krisen und Unternehmensskandale sind für die Beobachtungsländer in Kapitel 3.1 identifiziert worden.

368 Vgl. Gwilliam/Macve/Meeks (2005); Armstrong et al. (2010) S. 32.

369 Vgl. Tideman (2017), S. 193.

Eine alternative sozialwissenschaftliche Erklärung zu der auf neoklassischen Annahmen beruhenden NIÖ bietet die Konzeption des Isomorphismus. Der durch DiMaggio/Powell (1983) geprägte Begriff des Isomorphismus, der seinen Ursprung in den Naturwissenschaften hat, beschreibt institutionelle Änderungsprozesse. Isomorphismus wird als Systemangleichungsprozess von Organisationen verstanden, der in einem konvergenten[370] Zustand münden kann.[371] Laut der Grundannahme der isomorphen Systemangleichung ändern sich Institutionen nicht aus Effizienzaspekten, sondern weil sich bestehende Systeme in anderen Kontexten als etabliert und gesellschaftlich akzeptiert herausgestellt haben.[372]

Hinsichtlich unterschiedlicher Ländergruppen ist es daher denkbar, dass Schwellenländer ihre Rechnungslegungssysteme an denen von etablierten entwickelten Ländern ausrichten. Daher bietet sich der mimetische Isomorphismus[373] der institutionellen Transformation als möglicher Erklärungsansatz der Systemanpassung in der Rechnungslegung von Schwellenländern an, da er sich insbesondere in Umgebungen zeigt, die sich durch Unsicherheiten kennzeichnen. Mimetisches Verhalten hat auch einen wirtschaftlichen Nutzen, weil es die Kosten für die Suche nach einer tragfähigen Lösung institutioneller Herausforderungen verringert. Funktionierende Strukturen in Organisationen, die mit ähnlichen Problemen oder unklaren Lösungsmechanismen konfrontiert sind, können übernommen werden.[374] Der mimetische Isomorphismus wäre dann für den institutionellen Wandel in Schwellenländern charakteristisch, wobei diese sich bei der Institutionsentwicklung an dem Vorbild etablierter Rechnungslegungssysteme orientieren.[375] In der Literatur wird dies exemplarisch

370 Konvergenz ist demzufolge als das Ergebnis eines Wandlungsprozesses zu verstehen und wird daher im Verlauf der Arbeit nicht weiter beachtet.

371 Vgl. DiMaggio/Powell (1983).

372 Vgl. Meyer/Rowan (1977), S. 348; DiMaggio/Powell (1983), S. 149.

373 Neben dem mimetischen Isomorphismus existieren zwei weitere Formen, die für den weiteren Verlauf der Arbeit eine untergeordnete Rolle spielen. Hierbei handelt es sich um den erzwungenen und den normativen Isomorphismus. Der erzwungene Isomorphismus tritt bei in Abhängigkeit zueinanderstehenden Organisationen auf, wenn von einer Organisation ein Veränderungsdruck auf die andere ausgeübt wird. Der normative Isomorphismus tritt hingegen durch den Prozess der eigenen Professionalisierung auf. Für eine genauere Erklärung der möglichen Erscheinungsformen des Isomorphismus siehe Oehr (2012), S. 48–50.

374 Vgl. Hu/Hart/Cooke (2007), S. 157.

375 Vgl. Ritter (1990), S. 71.

durch die Nachahmung des Serbanes-Oxlay beschrieben, was wiederum im Einklang mit durch aus Krisen entstehenden mimetischen Handlungen steht.[376]

## 3.5 Zwischenfazit

Die vorangegangenen Ausführungen hatten in einem ersten Schritt die Identifikation nationaler Rechnungslegungssysteme zum Ziel. Die Rechnungslegung gilt weltweit als wichtigstes Informationsinstrument und ist deshalb stets Gegenstand von Reformen, um den Informationsanforderungen aller Adressaten gerecht zu werden.[377] Rechnungslegungssysteme haben sich in Abhängigkeit von ihren nationalen Rahmenbedingungen entwickelt und können deshalb als historisch beeinflusst bezeichnet werden. National differierende Rechnungslegungssysteme sind daher sinnvoll, da gegenwärtig als auch künftig unterschiedliche *institutional fits* existieren.[378] Internationale Konvergenzbestrebungen der Rechnungslegung stehen dem Fortbestehen unterschiedlicher nationaler Rechnungslegungssysteme entgegen. Nationale Rechnungslegungssysteme sind aufgrund der finanziellen Globalisierung dem Druck der internationalen Kapitalmarktverflechtung ausgesetzt, die eine Notwendigkeit den Ansprüchen international agierender Investoren gerecht zu werden, deutlich macht.

In einem nächsten Schritt wurden zwei Regulierungsbereiche identifiziert, die ein nationales Rechnungslegungssystem determinieren. Dabei handelt es sich um die Publizität und das Enforcement. Die wesentlichen Merkmale beider Regulierungsbereiche wurden in einem nächsten Schritt im Rahmen eines Ländervergleichs analysiert. Auf dieser Basis galt es die erste Forschungsfrage zu den Entwicklungsverläufen von Publizität und Enforcement in dem Beobachtungszeitraum von 1991–2017 in Schwellenländern zu beantworten. Die BRICS-Länder sind als Ländersample ausgewählt worden, da es sich um Schwellenländer handelt, die einerseits enorme Wachstumsphasen aufweisen und andererseits als Länder mit *institutional voids* identifiziert wurden. Die Entwicklungsverläufe beider Regulierungsbereiche der BRICS-Länder wurden daraufhin in einer Langzeitbetrachtung gegenübergestellt. Die modellgestützte Überprüfung der Forschungsfrage erfolgte mittels der in den Rechtswissenschaften etablierten Methode der Leximetrie, um eine Operationalisierung der qualitativen Rechnungslegungsmerkmale zu ermöglichen. Mithilfe der leximetrischen Untersuchung sind die betrachteten qualitativen Anforderungen aus

376 Vgl. Werner/Zimmermann (2015), S. 78.
377 Vgl. Zimmermann (2003), S. 429.
378 Vgl. Choi/Levich (1991), S. 11.

dem Rechtssystem in eine Kardinalskala transformiert worden. Transparenz- und Schutzmaßnahmen über die Implementierung von Publizitätsvorschriften und deren Enforcement wurde in allen BRICS-Ländern trotz der Heterogenität in den Rechtssystemen seit 1991 erhöht.

Erwartungsgemäß zeigen die Ergebnisse der Untersuchung, dass die einsetzende Liberalisierungs- beziehungsweise Deregulierungswelle aufgrund der finanziellen Globalisierung in allen betrachteten Länderfällen der BRICS-Länder die Anforderungen in den beiden Bereichen Publizität und Enforcement aufgrund der gestiegenen Kapitalbedarfe erhöht hat. Dies zeigt eine Gegenüberstellung der Entwicklungsverläufe beider Regulierungsbereiche, um Ähnlichkeiten und Unterschiede der implementierten Publizitäts- und Enforcementregularien zu analysieren. Hierbei ist für alle fünf Länder und in beiden Regulierungsbereiche ein positiver Trend in Richtung eines informatorischen Rechnungslegungssystems zu erkennen. Die Vermutung der zeitverzögerten beziehungsweise nachgelagerten Entwicklung der Enforcementsysteme wurde aus einer Kostenperspektive begründet und folgte zudem einer Sachlogik, da der Enforcementumfang erst mit steigender Publizitätsanforderung zunimmt. Mittels einer Darstellung über die arithmetisch gewichteten Indizes wurde diese Vermutung überprüft.

Die Ergebnisse haben die Existenz von Interdependenzen zwischen den beiden Regulierungsbereichen aufgezeigt. Vermutlich besitzen Publizität und Enforcement einen komplementären Charakter.[379] Eine Erhöhung von Regulierungsmaßnahmen in der Rechnungslegung geht mit dem Abbau von Informationsasymmetrien zum Schutze der Investoren einher. Zusammenhänge hinsichtlich der Reduktion ungleicher Informationen und positiven ökonomischen Effekten im internationalen Kapitalaustausch sind daher denkbar. Dies ist Gegenstand des nachfolgenden Kapitels.

379 Vgl. Tideman (2017), S. 96.

# 4 Empirische Analyse zur Wirkung von Rechnungslegung auf internationale Investitionen

## 4.1 Länderübergreifende M&A-Studien

Die Bedeutung grenzüberschreitender Transaktionen hat in der Forschung zu einer Zunahme internationaler Studien zur Qualität der Rechnungslegung und Länderunterschieden in den vergangenen Jahren geführt.[380] In der empirischen Rechnungslegungsforschung finden sich einige Beiträge, die sich mit den beeinflussenden Determinanten von internationalen Kapitalströmen beschäftigt haben. Dabei wird Schwellenländern als Untersuchungsobjekt eine immer größere Bedeutung beigemessen.[381]

Die Erkenntnisse dieser Forschung helfen, ein besseres Verständnis von länderbezogenen Determinanten in der Rechnungslegungspraxis zu bekommen.[382] Nachfolgend werden wesentliche Studien vorgestellt, die dieses Themengebiet sowohl in weltweiten Ländervergleichsstudien und speziell für Schwellenländer untersuchen. Zielsetzung dieses Kapitels ist, einerseits eine Bestandsaufnahme bedeutsamer Untersuchungen zu erarbeiten. Andererseits geben die betrachteten Studien Aufschluss darüber, wie in heterogenen Länderstudien modelltheoretisch für die institutionellen Besonderheiten der Länderfälle kontrolliert wird, da dies für ökonometrische Analysen aufgrund vermuteter institutioneller Schwächen eine der größten Herausforderungen darstellt.[383]

Bei der Auswahl der relevanten Studien ist das Ranking des Verbands der Hochschullehrer für Betriebswirtschaft (VHB) herangezogen worden.[384] In dem Literaturüberblick finden demnach nur Studien Berücksichtigung, die mit einem Rating von A+, A, B oder C bewertet sind. Weiterhin handelt es sich bei den ausgewählten Studien um ländervergleichende und -übergreifende

---

380 Vgl. Ball (2016); Kothari (2001).

381 Vgl. Aguinis et al. (2005), S. 94; Dawson/Richter (2006), S. 917; Young et al. (2014), S. 332. Gründe für diese Entwicklung wurden zudem in Kapitel 3.1 diskutiert.

382 Ball/Kothari/Robin (2000).

383 Vgl. Tideman (2017), S. 194.

384 Die Auswahl erfolgte anhand der Gesamtliste der „VHB-JOURQUAL3“ mit dem Stand vom Jahr 2015. Vgl. https://vhbonline.org/vhb4you/jourqual/vhb-jourqual-3/gesamtliste/.

Studien. Insgesamt wurden 20 Studien für den Literaturüberblick ausgewählt, die einen repräsentativen Überblick über das Forschungsfeld geben.[385] Tabelle 9 stellt die Studien mit ihren jeweiligen Details und ihren wesentlichen relevanten Ergebnisse in einem Literaturüberblick zusammen. Zu den Studiendetails zählen die im Sample inbegriffenen Länder, der Untersuchungszeitraum sowie die Samplegröße. Die Studien werden aufgrund der im weiteren Verlauf der Arbeit durchgeführten Analyse in weltweite länderübergreifende Beiträge und solche mit dem Fokus auf BRICS-Länder eingeteilt. Innerhalb einer Aggregatebene sind die Studien alphabetisch sortiert.

385 Die vorgestellten Studien stellen lediglich eine Auswahl dar. Das Untersuchungsfeld bietet viele weitere Studien, die im Zuge der Untersuchung an den entsprechenden Stellen Einbezug finden.

**Tabelle 9:** Überblick empirischer Forschungsergebnisse ausgewählter Länderstudien

| **Studie** | **Studiendetails** | **Ergebnisse** |
|---|---|---|
| *Länderübergreifende Studien* | | |
| Ahern/Daminelli/ Fracassi (2015) *JFE* | • weltweit<br>• 1991–2008<br>• 20.893 | Das M&A-Transaktionsvolumen ist in kulturell distanzierten Länderpaarungen niedriger. Die kulturellen Dimensionen beziehen sich auf die Komponenten Vertrauen, Hierarchie und Individualismus. |
| Bertrand/Betschinger/ Settles (2016) *SMJ* | • weltweit<br>• 1990–2008<br>• 772 | Eine geringere politische Affinität zwischen zwei Ländern verringert die Verhandlungsmacht des Erwerbers und erhöht die Angebotsprämie, die der Erwerber dem Zielunternehmen bietet. |
| Chakrabarti/ Gupta-Mukherjee/ Jayaraman (2009) *JIBS* | • weltweit<br>• 1991–2004<br>• 800 | Entgegen der generellen Auffassung der Literatur stellen die Autoren fest, dass ausländische Übernahmen langfristig erfolgreicher sind, wenn das Erwerbs- und das Zielland kulturell unterschiedlich sind. |
| Dong et al. (2019) *BaJM* | • weltweit<br>• 2000–2015<br>•768 | Die ökonomische Distanz zwischen zwei Staaten beeinflusst die Wahrscheinlichkeit, ob länderübergreifende M&A durchgeführt werden. Diese Wahrscheinlichkeit steigt (sinkt), wenn das Zielland entwickelter (weniger entwickelt) ist als das Vergleichsland China. Kulturelle und institutionelle Distanzen haben einen negativen Einfluss auf länderübergreifende M&As. |
| Erel/Liao/ Weisbach (2012) *JoF* | • weltweit<br>• 1990–2007<br>• 56.978 | Die geografische Lage, die Qualität der Publizität und der bilaterale Handel erhöhen die Wahrscheinlichkeit von M&A-Transaktionen. |
| Francis/Huang/ Khurana (2016) *CAR* | • weltweit<br>• 1998–2004<br>• 643 Länderpaare | Das Transaktionsvolumen von M&A zwischen zwei Ländern ist größer, wenn gleiche Rechnungslegungsregeln vorherrschen. Der Anstieg ist zudem höher, wenn das Zielland ein starkes Enforcement hat. |

*(Fortsetzung auf der nächsten Seite)*

**Tabelle 9:** Fortsetzung

| Studie | Studiendetails | Ergebnisse |
|---|---|---|
| Karim/Sarkar/ Zhang (2016) *AA* | • weltweit<br>• 2004–2015<br>• 1.630 | Die ökonomische Entwicklung und weitere länderspezifische Charakteristika spielen eine Rolle bei M&A-Transaktionen. |
| Li et al. (2018) *JIBS* | • weltweit<br>• 2003–2014<br>• 1.432 | Das Ausmaß von Investitionen in Zielländern hängt von politischen Verbindungen zwischen Erwerbs- und Zielland ab. Ein politisch geringeres Risiko bietet eine höhere Wahrscheinlichkeiten für einen Abschluss von Transaktionen. |
| McNichols/ Stubben (2015) *ReAS* | • weltweit<br>• 1990–2010<br>• 2.427 | Wenn Zielunternehmen über qualitativ hochwertige Publizität verfügen, sind die Erwerberrenditen höher. Also führen qualitativ hochwertige Rechnungslegungsinformationen zu besseren Gebotsentscheidungen bei Akquisitionen. |
| Rossi/Volpin (2004) *JFE* | • weltweit<br>• 1999–2002<br>• 45.686 | Die M&A-Transaktionsanzahl ist in Ländern mit besseren Rechnungslegungsregeln und einem höheren Maß an Anlegerschutz höher. |
| *Studien mit BRICS-Ländern* | | |
| Chari/Shaikh (2017) *JBR* | • BRICS, Malaysia, Thailand, VAE, Polen und Mexiko<br>• 2010<br>• 775 | Grenzüberschreitende Standortentscheidungen von Erwerbern aus Schwellenländern legen den Entscheidungsfokus auf unmittelbare Effizienzüberlegungen. |
| Deng/Yang (2015) *IBR* | • BRICS, Indonesien, Mexiko, Thailand und Türkei<br>• 2000–2012<br>• 1.976 | Ein höheres Vorkommen von Markt- und Ressourcenverfügbarkeit erhöht die Wahrscheinlichkeit für grenzüberschreitende M&As. Diese positive Beziehung wird allerdings von der Effektivität der Regierung des Ziellandes gemildert. |
| Elango/Lahiri/ Kundu (2013) *R&D* | • BRICS<br>• 2001–2008<br>• 1091 | Erfahrungen bezüglich Akquisitionen und größere institutionelle Distanzen wirken sich positiv auf erfolgreiche Übernahmen aus. |

**Tabelle 9:** Fortsetzung

| Studie | Studiendetails | Ergebnisse |
|---|---|---|
| Gaffney/Karst/ Clampit (2016) *IBR* | • BRICS und UK<br>• 2000–2010<br>• 2.363 UK; 519 BRICs | Für Schwellenländer wird die institutionelle Distanz als positiver Effekt im Internationalisierungsprozess bestätigt. |
| Kim/Song (2016) *JIBS* | • Indien, Chile, Argentinien, Brasilien, Mexiko, Israel, Südafrika, Türkei und Südkorea<br>• 1988–2008<br>• 5.887 | Institutionelle Lücken in Kapitalmärkten können zum Scheitern von M&A-Transaktionen beitragen. Auf Länderebene ist die Wahrscheinlichkeit für ein solches Scheitern verringert, wenn der Informations- und Kapitalfluss erleichtert wird. Auf Unternehmensebene wird diese Wahrscheinlichkeit durch die Entwicklung interner Kapitalmärkte reduziert. |
| Liou/Chao/Yang (2016) *JWB* | • BRICS, Indonesien, Mexiko, Thailand und Türkei<br>• 2000–2012<br>• 2.644 | Hohe institutionelle, formelle Distanzen zwischen Erwerbs- und Zielland führen zu einer dominanten Eigentumskontrolle. |
| Liou/Rao-Nicholson (2019) *MIR* | • Südafrika<br>• 1994–2012<br>• 92 | Ältere Unternehmen verzeichnen einerseits eine größere wirtschaftliche Distanz, können allerdings von ihrer Erfahrung profitieren, um bessere Konditionen für die Übernahme zu erzielen. |
| Rabbiosi/Elia/ Bertoni (2012) *MIR* | • BRIC, Europa, JP, US, CA<br>• 1999–2008<br>• 808 | Unternehmen aus Schwellenländern unternehmen in zunehmendem Maße Akquisitionen in entwickelten Ländern. Während Erfahrung hinsichtlich Akquisitionen in entwickelten Ländern einen positiven Einfluss auf M&As hat, scheint Erfahrung auf dem Markt von Schwellenländern keinen Effekt zu haben. |

(*Fortsetzung auf der nächsten Seite*)

**Tabelle 9:** Fortsetzung

| **Studie** | **Studiendetails** | **Ergebnisse** |
|---|---|---|
| Yang (2015)<br>*MD* | • BRICS, Indonesien, Mexiko, Thailand und Türkei<br>• 2000–2012<br>• 1.358 | Faktoren auf Länderebene (Institutionelle Distanz), Branchenebene (Branchenunabhängigkeit) und Unternehmensebene (Vorstandsgröße) haben einen Einfluss auf die Beteiligung der Eigentümer bei grenzüberschreitenden M&As. |
| Zhou/Xie/Wang (2016)<br>*JIBS* | • BRICS<br>• 1995–2010<br>• 3.483 | Faktoren auf Länderebene, die unterschiedliche politische und rechtliche Rahmenbedingungen widerspiegeln, wirken sich stark auf den Einfluss eingehender M&As aus, jedoch nicht auf den ausgehender. Im Gegensatz dazu wirken sich Faktoren auf Unternehmensebene, wie zum Beispiel M&A-Erfahrungen stärker auf ausgehende Transaktionen aus. |

Journal Abkürzungen: AA: Advances in Accounting; BaJM: Baltic Journal of Management; CAR: Contemporary Accounting Research; IBR: International Business Review; JBR: Journal of Business Research; JFE: Journal of Financial Economics; JIBS: Journal of International Business Studies; JoF: The Journal of Finance; JWB: Journal of World Business; MD: Management Decision; MIR: Management International Review; R&D: R&D Management; ReAS: Review of Accounting Studies; SMJ: Strategic Management Journal.

(Quelle: eigene Darstellung)

Die Studien indizieren auf Länderpaarebene verschiedenartige Herangehensweisen zur Identifikation beeinflussender Determinanten von M&A-Transaktionen. Die unterschiedlich gewählten Ansätze erfordern abweichende Theorien, welche die transnationalen Investitionsströme zu erklären versuchen. Eine Gemeinsamkeit aller Studien liegt in der Betonung des institutionellen und regulatorischen Umfelds. Insbesondere kapitalmarktbezogene Determinanten wie die Marktkapitalisierung oder Zinsen sowie kulturelle Aspekte zur Beachtung des Rechtssystems finden sich verstärkt in den empirischen Befunden wieder. Dies impliziert eine Notwendigkeit in der Berücksichtigung für eine spätere Modellspezifikation, da Länderunterschiede modellendogen Einzug finden müssen.

Bei den transnationalen Studien wird die Thematisierung der unterschiedlichen Ressourcenausstattung von Ländern deutlich. Ball (2016) argumentiert in diesem Zusammenhang, dass die Regierungen in den reichen Volkswirtschaften über Ressourcen verfügen, die sie zu einem größeren Investitionsaufkommen befähigen. Entwickelte Volkswirtschaften sind daher in der Lage, in die notwendigen Infrastrukturen zu investieren. Die Existenz von geeigneten Infrastrukturen dient der Finanzberichterstattung auf Länderebene über die Berichterstattungsziele hinaus viel umfassenderen wirtschaftlichen Zielen als der allgemeinen wirtschaftlichen Entwicklung und dem Wohlergehen eines Staates.[386] In der Finanz- und Rechtsliteratur wird ferner ein bilateraler Zusammenhang zwischen dem Wohlstand eines Landes und den Infrastrukturen für die Berichterstattung festgestellt; genau die Länder, die qualitativ hochwertige rechtliche und politische Infrastrukturen aufgebaut haben, sind zu den wohlhabenden geworden. Reiche Volkswirtschaften sind eher bereit, in die nationale Infrastruktur von Rechts- und Finanzsystemen oder auch politische Systeme zu investieren, was automatisch zu einer besseren Rechnungslegungsqualität führt. Daher lassen sich auf diese Weise länderübergreifende Unterschiede in der Rechnungslegungsqualität erklären.[387] Damit werden für ökonomisch schlechter gestellte Volkswirtschaften unterentwickelte Rechnungslegungssysteme impliziert.

Die Betonung von politischen, ökonomischen und rechtlichen Rahmenbedingungen auf Länderpaarebene zeigt ein differierendes Bild im Literaturüberblick.[388] Vielen Studien ist der Vergleich von den heimischen Ausgangslagen mit denen im Ausland gemein. Entgegen der generellen Auffassung, dass sich institutionell nähere Gesellschaften eher durch M&A zusammenschließen, stellt Chakrabarti/Gupta-Mukherjee/Jayaraman (2009) fest, dass M&A langfristig besser funktionieren, wenn die Länderpaare kulturell distanziert sind. Andererseits werden die unterschiedlichen Rahmenbedingungen jedoch überwiegend als Hindernisse bei grenzüberschreitenden Investitionen diskutiert. Die Wahrscheinlichkeit des tatsächlichen Abschlusses einer M&A-Transaktion hängt folglich maßgeblich von der institutionellen Distanz ab. Je größer die institutionelle Distanz zwischen dem Länderpaar ist, desto mehr Zeit und Kosten müssen für den erfolgreichen Abschluss aufgewendet werden. Die institutionellen Rahmenbedingungen in Schwellenländern haben sich bis heute so verbessert, dass auch Unternehmen dieser Länder als Akteure ausländischer Investitionen hervorgehen. Die vorangegangene Argumentation könnte eine

386 Vgl. La Porta et al. (1998).
387 Vgl. Ball (2016), S. 1.
388 Vgl. Liu (2018), S. 63.

gezielte Suche nach Investitionsmöglichkeiten zwischen Schwellenländern aufgrund deren institutioneller Nähe vermuten lassen. Dennoch haben Unternehmen nicht nur Transaktionen innerhalb des eigenen Landes und anderen Schwellenländern getätigt, sondern auch gezielt nach Investitionsobjekten in entwickelten Ländern gesucht.[389]

Hochqualitative Rechnungslegungsregulierung ist als ein positiver Effekt auf M&A-Transaktionen herausgestellt worden. Insbesondere die international gleichen Rechnungslegungsstandards bieten einen wichtigen Indikator für positive Effekte auf M&A. Dabei wurde auch die gleichzeitige Betrachtung des Enforcements vorgenommen, dem im Zielland ein bedeutender Einfluss auf länderübergreifende M&A zugesprochen wird.[390] Diese Ergebnisse indizieren eine Ablehnung schlechter Governance-Systeme von Erwerbern. In diesen Studien sind die Rechnungslegungssysteme als Ähnlichkeitsmaß konstruiert, wobei bei einer geringeren Abweichung im Länderpaarvergleich M&A-Transaktionen wahrscheinlicher sind. Eine holistische Betrachtung der ländereigenen Rechnungslegung, repräsentiert durch Publizität und Enforcement, findet sich in der Literatur nur in geringem Maße. Die interdependente Beziehung zwischen Publizität und Enforcement wurde jedoch bisher außer Acht gelassen.[391] Der Zusammenhang beider Systeme ist jedoch bereits in der Literatur bestätigt. Studien haben sich dieser Thematik angenommen, so wird der gemeinsame Einfluss bereits für Länderstudien mit OECD-Ländern festgestellt.[392] Dennoch sind insbesondere im Bereich der Rechnungslegungsforschung für Schwellenländer Anknüpfungspunkte zu sehen.

Der vorangegangene Literaturüberblick zeigt eine Vielzahl empirischer Herangehensweisen zur Untersuchung möglicher Einflussfaktoren transnationaler M&A. Dabei ist dem Großteil der Studien die Betrachtung von Informationsasymmetrien zwischen Vertragspartnern gemein. Das Vorhandensein von Informationsasymmetrien ist als maßgeblicher Einflussfaktor für Investitionsentscheidungen identifiziert worden. Je größer die Informationsasymmetrien, desto größer das Hindernis grenzüberschreitender Investitionen. In Kapitel 3 wurde bereits die Publizität als Teil des Informationssystems in der Rechnungslegung herausgestellt und dessen Entwicklung in den BRICS-Ländern

389 Vgl. Meyer/Thaijongrak (2013), S. 1126.

390 Vgl. Rossi/Volpin (2004); Francis/Huang/Khurana (2016).

391 Vgl. Rossi/Volpin (2004), S. 300.

392 Vgl. Meser (2014); Meser/Veith/Zimmermann (2015); Tideman (2017); Zimmermann/Tideman (2017).

untersucht. Unterschiedliche Behandlungen von Sachverhalten in der Publizität, die aus abweichenden Behandlungen im Gesetz oder anderen publizitätsnahen Regularien resultieren, lassen im Ländervergleich Unterschiede in der Bilanzierungspraxis vermuten und erschweren folglich die Vergleichbarkeit zwischen dem heimischen und dem ausländischen Markt für potenzielle Investoren. Als Konsequenz entstehen bei größeren Abweichungen von Publizitätsregelungen zwischen Ländern höhere Informationskosten. Neben Publizitätsregularien verlangt es ferner ein adäquates Enforcement. Ohne geeignete Schutzmaßnahmen für den Investor sowie effektive Sanktionsmaßnahmen bei Fehlverhalten von Managern und Unternehmen würde dies ebenfalls zu höheren Opportunitätskosten und folglich der Abkehr von Investoren hinsichtlich bestimmter transnationaler Investitionsmöglichkeiten führen. Bislang gibt es keine Studien, die einen differenzierten Effekt von Regulierung in Form von Publizität und Enforcement auf internationale Kapitalströme in den BRICS-Ländern untersucht. Hier knüpft die Arbeit für die nachfolgenden empirischen Untersuchungen an und untersucht die Vermutung, dass länderübergreifende Ähnlichkeiten in der Rechnungslegungsregulierung, repräsentiert durch Publizität und Enforcement, zu positiven Effekten bei grenzüberschreitenden M&A-Transaktionen führen (ceteris paribus).

Die Einbeziehung der Rechnungslegungsregulierung, bestehend aus den Regulierungsinstrumenten der Publizität und des Enforcements, lässt Wechselwirkungen vermuten, da die Effekte beider Regulierungsbereiche nicht isoliert voneinander betrachtet werden können.[393] In Kapitel 3 konnten Interdependenzen zwischen Publizität und Enforcement bereits beobachtet werden, weshalb ein wechselseitiger Einfluss möglich sein kann. Die Richtung des Effekts ist dabei zunächst unklar. Für die vorliegende Untersuchung wird allerdings davon ausgegangen, dass ein verstärkender Effekt vom Enforcement auf die Beziehung zwischen Publizität und M&A besteht. Bislang gibt es kaum Studien über diese Wechselwirkungen und den Kontext der Rechnungslegung im Zusammenhang mit M&A-Transaktionen in den BRICS-Ländern. Der Einbezug dieser Interaktion lässt die Vermutung zu, dass eine höhere Ähnlichkeit im Enforcementsystem den Effekt der Wirkung von Publizität auf M&A verstärkt.

Um festzustellen, ob die Relevanz der Regulierungsintensität abhängig von der Richtung des Kapitalstroms ist, werden zusätzlich weitere entwickelte Länder betrachtet. Die Integration entwickelter Länder in die Untersuchung bietet

393 Vgl. u. a. Ahmed/Neel/Wang (2013); Daske et al. (2013); Meser/Veith/Zimmermann (2015); Zimmermann/Tideman (2017).

die Möglichkeit, Unterschiede zwischen den Ländergruppen beim Investitionsverhalten unter Berücksichtigung von länderspezifischen Regulierungsniveaus beurteilen zu können.

## 4.2 Datensatz

### 4.2.1 Grenzüberschreitende M&A-Transaktionen

Für die nachfolgenden empirischen Untersuchungen sind neben den BRICS-Ländern, ein Ländersample von entwickelten Ländern im Datensatz inbegriffen. Bei den entwickelten Ländern sind sechs Länder der Organisation für wirtschaftliche Zusammenarbeit und Entwicklung (OECD) ausgewählt worden. Hierbei handelt es sich um die USA, das Vereinigte Königreich, Frankreich, Japan, Deutschland und Kanada (im Folgenden als OECD-Länder bezeichnet). Die Aufnahme der OECD-Länder in die Untersuchung ist insbesondere aus zwei Gründen vorteilhaft. Erstens bietet ein Sample aus entwickelten und Schwellenländern eine heterogene Datenbasis hinsichtlich institutioneller Unterschiede zwischen den Ländern. Zweitens ist die Betrachtung grenzüberschreitender M&A-Transaktionen von BRICS-Ländern unter Einbeziehung ihrer wichtigsten Handelspartner sinnvoll. Die Stichprobe umfasst sämtliche M&A-Transaktionen zwischen den BRICS-Ländern untereinander, zwischen den OECD-Ländern untereinander sowie die Transaktionen zwischen den einzelnen Ländern beider Ländergruppen für die Beobachtungsperiode von 1991 bis 2017.[394]

Die grenzüberschreitenden M&A-Transaktionsdaten entstammen der TR SDC Platinum Datenbank. Hiervon enthalten 28.208 Transaktionen eine Dokumentation über das Transaktionsvolumen, was für den Einbezug in die Stichprobe maßgeblich ist. Tabelle 10 stellt die deskriptiven Statistiken der Transaktionsanzahlen sowie der Transaktionenvolumina für die insgesamt elf Untersuchungsländer, unterteilt nach Erwerbsland und Zielland, dar. Bei transnationalen M&As tritt ein Unternehmen als Erwerber im Ausland auf. Der Hauptsitz des erwerbenden Unternehmens ist hierbei für die Identifikation des Erwerbslands relevant. Demgegenüber steht das Unternehmen, das

394 Die Rechnungslegungsdaten für die OECD-Länder sind für die Jahre 1991 bis 2012 bereits in Meser (2014) erhoben worden und sind ebenfalls Gegenstand der Untersuchungen in Meser/Veith/Zimmermann (2015); Abée (2017); Tideman (2017) und Abée et al. (2019). Für die vorliegende Untersuchung wurde die leximetrische Untersuchung für die OECD-Länder bis zum Jahr 2017 fortgeführt.

als Investitionsobjekt dient und von dem erwerbenden Unternehmen gekauft wird. Der Hauptsitz des Investitionsobjekts identifiziert die nationale Zugehörigkeit und damit das Zielland der bilateralen Investition.

**Tabelle 10:** Deskriptive Statistik der grenzüberschreitenden M&A-Transaktionsanzahl und -wert[a]

| | Erwerbsland | | Zielland | |
|---|---|---|---|---|
| | **Transaktionsanzahl** | **Transaktionswert (USD Mio.)** | **Transaktionsanzahl** | **Transaktionswert (USD Mio.)** |
| BR | 100 | 67.316 | 962 | 173.306 |
| RU | 147 | 49.511 | 407 | 117.302 |
| IN | 550 | 60.170 | 1.422 | 146.639 |
| CN | 876 | 329.170 | 1.484 | 129.719 |
| ZA | 314 | 63.012 | 554 | 83.469 |
| Σ BRICS | 1.987 | 569.178 | 4.829 | 650.435 |
| DE | 1.349 | 792.372 | 2.213 | 842.117 |
| FR | 1.448 | 801.598 | 2.119 | 492.091 |
| JP | 1.858 | 419.264 | 674 | 158.840 |
| CA | 5.654 | 872.289 | 3.780 | 707.113 |
| UK | 6.043 | 1.660.675 | 4.471 | 1.637.256 |
| US | 9.869 | 2.229.493 | 10.122 | 2.857.018 |
| Σ OECD | 26.221 | 6.775.691 | 23.379 | 6.694.435 |
| Σ gesamt | 28.208 | 7.344.870 | 28.208 | 7.344.869 |

Länder Abkürzungen: BR: Brasilien; RU: Russland; IN: Indien; CN: China; ZA: Südafrika; DE: Deutschland; FR: Frankreich; JP: Japan; CA: Kanada; UK: Vereinigtes Königreich; US: Vereinigte Staaten von Amerika

[a]Bei der Datenauswahl wird keine Einschränkung bzgl. der Zugehörigkeit von bestimmten Branchen getroffen. Bei allen Erwerbsländern ist jedoch ein auffällig hoher Anteil der Branche *Investment & Commodity Firms, Dealers, Exchanges* mit rund 18 % und *Advertising Services* mit einem Anteil von 13 % aller Beobachtungen vorzufinden. Bei den Zielländern findet sich ebenso eine dominante Branchenzugehörigkeit der Unternehmen in *Advertising Services* mit einem Anteil von 17 % vor. Die Branchenzugehörigkeit wurde anhand des zweistelligen Standard Industrial Classification (SIC)-Codes festgestellt. Investment & Commodity Firms, Dealers, Exchanges ist vertreten durch den SIC-Code 67 und Advertising Services durch den SIC-Code 73. Für die weiteren Untersuchungen wird der Branchenzugehörigkeit keine Aufmerksamkeit beigemessen.
(Quelle: eigene Darstellung)

Die insgesamt 28.208 Beobachtungen verteilen sich im vorliegenden Datensample heterogen zwischen den Ländergruppen. Gemessen an der Gesamtzahl der Transaktionen nehmen die BRICS-Länder als Erwerbsland mit 7 % einen deutlich geringeren Anteil als die OECD-Staaten ein. Als Zielland werden die BRICS-Länder in rund 17 % aller Beobachtungen gewählt. Innerhalb der

Ländergruppe treten die BRICS-Länder deutlich häufiger als Zielland (71 %) und die OECD-Länder häufiger als Erwerbsland (53 %) auf. Dies ist zunächst wenig überraschend, da die BRICS-Länder gerade zu Beginn des Untersuchungszeitraums in geringerem Maße über finanzielle Mittel für ausländische Investitionen verfügen und die Infrastruktur für diese Transaktionen sich erst im Aufbau befand. Innerhalb der Ländergruppe liegen allerdings weitere Unterschiede vor. Während Brasilien nur in einer von rund zehn Transaktionen Erwerbsland ist, ist das Verhältnis von Erwerbs- zu Zielland in Russland und Südafrika bei rund 1:4 beziehungsweise rund 1:1,8. In Indien und China finden sich insgesamt deutlich mehr Transaktionen, dennoch ist auch hier ein klarer Überhang als Zielland vorzufinden.

Innerhalb der OECD-Länder tätigen die USA die meisten M&A-Transaktionen, sowohl als Erwerbs- als auch als Zielland. Das Verhältnis ist nahezu ausgeglichen, wobei ein leichter Überhang als Zielland vorliegt. Die beiden anderen angloamerikanischen Länder Kanada und das Vereinigte Königreich zeigen eine Dominanz als Erwerbsland. Hieran schließt sich Japan an. Japan ist rund dreimal häufiger Erwerbsland als Zielland. Ein ähnliches Bild bietet sich bei der Betrachtung der Länder Deutschland und Frankreich. Beide Länder zeigen eine ähnliche Beobachtungszahl der Transaktionen und treten im vorliegenden Datensample eher als Erwerbsland auf.

Auch die beobachteten Transaktionswerte zeigen eine große Spannweite über den gesamten Datensatz. Der gesamte Transaktionswert beläuft sich auf USD 7.344.870 Mrd. Innerhalb der BRICS-Länder ist eine deutliche Dominanz bei Transaktionen, bei denen China als Erwerbsland auftritt, zu erkennen. Das ist nicht allein der größten Anzahl geschuldet. Auch bei Betrachtung des umgesetzten Transaktionswertes, wird bei Transaktionen in China der relativ höchste Transaktionswert erzielt. Indische Unternehmen erzielen hingegen den geringsten Transaktionswert als Erwerber. Als Zielland erzielen ausländische Unternehmen durch den Kauf russischer Unternehmen den relativ höchsten Transaktionswert. In China sind die Transaktionswerte bemessen in USD am geringsten. Deutsche Unternehmen müssen bei ausländischen Transaktionen den höchsten Transaktionswert im Ausland bezahlen, kanadische den geringsten. Ein gleiches Bild zeichnet sich bei der Betrachtung innerhalb der OECD-Länder als Zielland. So zahlen ausländische Unternehmen in dem Zielland Deutschland den relativ höchsten und in Kanada den relativ niedrigsten Transaktionswert.

Diese Beobachtungen sind jedoch mit Vorsicht zu sehen, da einzelne Transaktionswerte erheblichen Schwankungen unterliegen. Die Transaktion mit dem geringsten Kaufpreis im gesamten Datensample ist die Übernahme des kanadischen Unternehmens GFR Nutritionals durch das US-Unternehmen Nutritionals(USA)Direct.Com im Jahr 2001 mit einem Transaktionswert von USD 1.000. Die Transaktion mit dem höchsten Kaufpreis stellt die feindliche Übernahme des deutschen Unternehmens Mannesmann AG durch den britischen Konzern Vodafone AirTouch PLC im Jahr 1999 mit rund USD 203 Mrd. dar.

Diese erste Darstellung lässt noch keine Beurteilung der Transaktionsentwicklung über den Beobachtungszeitraum innerhalb der Ländergruppen zu. Insbesondere liegt aufgrund der in Kapitel 3.1 aufgeführten institutionellen Entwicklung ein Augenmerk auf der Betrachtung der BRICS-Länder als Zielland, um institutionelle Entwicklungen mit Transaktionszuflüssen zu verknüpfen. Daher werden die M&A-Transaktionen nachfolgend über die Beobachtungsperiode dargestellt. Abbildung 10 zeigt die Investitionsentwicklung über die Verteilung von Anzahl und Transaktionswert der jährlichen grenzüberschreitenden M&A-Transaktionen für den Untersuchungszeitraum von 1991 bis 2017. Die Anzahl der jährlichen Transaktionen, bei denen die BRICS-Länder als Zielländer hervorgehen, ist auf der rechten Achse abgetragen. Erwartungsgemäß ist die Datenabdeckung von Transaktionen durch die BRICS-Länder zu Beginn der 1990er-Jahre geringer als in den OECD-Ländern.

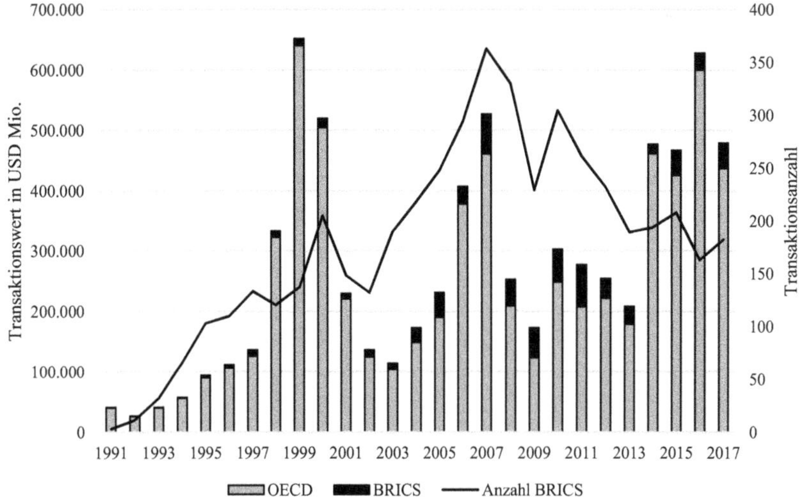


**Abbildung 10:** Übersicht über die M&A-Transaktionen nach Zielland, 1991–2017
(Quelle: eigene Darstellung)

Insgesamt steigen die M&A-Aktivitäten im Datensample um das knapp Zwölffache von rund USD 40 Mrd. im Jahr 1991 auf rund USD 477 Mrd. im Jahr 2017. Über die Beobachtungsperiode sind zyklische Schwankungen zu beobachten. Zunächst ist ein kontinuierlicher Anstieg der Transaktionsvolumina bis zur Jahrtausendwende zu beobachten, anschließend verringern sich die Transaktionsvolumina sowie die Anzahl der getätigten transnationalen M&A in den darauffolgenden Jahren bis zum Jahr 2003. Daraufhin ist ein erneuter Anstieg, nun auch verstärkt im Bereich der BRICS-Länder bis zum Jahr 2007 zu sehen, was mit einem erneuten Abfall der Transaktionsvolumina bis zum Jahr 2009 einhergeht. Nach einem weiteren kurzen Anstieg flacht das Transaktionsvolumen bis zum Jahr 2013 kontinuierlich ab und steigt schließlich im Jahr 2014 wieder. Zum Ende der Untersuchungsperiode fallen das Transaktionsvolumen und die Anzahl der M&As erneut.

M&A-Transaktionen treten charakteristischerweise über die Zeit in Wellen auf, was unter anderem auf politische Änderungen sowie Deregulierungen und Handelsliberalisierungen im Erwerbs- und Zielland zurückzuführen ist.[395] Gleichsam wie der finanzielle Globalisierungsprozess folgen die M&A-Ströme einer zyklischen Entwicklung.[396] Die Perioden der M&A-Transaktionen verlaufen weitestgehend parallel zu konjunkturellen Schwankungen.[397] Beispielsweise geht der Rückgang der Investitionsströme um die Jahrhundertwende mit Ereignissen wie dem Platzen der Dotcom-Krise (2000), den Angriffen auf das World Trade Center (2001) als auch mit den Bilanzskandalen um Enron (2001), WorldCom (2002) und Xerox (2002) einher, die damit für die Abschwächung der transnationalen M&A-Abschlüsse verantwortlich sind.[398] Der Rückgang nach 2007 ist mit der zu diesem Zeitpunkt beginnenden weltweiten Finanzkrise zu erklären. Es zeigt sich, dass in Phasen eines Abwärtstrends die BRICS-Länder weniger sensibel auf ökonomische Schocks reagieren als die OECD-Länder, was durch die prozentuale Veränderung in den Jahren 2000, 2001 sowie 2008 und 2009 bestätigt wird.

---

395 Vgl. Xu (2017), S. 207–208.

396 Vgl. Zimmermann/Werner/Volmer (2008), S. 147; Zimmermann/Schymczyk/Kilian (2010), S. 14; Hammermeister/Zimmermann (2010), S. 1.

397 Vgl. Leitão (2012), S. 1.

398 Vgl. Hammermeister (2012), S. 75. Für eine kompakte Darstellung der Bilanzskandale um Enron, WorldCom und Xerox siehe Zimmermann (2004a), S. 1515–1516.

### 4.2.2 Regulierungsniveaus in den OECD-Ländern

Die Überprüfung des Zusammenhangs von Rechnungslegungsregulierung und M&A-Transaktionen erfordert den Einbezug der Rechnungslegungsregulierung in den OECD-Ländern. Die internationale Angleichung der Publizitätssysteme lässt sich auch in einer Vergleichsstudie mit den ausgewählten OECD-Ländern bestätigen und findet sich in Abbildung A1.[399] Zu Beginn des Untersuchungszeitraums streuen die Indizes deutlicher als bei den BRICS-Ländern. Während Deutschland ein sehr niedriges Publizitätsniveau mit einem Indexwert von 0,23 aufweist, verzeichnen die übrigen OECD-Länder bereits zu Beginn der 1990er-Jahre ein Publizitätsniveau von über 0,50. Über den Untersuchungszeitraum ist zu erkennen, dass sich das Publizitätsniveau aller sechs Länder angleicht und sich ebenso in Richtung eines informatorischen Rechnungslegungssystems entwickelt. Der durchschnittliche Wert aller Länder steigt von 0,62 im Jahr 1991 auf 0,93 im Jahr 2012. Am Ende des Untersuchungszeitraums weisen alle OECD-Länder ein Publizitätsniveau von mindestens 0,85 auf. Die USA erreichen bereits im Jahr 2003 einen Publizitätsindex von 1 und gelten allgemeinhin als Vorbild hinsichtlich ihres Regulierungsumfangs.[400] Dies liegt insbesondere an den verpflichtend anzuwendenden Rechnungslegungsvorschriften US-GAAP, die als regelbasierte Standards deutlich umfangreicher als die prinzipienbasierten IFRS sind.[401]

Auch im Enforcement zeichnet sich ein ähnliches Bild bei den OECD-Ländern ab. Die Entwicklung der Indizes ist in Abbildung A2 dargestellt.[402] Bei diesen Ländern steigt das Enforcementniveau im Vergleich zur Publizität eher moderat. Die Streuung der Indizes ist zu Beginn der 1990er-Jahre wie auch bei den Publizitätsindizes größer als bei den BRICS-Ländern. Während in Japan lediglich ein niedriges Enforcementniveau von 0,20 vorliegt, ist in den USA bereits ein Wert von 0,60 zu verzeichnen. Der durchschnittliche Enforcementindex aller sechs Länder steigt von einem anfänglichen Wert von 0,41 im Jahr 1991 auf einen Wert von 0,7 im Jahr 2012. Wie bei der Publizität sind die USA auch im Enforcement als *role model* anzusehen, da sie im Vergleich zu den anderen OECD-Ländern das höchste Maß an Enforcementmechanismen implementiert haben. Der Enforcementindex der USA befindet sich seit dem

---

399 Die Studie baut auf den gleichen zehn Untersuchungselementen auf und umfasst den Untersuchungszeitraum von 1991–2012; siehe für den Publizitätsindex Tabelle 2.

400 Vgl. Jackson (2008), S. 400; Meser (2014), S. 128.

401 Zimmermann/Werner/Volmer (2008), S. 22.

402 Siehe für den Enforcementindex Tabelle 3.

Jahr 2003 auf dem gleichen Niveau und verzeichnet einen Wert von 0,85. Das entspricht dem Enforcementindexwert von Brasilien; bereits seit 2002 ist hier ein Enforcementindex von 0,85 verzeichnet.

### 4.2.3 Regulierungsdistanzen[403]

Die in Kapitel 2.4 formulierten Forschungsfragen 2a und 2b haben die Analyse des Zusammenhangs von Rechnungslegungsentwicklung und internationalen Kapitalströmen mit einem Fokus auf Ländergruppenunterschieden zum Ziel. Für eine Untersuchung dieses Zusammenhangs ist ein Vergleich auf Länderebene notwendig. Die in Kapitel 3.3.2 vorgenommene leximetrische Untersuchung der Rechnungslegungsregulierung der BRICS-Länder resultiert in der Darstellung der Publizitäts- und Enforcementindizes über die Beobachtungsperiode von 1991–2017. Um eine Beurteilung des Regulierungsniveaus auf Länderpaarebene zu ermöglichen, erscheint die einfache Differenzenbildung zwischen den Indizes als Maßzahl intuitiv die einfachste Lösung darzustellen. Identische Indexwerte hätten dann in einem Jahr eine Differenz von 0 (Indexwertepaare beispielsweise (0;0)) und vollständig unterschiedliche Werte (Indexwertepaar (0;1)) einen Differenzbetrag von 1. Zimmermann/Tideman (2017) und Tideman (2017) folgend, ergibt sich bei dieser Darstellung allerdings das Problem, dass eine solche Metrisierung zwei Länder völlig äquidistant darstellt, sobald beide einen identischen Indexwert aufweisen. Das bedeutet, Indexwertepaare von (1;1) und (0;0) werden in der Konsequenz vollkommen gleichbehandelt werden, da beide Wertepaare einen Unterschiedsbetrag von 0 aufweisen. Investoren würden dann keinen Unterschied bei der Investitionsentscheidung machen, egal wie unterschiedlich das Regulierungsumfeld im Zielland zum heimischen Markt ist. Jedoch bietet lediglich das Wertepaar (1;1) die maximale Ausprägung, da sich eine informatorische Rechnungslegung durch ein umfassendes Publizitätsumfeld und ein starkes Enforcementsystem auszeichnet. Die Autoren haben deshalb ein neues Distanzmaß entwickelt, was der Problematik der Abstandsberechnung entgegnet. Um die Rechnungslegung als Distanz zu formulieren, bedarf es einer Umformung der absoluten Werte in ein bilaterales Maß.[404] Die Regulierungsdistanzen fungieren als adäquates Ähnlichkeitsmaß

403 Das Distanzmaß zur Berechnung der Ähnlichkeiten der Rechnungslegungssysteme über den Untersuchungszeitraum wurde für die vorliegende Arbeit von Zimmermann/Tideman (2017) und Tideman (2017) übernommen. Die Verwendung des Distanzmaßes ermöglicht einen Einbezug weiterer Länder aufgrund von leximetrischen Daten.

404 Vgl. Garrido/León/Zorio (2002); Fontes/Rodrigues/Craig (2005).

zur Bestimmung des Unterschieds des Regulierungsniveaus zwischen zwei Ländern.

Gleichungen (1) und (2) stellen die beiden Distanzmaße Publizitätsdistanz (*PD*) und Enforcementdistanz (*ED*) dar. Die Distanz wird als gemeinsamer Abstand von der maximalen Ausprägung 1 berechnet als:

$$PD_{df,t} = \sqrt{1 - PI_{d,t}} + \sqrt{1 - PI_{f,t}}, \tag{1}$$

$$ED_{df,t} = \sqrt{1 - EI_{d,t}} + \sqrt{1 - EI_{f,t}}, \tag{2}$$

wobei *d* für das Erwerbsland, *f* für das Zielland und *t* für das Jahr steht. Mit der Berechnung als *PD* und *ED* liegen die möglichen Ausprägungen der Distanzmaße zwischen 0, das bedeutet, ein Länderpaar weist in einem Jahr eine maximale Ausprägung auf und 2, was für ein maximales Fehlen formulierter Regulierungsanforderungen in beiden Bereichen steht.[405]

In Tabelle 11 sind die berechneten *PD* für die zehn Länderpaarbeziehungen zwischen den BRICS-Ländern aufgeführt. Die höchste Publizitätsdistanz findet sich in dem Länderpaar RU-CN im Jahr 1991 mit einem Distanzwert von 1,99. Beide Länder zeigen in diesem Zeitraum kaum (Russlands Publizitätsindex liegt bei 0,03) beziehungsweise keine Ausprägung (Chinas Publizitätsindex liegt bei 0) in ihrem Publizitätsindex. Chinas Publizitätsindex steigt erst mit der verpflichtenden Lageberichterstattung im Jahr 1992 von 0 auf 0,1 an.[406] Die geringste Publizitätsdistanz findet sich in der Länderpaarbeziehung IN-ZA seit dem Jahr 2016 mit einem Wert von 0,22. Beide Länder haben eine deutliche Entwicklung hinsichtlich verpflichtender Publizitätsanforderungen gemacht. In Indien sind die Anforderungen seit dem Jahr 2016 mit einem Indexwert von 1 voll ausgeprägt.[407] Auch Südafrika hat ein nahezu voll ausgeprägtes Publizitätsniveau mit einem Indexwert von 0,95. Lediglich die Frequenz der Berichterstattung ist in Südafrika etwas schwächer reguliert. So sind Unternehmen

---

405 Vgl. Zimmermann/Tideman (2017); Tideman (2017) für eine detaillierte Ausführung. In der Literatur haben sich Ähnlichkeitsmaße in Form von Distanzen etabliert. Die Verwendung von (euklidischen) Distanzwerten ist eine weitere gebräuchliche Form in der Literatur. Siehe hierzu u. a. Garrido/León/Zorio (2002) oder auch Fontes/Rodrigues/Craig (2005).

406 Vgl. Tabelle 7.

407 Vgl. Tabelle 6.

lediglich zur halbjährlichen Berichterstattung verpflichtet.[408] Die höchsten Distanzen verbleiben bis zuletzt bei einem Wert von 0,87.[409]

**Tabelle 11:** Publizitätsdistanz im Länderpaarvergleich[a]

| Jahr | 91 | 92 | 93 | 94 | 95 | 96 | 97 | 98 | 99 | 00 | 01 | 02 | 03 | 04 |
|---|---|---|---|---|---|---|---|---|---|---|---|---|---|---|
| BR-RU | 1,81 | 1,81 | 1,81 | 1,81 | 1,78 | 1,64 | 1,61 | 1,61 | 1,55 | 1,44 | 1,44 | 1,40 | 1,40 | 1,40 |
| BR-IN | 1,77 | 1,66 | 1,66 | 1,66 | 1,66 | 1,66 | 1,63 | 1,63 | 1,63 | 1,50 | 1,42 | 1,42 | 1,42 | 1,42 |
| BR-CN | 1,82 | 1,77 | 1,77 | 1,72 | 1,72 | 1,72 | 1,63 | 1,60 | 1,57 | 1,57 | 1,46 | 1,46 | 1,46 | 1,46 |
| BR-ZA | 1,74 | 1,74 | 1,74 | 1,72 | 1,69 | 1,69 | 1,66 | 1,60 | 1,53 | 1,53 | 1,53 | 1,50 | 1,50 | 1,50 |
| RU-IN | 1,94 | 1,82 | 1,82 | 1,82 | 1,80 | 1,66 | 1,66 | 1,66 | 1,59 | 1,36 | 1,28 | 1,24 | 1,24 | 1,24 |
| RU-CN | 1,99 | 1,94 | 1,94 | 1,88 | 1,86 | 1,72 | 1,66 | 1,63 | 1,53 | 1,43 | 1,32 | 1,28 | 1,28 | 1,28 |
| RU-ZA | 1,91 | 1,91 | 1,91 | 1,88 | 1,83 | 1,69 | 1,69 | 1,63 | 1,50 | 1,39 | 1,39 | 1,32 | 1,32 | 1,32 |
| IN-CN | 1,95 | 1,79 | 1,79 | 1,73 | 1,73 | 1,73 | 1,67 | 1,64 | 1,61 | 1,48 | 1,30 | 1,30 | 1,30 | 1,30 |
| IN-ZA | 1,87 | 1,76 | 1,76 | 1,73 | 1,70 | 1,70 | 1,70 | 1,64 | 1,58 | 1,45 | 1,37 | 1,34 | 1,34 | 1,34 |
| CN-ZA | 1,92 | 1,87 | 1,87 | 1,79 | 1,76 | 1,76 | 1,70 | 1,61 | 1,52 | 1,52 | 1,41 | 1,38 | 1,38 | 1,38 |
| Jahr | 05 | 06 | 07 | 08 | 09 | 10 | 11 | 12 | 13 | 14 | 15 | 16 | 17 | Ø |
| BR-RU | 1,40 | 1,31 | 1,21 | 1,14 | 1,14 | 0,94 | 0,94 | 0,84 | 0,84 | 0,84 | 0,84 | 0,84 | 0,84 | 1,32 |
| BR-IN | 1,42 | 1,34 | 1,24 | 1,06 | 1,06 | 0,81 | 0,81 | 0,81 | 0,81 | 0,81 | 0,64 | 0,42 | 0,42 | 1,25 |
| BR-CN | 1,46 | 1,34 | 1,14 | 1,06 | 1,06 | 0,87 | 0,87 | 0,87 | 0,87 | 0,87 | 0,87 | 0,87 | 0,87 | 1,32 |
| BR-ZA | 1,46 | 1,46 | 1,36 | 1,11 | 1,00 | 0,64 | 0,64 | 0,64 | 0,64 | 0,64 | 0,64 | 0,64 | 0,64 | 1,27 |
| RU-IN | 1,24 | 1,07 | 1,07 | 0,97 | 0,97 | 0,91 | 0,91 | 0,81 | 0,81 | 0,81 | 0,64 | 0,42 | 0,42 | 1,23 |
| RU-CN | 1,28 | 1,07 | 0,97 | 0,97 | 0,97 | 0,97 | 0,97 | 0,87 | 0,87 | 0,87 | 0,87 | 0,87 | 0,87 | 1,30 |
| RU-ZA | 1,28 | 1,20 | 1,20 | 1,02 | 0,91 | 0,75 | 0,75 | 0,64 | 0,64 | 0,64 | 0,64 | 0,64 | 0,64 | 1,25 |
| IN-CN | 1,30 | 1,10 | 0,99 | 0,89 | 0,89 | 0,83 | 0,83 | 0,83 | 0,83 | 0,83 | 0,67 | 0,45 | 0,45 | 1,23 |
| IN-ZA | 1,30 | 1,22 | 1,22 | 0,95 | 0,83 | 0,61 | 0,61 | 0,61 | 0,61 | 0,61 | 0,45 | 0,22 | 0,22 | 1,18 |
| CN-ZA | 1,34 | 1,22 | 1,12 | 0,95 | 0,83 | 0,67 | 0,67 | 0,67 | 0,67 | 0,67 | 0,67 | 0,67 | 0,67 | 1,25 |

[a]Aus Gründen der Übersichtlichkeit sind an dieser Stelle nur die Distanzwerte der BRICS-Länder untereinander dargestellt. Für die nachfolgenden Regressionsanalysen wurden zudem die *PD* der OECD-Länder genutzt. Die Werte wurden bereits in Tideman (2017), S. 175–176 für die Jahre 1991–2012 berechnet. Für die vorliegende Analyse wurden die Daten weiter erhoben bis zum Jahr 2017. Die *PI* als Berechnungsgrundlage für die *PD* der OECD-Länder untereinander sowie zu den BRICS-Ländern findet sich in Tabelle A1.
(Quelle: eigene Darstellung und Berechnung der Distanzen)

Insgesamt weist die Länderpaarbeziehung BR-RU und BR-CN die durchschnittlich höchste Distanz mit einem Wert von 1,32, gefolgt von dem Länderpaar RU-CN mit einem Wert von 1,30 über den Untersuchungszeitraum auf.

408 Vgl. Tabelle 8.
409 Die höchsten Werte verbleiben bei den Länderpaaren CN-RU und BR-CN.

Tabelle 12 zeigt analog die Enforcementdistanzen zwischen den zehn Länderpaarbeziehungen der BRICS-Länder. Im Vergleich zur Publizität liegt zu Beginn des Untersuchungszeitraums ein deutlich geringeres Distanzniveau vor. So findet sich in dem Länderpaar RU-CN im Jahr 1991 der höchste Wert mit 1,84. Alle Länder haben zu Beginn des Zeitraums bereits erste Enforcementmaßnahmen implementiert. Die niedrigste Enforcementdistanz zeigt die Länderpaarbeziehung BR-ZA seit dem Jahr 2011. Beide Länder weisen seit diesem Jahr sehr hohe Indexwerte von 0,83 (Brasilien) und 0,80 (Südafrika) auf. Der durchschnittliche Distanzwert des Länderpaars RU-ZA ist über die gesamte Beobachtungsperiode mit 1,44 am höchsten. BR-IN weist mit 1,09 hingegen den geringsten durchschnittlichen Distanzwert auf.

**Tabelle 12:** Enforcementdistanz im Länderpaarvergleich[a]

| Jahr | 91 | 92 | 93 | 94 | 95 | 96 | 97 | 98 | 99 | 00 | 01 | 02 | 03 | 04 |
|---|---|---|---|---|---|---|---|---|---|---|---|---|---|---|
| BR-RU | 1,70 | 1,70 | 1,64 | 1,64 | 1,64 | 1,61 | 1,58 | 1,58 | 1,51 | 1,48 | 1,27 | 1,16 | 1,16 | 1,16 |
| BR-IN | 1,61 | 1,48 | 1,48 | 1,48 | 1,40 | 1,40 | 1,37 | 1,37 | 1,30 | 1,30 | 1,09 | 0,98 | 0,89 | 0,89 |
| BR-CN | 1,75 | 1,58 | 1,44 | 1,44 | 1,44 | 1,44 | 1,41 | 1,41 | 1,34 | 1,34 | 1,13 | 1,02 | 1,02 | 1,02 |
| BR-ZA | 1,67 | 1,67 | 1,67 | 1,67 | 1,67 | 1,67 | 1,64 | 1,64 | 1,57 | 1,57 | 1,37 | 1,22 | 1,22 | 1,19 |
| RU-IN | 1,70 | 1,57 | 1,51 | 1,51 | 1,43 | 1,40 | 1,40 | 1,40 | 1,40 | 1,37 | 1,37 | 1,37 | 1,27 | 1,27 |
| RU-CN | 1,84 | 1,67 | 1,47 | 1,47 | 1,47 | 1,44 | 1,44 | 1,44 | 1,44 | 1,41 | 1,41 | 1,41 | 1,41 | 1,41 |
| RU-ZA | 1,76 | 1,76 | 1,70 | 1,70 | 1,70 | 1,67 | 1,67 | 1,67 | 1,67 | 1,64 | 1,64 | 1,61 | 1,61 | 1,58 |
| IN-CN | 1,75 | 1,45 | 1,30 | 1,30 | 1,22 | 1,22 | 1,22 | 1,22 | 1,22 | 1,22 | 1,22 | 1,22 | 1,13 | 1,13 |
| IN-ZA | 1,67 | 1,54 | 1,54 | 1,54 | 1,46 | 1,46 | 1,46 | 1,46 | 1,46 | 1,46 | 1,46 | 1,43 | 1,34 | 1,31 |
| CN-ZA | 1,81 | 1,64 | 1,50 | 1,50 | 1,50 | 1,50 | 1,50 | 1,50 | 1,50 | 1,50 | 1,50 | 1,47 | 1,47 | 1,44 |
| Jahr | 05 | 06 | 07 | 08 | 09 | 10 | 11 | 12 | 13 | 14 | 15 | 16 | 17 | Ø |
| BR-RU | 1,16 | 1,16 | 1,09 | 1,09 | 1,09 | 1,02 | 1,02 | 1,02 | 0,98 | 0,98 | 0,98 | 0,98 | 0,98 | 1,27 |
| BR-IN | 0,89 | 0,89 | 0,89 | 0,89 | 0,89 | 0,89 | 0,89 | 0,89 | 0,89 | 0,89 | 0,89 | 0,89 | 0,89 | 1,09 |
| BR-CN | 1,02 | 0,89 | 0,89 | 0,89 | 0,89 | 0,89 | 0,89 | 0,89 | 0,89 | 0,89 | 0,89 | 0,89 | 0,89 | 1,13 |
| BR-ZA | 1,19 | 1,19 | 1,19 | 0,89 | 0,89 | 0,89 | 0,83 | 0,83 | 0,83 | 0,83 | 0,83 | 0,83 | 0,83 | 1,24 |
| RU-IN | 1,27 | 1,27 | 1,21 | 1,21 | 1,21 | 1,13 | 1,13 | 1,13 | 1,09 | 1,09 | 1,09 | 1,09 | 1,09 | 1,30 |
| RU-CN | 1,41 | 1,27 | 1,21 | 1,21 | 1,21 | 1,13 | 1,13 | 1,13 | 1,09 | 1,09 | 1,09 | 1,09 | 1,09 | 1,33 |
| RU-ZA | 1,58 | 1,58 | 1,51 | 1,21 | 1,21 | 1,13 | 1,08 | 1,08 | 1,04 | 1,04 | 1,04 | 1,04 | 1,04 | 1,44 |
| IN-CN | 1,13 | 1,00 | 1,00 | 1,00 | 1,00 | 1,00 | 1,00 | 1,00 | 1,00 | 1,00 | 1,00 | 1,00 | 1,00 | 1,15 |
| IN-ZA | 1,31 | 1,31 | 1,31 | 1,00 | 1,00 | 1,00 | 0,95 | 0,95 | 0,95 | 0,95 | 0,95 | 0,95 | 0,95 | 1,26 |
| CN-ZA | 1,44 | 1,31 | 1,31 | 1,00 | 1,00 | 1,00 | 0,95 | 0,95 | 0,95 | 0,95 | 0,95 | 0,95 | 0,95 | 1,30 |

[a]Aus Gründen der Übersichtlichkeit sind an dieser Stelle nur die Distanzwerte der Länder untereinander dargestellt. Für die nachfolgende Regressionsanalyse wurden zudem die *ED* der OECD-Länder genutzt. Die Werte wurden bereits in Tideman (2017), S. 177 für die Jahre 1991–2012 berechnet. Für die vorliegende Analyse wurden die Daten weiter erhoben bis zum Jahr 2017. Die *EI* als Berechnungsgrundlage für die *ED* der OECD-Länder untereinander sowie zu den BRICS-Ländern findet sich in Tabelle A2.
(Quelle: eigene Darstellung und Berechnung der Distanzen)

Abbildung 11 zeigt das Boxplot der Publizitätsdistanzen aller inbegriffenen BRICS- sowie OECD-Länder von 1991–2017. Die regulatorische Hinwendung in Richtung eines informatorischen Rechnungslegungssystems in einem der beiden Länder einer Länderpaarbeziehung beziehungsweise die gleichzeitig stattfindende regulatorische Hinwendung in beiden Ländern reduziert die *PD*.[410] Im Jahr 1991 ist das Distanzspektrum noch verhältnismäßig gering, was an den vergleichsweise kurzen Whiskern zu erkennen ist. Durch erste Reformen in den Ländern kommt es schließlich zu höheren Unterschieden in den oberen und unteren Quartilen. Insbesondere die Reichwerte der unteren Quartile wird bis zum Jahr 2008 immer größer. Ab dem Jahr 2010 werden Extremwerte von 0,00 erreicht, was auf vollkommen identisch und maximal ausgeprägte Rechnungslegungssysteme hinweist.[411]

Insgesamt wird ein allgemeiner Rückgang des Publizitätsdistanzniveaus auf Länderpaarebene deutlich. Der Median steigt von einem Wert von 1,29 im Jahr 1991 zum Jahr 1992 als auch von 1993 zu 1994 an. Seit dem Jahr 1994 unterliegt der Median jedoch einem stetigen Abwärtstrend, der in einem Wert von 0,45 im Jahr 2017 resultiert.

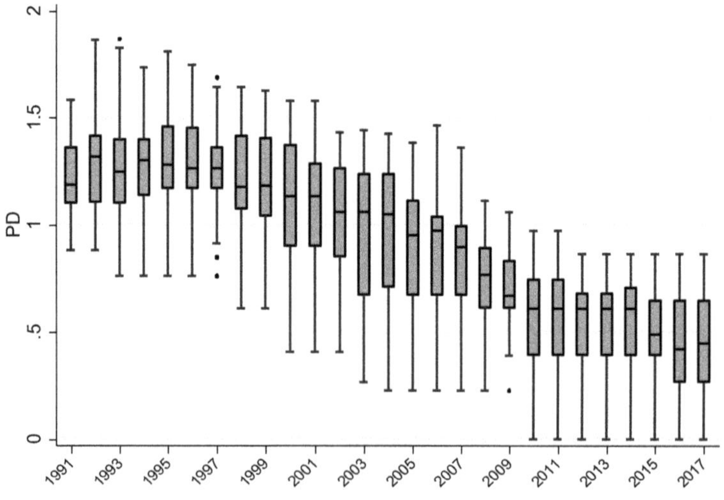


**Abbildung 11:** Publizitätsdistanzen 1991–2017 (Boxplots)
(Quelle: eigene Darstellung)

410 Vgl. Tideman (2017), S. 149.
411 Die vollkommen ausgeprägten Publizitätsanforderungen (*PD* von 0) werden von den Länderpaaren CA-US seit dem Jahr 2011 sowie den Länderpaaren CA-IN und IN-US seit 2016 erreicht.

Abbildung 12 zeigt den Boxplot für die Enforcementdistanzen aller elf Länder auf Länderpaarebene. Im Vergleich zu den Publizitätsdistanzen zeigt sich ein deutlich geringeres Spektrum der Distanzen pro Jahr. Der Verlauf lässt sich vielmehr als moderater Rückgang beschreiben. Dabei kann die Zeitreihe in zwei Abschnitte unterteilt werden. Der erste Abschnitt beginnt im Jahr 1991 und dauert bis zum Jahr 2002 an. Der zweite Abschnitt beginnt mit einem Bruch im Vergleich zum Vorjahr und verläuft vom Jahr 2003 bis zum Ende des Untersuchungszeitraums.[412] Insgesamt sinkt der Median des Enforcementdistanzniveaus von 1,50 im Jahr 1991 auf einen Wert von 0,99 im Jahr 2017.

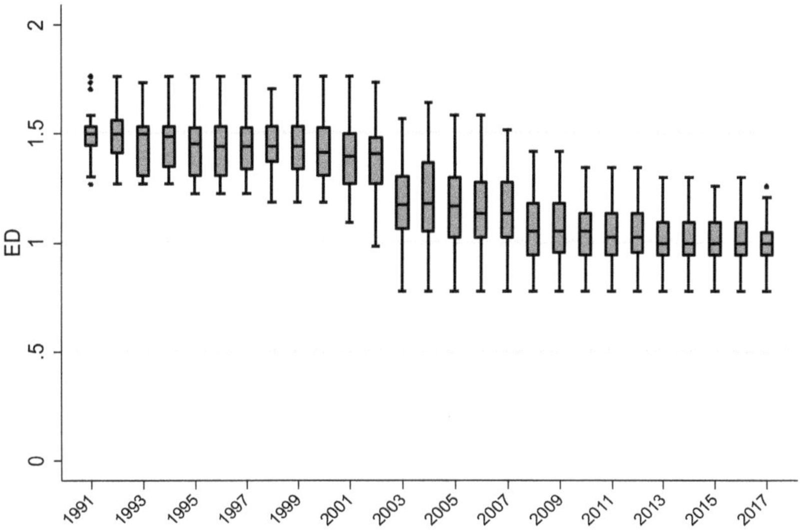


**Abbildung 12:** Enforcementdistanzen 1991–2017 (Boxplots)
(Quelle: eigene Darstellung)

412 Mithilfe des Wald (1943) Tests wird ein statistisch signifikanter Strukturbruch im Jahr 2003 festgestellt. Das Ergebnis weist darauf hin, dass die im Sample inbegriffenen Länder in diesem Jahr vermehrt Reformen im Enforcement durchgeführt haben. Vermutlich ist dies auf regulatorische Notwendigkeiten im Zuge von der Dotcom-Krise im Jahr (2000), den Angriffen auf das World Trade Center (2001) sowie mit den Bilanzskandalen um Enron (2001), WorldCom (2002) und Xerox (2002) geschehen.

### 4.2.4 Interaktionsterm

In der „*varieties of capitalism*"-Literatur werden Nationalstaaten als komplexe institutionelle Systeme verstanden, die sich aus mehreren institutionellen Gebilden zusammensetzen. Die einzelnen Institutionen bedingen sich dabei gegenseitig. Das bedeutet, es bestehen Interdependenzen, die das Fortbestehen jeder einzelnen Ausprägung sowie des Gesamtsystems rechtfertigen.[413] Publizität und Enforcement sind als eigenständige Regulierungsbereiche identifiziert worden, die gemeinsam nationale Rechnungslegungssysteme determinieren. Aufgrund von wechselseitigen Abhängigkeiten beider Regulierungsinstrumente sind diese jedoch nicht isoliert voneinander zu betrachten.

Unter Interdependenzen wird allgemein verstanden, dass die Effekte zweier Variablen nicht nur gleichzeitig nebeneinander existieren, sondern sich ihre jeweiligen Wirkungen wechselseitig verstärken oder abschwächen. Institutionen, die ähnliche Ziele verfolgen, gelten in diesem Zusammenhang als komplementär.[414] Unter der Annahme, dass die beiden Bereiche Publizität und Enforcement ein komplementäres Rechnungslegungssystem bilden, gilt das Rechnungslegungssystem insgesamt als konsistent.[415] Folglich ist Publizität in Abhängigkeit vom Enforcement zu betrachten und vice versa. Viele der in dem Forschungsbereich der Rechnungslegungsregulierung formulierten Hypothesen adressieren die Interaktion von zwei oder mehrerer Variablen.[416] Die Überprüfung dieses Zusammenhangs fordert die Konstruktion eines Interaktionsterms.

Jaccard/Turrisi (2003) zeigen unterschiedliche Herangehensweisen bei der Konzipierung von Interaktionen. Neben der direkten Beziehung ist in der Literatur die moderierende Beziehung zwischen einzelnen Variablen, wie sie auch hier zur Anwendung kommt, am häufigsten vorzufinden. Ein Dreivariablensystem veranschaulicht diese Beziehung, in dem eine Variable $Y$ als abhängige Variable dient, eine Variable $X$ als unabhängige Variable und eine dritte Variable $Z$ als moderierende Variable.[417] In der einfachsten Form hat Variable

413 Vgl. Oehr (2012), S. 25; ausführlich Hall/Soskice (2001).
414 Vgl. Grabner/Moers (2013), S. 408; Henri/Wouters (2019), S. 2.
415 Vgl. Schmidt/Spindler (2002), S. 319.
416 Vgl. Bedeian/Mossholder (1994), S. 422.
417 Jaccard/Turrisi (2003) unterscheiden insgesamt sechs Formen der Variablenbeziehung, die weiteren vier Formen umfassen die indirekte Beziehung, die Scheinbeziehung, die zweiseitige Beziehung sowie die ungerichtete Beziehung. Diese werden in der vorliegenden Arbeit allerdings nicht weiter betrachtet.

*X* einen direkten Einfluss auf die Variable *Y* (siehe Abbildung 13, links). Diese Beziehung wird nicht durch weitere Einflüsse determiniert, jedoch sind in der Realität Beziehungen zu beobachten, die in Abhängigkeit von einer weiteren Variable *Z* bestehen. Dieser Bezug wird als moderierender Effekt[418] von *Z* auf die Beziehung zwischen *X* und *Y* beschrieben (siehe Abbildung 13, rechts).

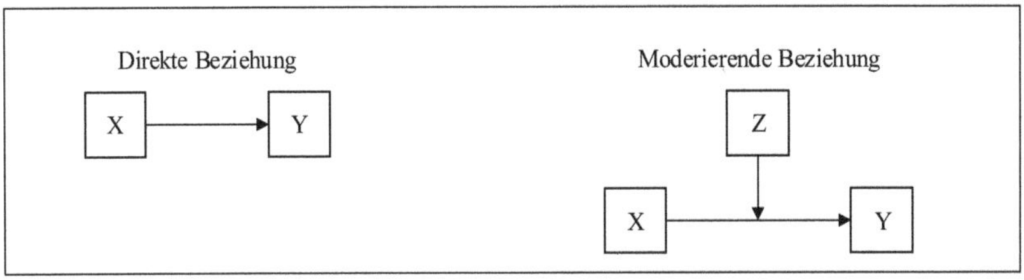


**Abbildung 13:** Mögliche Variablenbeziehungen
(Quelle: eigene Darstellung in Anlehnung an Jaccard/Turrisi (2003), S. 3)

Die Verwendung von Moderatoreffekten ist geboten, wenn aufgrund der Fragestellung komplexe Zusammenhangmuster erwartet werden müssen. In empirischen Untersuchungen ist die Integration von Interaktionstermen eine legitime und anerkannte Methodik.[419] So unterscheidet sich beispielsweise der Effekt der Anzahl von Ausbildungsjahren (*X*) auf das Einkommen (*Y*) durch den moderierenden Effekt der Berufserfahrung (*Z*).[420] Sobald von zwei (oder mehr) Variablen ein gemeinsamer Einfluss auf *Y* ausgeübt wird, ist durch die Multiplikation der Variablen, die einen gemeinsamen Einfluss vermuten lassen, ein Interaktionsterm zu bilden. Das Kreuzprodukt wird sodann als Variable (Interaktionsterm) in die Regressionsgleichung aufgenommen.[421] Ökonometrisch ist ein moderierender Effekt gegeben, wenn das Kreuzprodukt von *X* und *Z* einen statistisch signifikanten Einfluss auf *Y* hat.[422] Das zugrunde liegende ökonometrische Modell kann durch Gleichung (3) beschrieben werden:

$$Y = \beta_0 + \beta_1 X + \beta_2 Z + \beta_3 XZ + \varepsilon. \tag{3}$$

418 Vgl. Aguinis/Gottfredson (2010), S. 776.
419 Vgl. Allison (1977), S. 144.
420 Vgl. Jaccard/Turrisi (2003), S. 3.
421 Vgl. Gujarati/Porter (2017), S. 304; Greene (2012), S. 123.
422 Vgl. Cohen (1978), S. 858.

Bei der Interpretation der Koeffizienten ergibt sich jedoch eine Besonderheit, denn der Gesamteffekt von *X* auf *Y* beziehungsweise von *Z* auf *Y* ergibt sich wie folgt:

$$\frac{\delta Y}{\delta X} = \beta_1 + \beta_3 Z, \tag{4}$$

$$\frac{\delta Y}{\delta Z} = \beta_2 + \beta_3 X. \tag{5}$$

Gleichung (4) beschreibt, dass der Effekt von *X* auf *Y* nur in Abhängigkeit von *Z* betrachtet werden kann. Die Stärke des Effekts von *Z* auf *Y* ist analog zu Gleichung (4) nur in Abhängigkeit von *X* zu interpretieren (siehe Gleichung (5)).

Die Formulierung und die anschließende empirische Überprüfung eines Interaktionsterms gibt Aufschluss über das Zusammenspiel der beobachteten Variablen. Dies führt aber nicht notwendigerweise zu einer praktisch signifikanten Optimierung der Vorhersagekraft eines Modells.[423] Die Modellierung über Interaktionsterme beschränkt sich ferner auf drei Interaktionstypen; die Interaktion von zwei Dummyvariablen, einer Dummyvariablen mit einer kardinalskalierten Variable oder zweier kardinalskalierter Variablen.[424] Das Schätzverfahren ändert sich bei der Integration von Interaktionsvariablen nicht.

In der nachfolgenden Analyse werden die Interdependenzen der beiden kardinalskalierten Testvariablen *PD* und *ED* durch die Aufnahme des Interaktionsterms modelliert. Der Interaktionsterm wird als Produkt der beiden unabhängigen Variablen *PD* und *ED* berechnet und für die nachfolgende Regressionsanalyse geschrieben als *Inter_PDxED*.[425] Insbesondere steht der moderierende Effekt der Variable *ED* auf die Beziehung zwischen *PD* und *M&A* im Fokus. Begründet liegt diese Betrachtungsweise in der noch weitestgehend jüngeren Forschung zur Wirkungsweise des Enforcements. Darüber hinaus ergibt sich aus den Untersuchungen in Kapitel 3, dass in den BRICS-Ländern die Etablierung eines adäquaten Enforcementsystems in der Rechnungslegung annahmegemäß eine weitaus größere Hürde als in entwickelten Ländern

423 Vgl. Dalbert/Schmitt (1984), S. 2.
424 Vgl. Wooldridge (2013), S. 244; Cohen et al. (2010), S. 355–357.
425 Vgl. Hartmann/Moers (1999), S. 293.

darstellt. Insbesondere Schwächen der nationalen Institutionen, beispielsweise aufgrund eines höheren Korruptionsniveaus und die im Vergleich zur Publizität höheren Kosten sind hier determinierend.

Für die Testvariablen *PD* und *ED* werden negative Vorzeichen für die Schätzer erwartet. Da aus den vorangegangenen Ausführungen abgeleitet wird, dass größere Distanzen im Enforcement die Wirksamkeit der Publizität abschwächen, ist für den Interaktionsterm von einem gegenläufigen Effekt auszugehen. Für den Interaktionsterm wird daher ein positives Vorzeichen für den Schätzer erwartet. Größere Distanzen im Enforcement führen demzufolge zu einer geringeren positiven Wirkung durch die Publizität.[426]

### 4.2.5 Kontrollvariablen

Der Zweck von länderbezogenen Kontrollvariablen im Regressionsmodell liegt in der Erfassung der wichtigsten Elemente des institutionellen Umfelds, welche die grenzüberschreitenden M&A-Transaktionen beeinflussen.[427] Aufbauend auf dem Literaturüberblick länderübergreifender Studien zur M&A-Untersuchung in Kapitel 4.1 werden insgesamt 15 Kontrollvariablen identifiziert, die in fünf Kontrollgruppen unterschieden werden.

Gruppe (i) beinhaltet die Wirtschaftsentwicklung, in der die Variablen $GDPC_{d,f}$, $GDPGR_{d,f}$, $Currency_{d,f}$ und $Inflation_{d,f}$ zusammengefasst sind. Alle vier Variablen sind der World Development Indicators (WDI) Datenbasis entnommen.

Gruppe (ii) umfasst die Kapitalmarktentwicklung, welche die Variablen $MKTCAP_{d,f}$, $Bankcredit_{d,f}$, $Interest_d$ und $SMR_{d,f}$ umfasst. Die Marktkapitalisierungen ($MKTCAP_{d,f}$) sind Thomson Reuters Datastream entnommen, fehlende Werte stammen aus der Datenbank Quandel. Die Variable $Bankcredit_{d,f}$ ist zum Teil aus der WDI Datenbasis, fehlende Werte sind aus econstats entnommen. $Interest_d$ stellen die Einlagezinsen dar und sind aus verschiedenen Quellen zusammengesetzt worden. Die Daten entstammen dem IMF, den Zentralbanken und der Weltbank. Die Aktienmarktrenditen ($SMR_{d,f}$) entstammen der Global Financial Development Database. Die Berechnung der Variablen in den Gruppen (i) und (ii) (bis auf $GDPGR_{d,f}$ und $Inflation_{d,f}$) wird als Verhältnis durch die Division des Wertes für ein Zielland durch das Erwerbsland berechnet. Werte die nahe 1 liegen zeigen an, dass ein Länderpaar in Bezug auf ein

426 Vgl. Ahearne/Griever/Warnock (2004), S. 322; Armstrong et al. (2010), S. 31; Chen/Ding/Xu (2014), S. 55.

427 Vgl. Tideman (2017), S. 194.

bestimmtes Ländermerkmal ähnlicher ist. Für das $GDPGR_{d,f}$ und die $Inflation_{d,f}$ wird die Differenz gebildet, da diese Merkmale auch negative Werte annehmen können.

Gruppe (iii) beinhaltet die politische Entwicklung, die mithilfe der Distanz ($PolD_{d,f}$[428]) die Gleichheit der politischen Vorstellungen durch die Abbildung des bilateralen Abstimmungsverhaltens in der UN erfasst. Die jährlichen Daten entstammen der Generalversammlung der Vereinten Nationen (UNGA) Voting Datenbasis.

Gruppe (iv) umfasst kulturelle Variablen und kontrolliert für die Amtssprache des jeweiligen Landes mit der Variable $DUMlanguage_{d,f}$[429] und für die unterschiedlichen Religionen und Rechtssysteme mithilfe der Variablen $DUMreligion_{d,f}$[430] und $DUMlegalorigin_{d,f}$[431]. Die kulturellen Variablen sind dummykodiert, um die generellen kulturellen Unterschiede einer Länderpaarbeziehung unabhängig von der Beobachtungszeit zu messen. Da auch die geografische Nähe von Ländern einen entscheidenden Faktor bei der Investitionsentscheidung ausmacht und damit ceteris paribus ein negativer Zusammenhang zwischen der geografischen Distanz ($distw_{d,f}$)[432] und dem Umfang beziehungsweise der Anzahl von Investitionen ausmacht, wird für diese ebenfalls kontrolliert.[433]

Die letzte Gruppe (v) umfasst die finanzielle Offenheit des Ziellandes *f*, hier werden die Variablen $FDI_f$ und $CostofEntry_f$[434] herangezogen. Die Daten für die $FDI_f$ sind der WDI Datenbasis entnommen. Eine Übersicht aller Kontrollvariablen findet sich in Tabelle 13.

---

428 Vgl. Voeten/Strezhnev/Bailey (2017).

429 Die Datenbank GeoDist zeigt die jeweilige Amtssprache eines Landes; siehe hierzu: http://www.cepii.fr/anglaisgraph/bdd/distances.htm.

430 Vgl. Stulz/Williamson (2003), S. 323.

431 Vgl. La Porta et al. (1998), S. 1130–1131; für eine detaillierte Ausführung der Rechtssysteme der BRICS-Länder vgl. Kapitel 3.3.1. Die Zuordnung reduziert sich auf die Dichotomie von *common law* und *civil law*.

432 Die Datenbank GeoDist zeigt die geografischen Distanzen zwischen den Hauptstädten beziehungsweise bedeutenden Städten zwischen Ländern; siehe hierzu: http://www.cepii.fr/anglaisgraph/bdd/distances.htm. Für eine genaue Berechnung der geografischen Distanz siehe auch Mayer/Zignago (2006).

433 Vgl. u. a. Habib/Zurawicki (2002); Erel/Liao/Weisbach (2012).

434 Die Daten sind aus Djankov et al. (2002) entnommen.

**Tabelle 13:** Übersicht der im Modell verwendeten Kontrollvariablen

| Kontrollvariablen | Definition |
|---|---|
| **(i) Wirtschaftsentwicklung** | |
| $GDPC_{d,f}$ | Das Verhältnis des Pro-Kopf-BIP in USD des Landes *f* zu Land *d*; |
| $GDPGR_{d,f}$ | Die Differenz zwischen der realen BIP-Wachstumsrate des Landes *f* und der realen BIP-Wachstumsrate des Lands *d*; |
| $Currency_{d,f}$ | Das Verhältnis der jährlichen bilateralen realen USD Wechselkursrendite des Landes *f* zu Land *d*; |
| $Inflation_{d,f}$ | Der Unterschied der jährlichen Inflationsrate von Land *f* und *d*; |
| $SMR_{d,f}$ | Das Verhältnis der jährlichen Aktienmarktrendite von Land *d* zu Land *f*. |
| **(ii) Kapitalmarktentwicklung** | |
| $MKTCAP_{d,f}$ | Das Verhältnis der BIP-skalierten Marktkapitalisierung von Land *f* und Land *d*; |
| $Bankcredit_{d,f}$ | Das Verhältnis der BIP-skalierten privaten Bankkredite von Land *f* zu Land *d*; |
| $Interest_{d}$ | Die jährlichen Einlagenzinsen von Land *d*. |
| **(iii) Politische Entwicklung** | |
| $PolD_{d,f}$ | Das Verhältnis des bilateralen Abstimmungsverhaltens in der UNGA von Land *f* zu Land *d*. |
| **(iv) Kultur** | |
| $DUMlanguage_{d,f}$ | Dummy-Variable mit dem Wert 1, wenn Land *d* und Land *f* die gleiche Landessprache haben, sonst 0; |
| $Distw_{d,f}$ | Ein Distanzmaß, um die geografische Bevölkerungsverteilung innerhalb eines Staates zu beurteilen; |
| $DUMreligion_{d,f}$ | Dummy-Variable mit dem Wert 1, wenn in Land *d* und Land *f* die gleiche Religion vorherrscht (protestantisch, katholisch, muslimisch, buddhistisch, oder andere), sonst 0; |
| $DUMlegalorigin_{d,f}$ | Dummy-Variable für den Unterschied im Rechtssystem von, die den Wert 1 annimmt, wenn Land *d* und Land *f* auf dem gleichen Rechtssystem aufbauen, sonst 0. |

*(Fortsetzung auf der nächsten Seite)*

**Tabelle 13:** Fortsetzung

| Kontrollvariablen | Definition |
|---|---|
| **(v) Finanzielle Offenheit des Ziellandes** | |
| $FDI_f$ | Die BIP-skalierten ausländischen Direktinvestitionen eines Landes *f* in USD; |
| $CostofEntry_f$ | Die Kosten eines Unternehmens von Land *f*, die einem neuen Marktteilnehmer auferlegt werden; eine lineare Kombination von drei Maßen, (a) Die Anzahl von Vorgängen, die notwendig sind um ein Unternehmen zu gründen, (b) Die Anzahl an Tagen, die notwendig sind, um das Unternehmen zu starten und (c) die Kosten für die Aufnahme der Tätigkeit als Anteil am Pro-Kopf-BIP. |

(Quelle: eigene Darstellung)

## 4.3 Modellspezifikation

Das lineare Regressionsmodell kommt in der empirischen Rechnungslegungsforschung am häufigsten für die Überprüfung von Zusammenhängen zwischen einer abhängigen und mehreren unabhängigen Variablen zur Anwendung.[435] In den nachfolgenden ökonometrischen Untersuchungen stellen die transnationalen M&A-Volumina die abhängige Variable dar, die durch die Regulierungsdistanzen *PD* und *ED* modelliert werden. Den Ausführungen in Kapitel 4.2.4 folgend wird der Interaktionsterm *INTER_PDxED* gebildet, um die Wechselwirkung zwischen *PD* und *ED* zu untersuchen. Für das aufzustellende Regressionsmodell ergibt sich ferner eine Besonderheit, da die Analyseeinheit dieser Untersuchung in jeder Beobachtung ein Länderpaar (*i*) darstellt, das über mehrere Zeitpunkte (*t*) beobachtet wird. Diese Datenstruktur wird als Panel bezeichnet und begründet die Verwendung eines linearen Paneldatenmodells gegenüber dem herkömmlichen linearen Regressionsmodell. Das in der folgenden Analyse verwendete allgemeine Paneldatenmodell lässt sich formal schreiben als:

$$M\&A_{df,t} = \beta_0 + \beta_1 PD_{df,t} + \beta_2 ED_{df,t} + \beta_3 INTER\_PDxED + \sum_{k=1}^{K} \gamma_k CNT_{df,t}^{k} + \epsilon_{df,t}, \qquad (6)$$

435 Vgl. Meser (2014), S. 91.

wobei $d$ für das Erwerbsland, $f$ für das Zielland und $t$ für das Jahr steht, $\sum_{k=1}^{K}\gamma_k CNT_{df,t}^{k}$ die in Tabelle 12 beschriebenen Kontrollvariablen zusammenfasst und $\epsilon_{df,t}$ den Fehlerterm darstellt.

Die Vermutung verzögerter Effekte durch verspätet einsetzende Wirkungen von Regulierungsänderungen auf grenzüberschreitende Transaktionsströme erfordert die Integration von zwei weiteren Variablen.

$$\begin{aligned} M\&A_{df,t} &= \beta_0 + \beta_1 PD\_lag_{df,t-x} + \beta_2 ED\_lag_{df,t-x} \\ &+ \beta_3 INTER\_PD\_lagxED\_lag + \sum_{k=1}^{K}\gamma_k CNT_{df,t}^{k} + \in_{df,t}, \end{aligned} \tag{7}$$

wobei $d$ für das Erwerbsland, $f$ für das Zielland und $t\text{-}x$ für die entsprechend um x Jahre verzögerte Regulierung steht, $\sum_{k=1}^{K}\gamma_k CNT_{df,t}^{k}$ die in Tabelle 12 beschriebenen Kontrollvariablen zusammenfasst und $\epsilon_{df,t}$ den Fehlerterm darstellt.

Entgegen der in dieser Schrift entwickelten Argumentationskette, dass informatorische Rechnungslegungssysteme internationale Kapitalströme beeinflussen, könnte ein umgekehrter Kausalzusammenhang bestehen.[436] Die im Zuge der Globalisierung zunehmende Bedeutung der internationalen Kapitalströme könnte die Förderung regulatorischer Änderungen in der Rechnungslegung innehaben. Für das vorliegende Ländersample liegt dementsprechend zunächst die Vermutung zugrunde, ein solches Endogenitätsproblem aufzuweisen. Für Länder mit schwachen Regulierungsstrukturen ist dies ein denkbares Problem, da für diese vermutet werden kann, dass kaum Anreizstrukturen bestehen, formale Regularien in der Publizität und Enforcement tatsächlich auch zu erfüllen. Die Analyse in Kapitel 3 hat gezeigt, dass zwar aufbauend auf den institutionellen Lücken in dem Ländersample gerade im Enforcement Schwächen zu erwarten sind, jedoch ist diese Annahme widerlegt worden. Im Vergleich zu anderen Ländersamplen mit entwickelten Ländern weisen die BRICS-Länder sogar teilweise ein besseres Enforcementsystem auf. Ein Endogenitätsproblem besteht demzufolge nicht. Die starken Enforcementstrukturen, die bereits zu Beginn des Untersuchungszeitraums Bestand haben, lassen darauf schließen,

436 Vgl. Fang/Maffett/Zhang (2015), S. 625.

dass nur wenig Raum besteht, Regularien in der Publizität nicht einzuhalten. Aufgrund der stabilen Enforcementsysteme der einzelnen Länder sind die Opportunitätskosten für ein Abweichen von den Publizitätsregularien hoch.

## 4.4 Merkmale der Paneldatenanalyse

Die Bedeutung von Paneldatenmodellen ist in den Sozialwissenschaften bereits seit langer Zeit bekannt.[437] In Untersuchungen mit Ländersamplen von entwickelten als auch Schwellenländern hat die Bedeutung von Untersuchungen mit derartigen Datenstrukturen zugenommen.[438] Gegenüber Querschnitts- und Zeitreihendaten haben Paneldatenmodelle einige Vorteile. Hierzu zählt zunächst die Größe der Datensätze mit mehr Variabilität und Kollinearität zwischen den Variablen. Ein weiterer Vorteil von Paneldatenmodellen liegt in der Möglichkeit für individuelle Heterogenität zu kontrollieren. Weiterhin wird die Möglichkeit geboten, komplexere Fragestellungen mit dynamischen Verhaltensstrukturen zu untersuchen.[439]

Neben den genannten Vorteilen sind Teilaspekte auch kritisch zu betrachten. So kann es in Panels auf Länder- oder Regionsebene zu irreführenden Schlussfolgerungen kommen, wenn länderübergreifende Abhängigkeiten nicht berücksichtigt werden.[440] Die ökonometrischen Herausforderungen von diesen Modellen beziehen sich ferner auf zumeist fehlende Stationarität.[441]

Der in der zugrunde liegenden Arbeit verwendete Datensatz umfasst alle Transaktionen zwischen den BRICS- sowie den sechs OECD-Ländern, die ein Transaktionsvolumen in der TR SDC Platinum Datenbank aufweisen. Die 28.208 Beobachtungen werden der Paneldatenstruktur entsprechend für jedes Länderpaar und jeden Zeitpunkt als Summe aller Transaktionen aggregiert. Aus den 110 Länderpaaren über einen Beobachtungszeitrum von 27 Jahren ergeben sich folglich maximal 2.970 Beobachtungen.[442] Aufgrund von fehlenden

---

437 Vgl. Lazarsfeld/Fiske (1938).

438 Vgl. Hsiao (2014), S. 3.

439 Vgl. Baltagi (2013), S. 4; Hsiao (2014), S. 3.

440 Vgl. Baltagi (2013), S. 8. Ein umfassender Überblick über die Nachteile von Paneldaten findet sich in Kasprzyk et al. (1989), hierbei werden vor allem die Schwierigkeiten bei der Betrachtung von Mikropanels hervorgehoben. Eine ausführliche Diskussion der Probleme bei Mikropaneldaten wird aufgrund des vorliegenden Datensatzes in dieser Arbeit nicht weiter betrachtet.

441 Vgl. Roberts (2000), S. 279; Köster (2017), S. 173.

442 Diese ergeben sich bei einem *balanced panel* aus den 27 Beobachtungsjahren von 1991 bis 2017 multipliziert mit den 110 möglichen Länderkombinationen. Aufgrund

Werten bleiben 1.868 Beobachtungen für den Untersuchungszeitraum übrig. Da nicht in jedem Jahr eine Beobachtung auf Länderpaarebene vorliegt, handelt es sich bei dem Datensatz um ein sogenanntes *unbalanced panel*. Insbesondere zu Beginn des Untersuchungszeitraums sind lückenhafte Zeitreihenbeobachtungen zwischen den einzelnen BRICS-Ländern zu beobachten. Baltagi/Song (2006) und Baltagi (2013) führen an, dass es zumeist wahrscheinlicher ist, ein *unbalanced* als ein *balanced panel* vorliegen zu haben. Dabei sei es in Ländervergleichsstudien nicht verwunderlich, dass die Historien der dokumentierten Daten in einigen Ländern länger bestehen als in anderen. Darüber hinaus ist die Dokumentation bestimmter Daten in manchen Ländern beziehungsweise von statistischen Datenbanken in der Historie nicht fortgesetzt worden.[443] Das für diese Arbeit vorliegende *unbalanced panel* hat indessen keine negativen Folgen für die Analyse, da die fehlenden Beobachtungen natürlichen Ursprungs sind.

## 4.5 Deskriptive Statistiken

Tabelle 14 zeigt die Lage- und Streuungsmaße aller in der Analyse inbegriffenen Variablen, um eine Beschreibung der statistischen Eigenschaften aller Variablen vor dem Hintergrund ihrer Verwendung in einer Paneldatenregressionsanalyse vorzunehmen. Dargestellt sind Mittelwert (MW), Median (MD), Minimum (Min), Maximum (Max), sowie Standardabweichung (SA).

des Fehlens einiger Länderpaarbeziehungen, insbesondere zwischen den BRICS-Ländern untereinander gerade in den 1990er-Jahren, reduziert dies die Beobachtungen auf 1.868. In Tabelle A3 sind alle Transaktionen auf Länderpaarebene aufgeteilt je Beobachtungsjahr dargestellt. Hieraus geht hervor, dass die Länderpaarbeziehungen Russland-Brasilien und Südafrika-Japan während der gesamten Beobachtungsperiode keine Transaktionen aufweisen.

443 Vgl. Baltagi/Song (2006), S. 495; Baltagi (2013), S. 181.

**Tabelle 14:** Univariate deskriptive Statistiken

| | *MW* | *MD* | *Min* | *Max* | *SA* |
|---|---|---|---|---|---|
| Abhängige Variable | | | | | |
| *M&A* | 3.900 | 442 | 0,013 | 206.707 | 12.047 |
| | | | | | |
| Testvariablen | | | | | |
| *PD* | 0,87 | 0,85 | 0 | 1,86 | 0,38 |
| *ED* | 1,21 | 1,19 | 0,77 | 1,76 | 0,24 |
| *Inter_PDxED* | 1,11 | 0,98 | 0 | 3,28 | 0,63 |
| | | | | | |
| Kontrollvariablen | | | | | |
| *RatioGDPC* | 0,31 | 0,21 | -13,25 | 13,84 | 3,95 |
| *PolD* | 1,51 | 1,45 | 0 | 4,78 | 0,98 |
| *Diff_GDPGR* | 4,56 | 0,92 | 0,01 | 83,38 | 11,83 |
| *RatioCurrency* | 17,50 | 1,00 | 0 | 5.683,06 | 154,55 |
| *RatioSMR* | 1,32 | 0,72 | -62,10 | 165,68 | 7,15 |
| *RatioMktCap* | 7,08 | 0,90 | 0 | 5.433,12 | 151,96 |
| *RatioBankcredit* | 1,20 | 0,88 | 0,07 | 10,51 | 1,18 |
| *distw* | 7.750,49 | 8.031,67 | 749,65 | 17.981,98 | 3.756,87 |
| *DUMlegalorigin* | 0,55 | 1 | 0 | 1 | 0,50 |
| *DUMreligion* | 0,77 | 1 | 0 | 1 | 0,42 |
| *DUMlanguage* | 0,76 | 1 | 0 | 1 | 0,43 |
| *EinlagenzinsAcq* | 27,13 | 3,86 | 0,04 | 5.175,24 | 304,41 |
| *FDI* | 2,30 | 1,83 | 0 | 12,72 | 1,91 |
| *Cost_of_entry* | 9,88 | 10,32 | 2,02 | 20,43 | 5,27 |

Hinweise:
Die Berechnungen von *PD* und *ED* ergeben sich aus dem Kapitel 4.2.3, die Konstruktion des Interaktionsterms *Inter_PDxED* ist in Kapitel 4.2.4 dargestellt. Alle Kontrollvariablen sind in Kapitel 4.2.5 in Tabelle 13 beschrieben.

(Quelle: eigene Darstellung)

Die M&A-Transaktionsvolumina liegen in einem Wertebereich zwischen USD 0,013 Mil. und USD 206.707,4 Mil. Das Minimum umfasst die Beobachtung des Länderpaars Japan$_d$-Russland$_f$ im Jahr 2012, bei der sieben Transaktionen verzeichnet sind. Das Maximum findet sich in der Beobachtung Vereinigtes Königreich$_d$-Deutschland$_f$ im Jahr 1999, worunter insgesamt 94 Beobachtungen summiert sind. Das arithmetische Mittel der M&A-Transaktionsvolumina liegt bei USD 3.900 Mil., der Median jedoch nur bei USD 442

Mil. Das deutet auf eine linkssteile und rechtsschiefe Verteilung hin. Für die ökonometrischen Schätzungen werden die Transaktionsvolumina daher logarithmiert. Die Wertebereiche der Publizitäts- und Enforcementdistanzen liegen konstruktionsbedingt zwischen 0 und 2. Mittelwert und Median von *PD* liegen mit 0,87 beziehungsweise 0,85 eng beieinander und in ihrer Höhe deutlich unter denen von *ED* mit 1,21 beziehungsweise 1,19. Das Minimum der *PD* von 0 wird in den Beobachtungen der Länderpaare $\text{Indien}_d$-$\text{USA}_f$ sowie $\text{USA}_d$-$\text{Indien}_f$ in den Jahren 2016 und 2017 erreicht. Das Maximum der *PD* findet sich in der Beobachtung $\text{Russland}_d$-$\text{Deutschland}_f$ im Jahr 1993 mit einem Wert von 1,86. Bei der *ED* zeigen die Länderpaarbeziehung $\text{USA}_d$-$\text{Brasilien}_f$ in den Jahren 2003–2017 sowie $\text{Brasilien}_d$-$\text{USA}_f$ in den Jahren 2004–2017 mit einem Wert von 0,77 den geringsten Wert auf. Der höchste Wert findet sich in den Länderpaarbeziehungen $\text{Japan}_d$-$\text{Kanada}_f$ und $\text{Japan}_d$-$\text{Deutschland}_f$ für die Jahre 1991–1992, $\text{Deutschland}_d$-$\text{Japan}_f$ für das Jahr 1992 als auch $\text{Japan}_d$-$\text{Süfafrika}_f$ für die Jahre 1994–2001 mit einem Wert von 1,76 auf. Die mittlere Höhe von *PD* liegt bei 0,85 und damit deutlich unter der mittleren Höhe von *ED* mit einem Wert von 1,19. Die Kontrollvariablen weisen keine Besonderheiten in ihren Lage- und Streuungsmaßen auf.

Da für jedes Untersuchungsobjekt mehrere Zeitpunkte vorliegen, handelt es sich bei den verwendeten Daten um Paneldaten. Wie bereits in Kapitel 4.4 konstatiert, ist es bei Paneldaten vor der Verwendung in einer Regressionsanalyse notwendig, auf Stationarität zu untersuchen. Nur bei Stationarität einer Zeitreihe ist der Erwartungswert der Varianz eines geschätzten Koeffizienten konstant und erlaubt folglich die Durchführung von Signifikanztests. Tabelle 15 zeigt zur Überprüfung von fehlender Stationarität für Paneldaten die Ergebnisse des Fisher-Tests, der auf dem Augmented-Dickey-Fuller(ADF)-Test basiert.

**Tabelle 15:** Test auf Stationarität

| | *Fisher-ADF (1981) Test*[a] | |
|---|---|---|
| | *H0: Alle Panels beinhalten Einheitswurzeln* | |
| *Ln_M&A* | -13,7065 | *** |
| *PD* | -10,0588 | *** |
| *ED* | -12,0712 | *** |
| *Inter_PDxED* | -10,5837 | *** |
| *PolD* | -3,4095 | *** |
| *RatioGDPC* | -5,3955 | *** |
| *Diff_GDPGR* | -12,9280 | *** |
| *RatioCurrency* | -13,4950 | *** |
| *RatioSMR* | -15,5177 | *** |
| *RatioMktCap* | -26,6313 | *** |
| *RatioBankcredit* | -13,7123 | *** |
| *distw* | -17,1439 | *** |
| *DUMlegalorigin* | -22,0627 | *** |
| *DUMreligion* | -9,4830 | *** |
| *DUMlanguage* | -8,5128 | *** |
| *Interest* | -15,7697 | *** |
| *FDI* | -15,3277 | *** |
| *Costofentry* | -12,9150 | *** |

a Die Verwendung der *Inverse normal Z* Statistik wird in Choi (2001), S. 253 empfohlen.
(Quelle: eigene Darstellung)

Stationarität kann sowohl in der abhängigen Variable als auch in den Testvariablen nicht für alle Panels vorausgesetzt werden. Diese Beobachtung begründet die Vermutung, dass die Erwartungswerte der Varianzen nicht unabhängig vom Zeitindex *t* und folglich nicht stationär sind.[444] Dies ist kein überraschendes Ergebnis, muss aber bei der nachfolgenden Regressionsanalyse Berücksichtigung finden.

Tabelle 16 fasst die Ergebnisse der multivariaten Analyse zusammen. Mithilfe der Pearson-Korrelationsmatrix wird überprüft, ob die Variablen Multikollinearität aufweisen. Multikollinearität ist ein Problem der Regressionsanalyse und liegt vor, wenn zwei oder mehr erklärende Variablen sehr stark miteinander korreliert sind. Als Richtlinie gelten Werte von größer 0,8

444 Vgl. Poddig/Dichtl/Petersmeier (2008), S. 96; Meser (2014), S. 167.

als problematisch. Da mit den Korrelationskoeffizienten nur die bivariaten Abhängigkeiten untersucht werden können, werden auch die Ergebnisse des Varianz-Inflationierungs-Faktors (VIF) dargestellt, der die Abhängigkeiten einer Variablen von mehreren anderen darstellt. Unbedenkliche Ergebnisse des VIF liegen bei Werten unter 10 vor.[445] In den dargestellten Ergebnissen finden sich demnach hinsichtlich möglicher Multikollinearitätsprobleme keine Auffälligkeiten.

445 Vgl. Poddig/Dichtl/Petersmeier (2008), S. 378–380; Greene (2012), S. 52.

**Tabelle 16:** Multivariate deskriptive Statistiken

| | (1) | (2) | (3) | (4) | (5) | (6) | (7) | (8) | (9) | (10) | (11) | (12) | (13) | (14) | (15) | (16) | (17) | VIF |
|---|---|---|---|---|---|---|---|---|---|---|---|---|---|---|---|---|---|---|
| *PD* | 1 | | | | | | | | | | | | | | | | | **2,22** |
| *ED* | 0,6619 | 1 | | | | | | | | | | | | | | | | **2,16** |
| *PolD* | -0,0761 | -0,1823 | 1 | | | | | | | | | | | | | | | **1,57** |
| *Diff GDPGR* | 0,0881 | 0,0662 | 0,0709 | 1 | | | | | | | | | | | | | | **1,50** |
| *RatioGDPC* | 0,0481 | -0,0773 | 0,3262 | -0,4468 | 1 | | | | | | | | | | | | | **1,88** |
| *RatioBankcredit* | -0,0644 | -0,0179 | 0,0707 | -0,3852 | 0,3617 | 1 | | | | | | | | | | | | **1,42** |
| *RatioCurrency* | 0,0308 | 0,0506 | 0,0598 | 0,0098 | -0,0235 | 0,0163 | 1 | | | | | | | | | | | **1,07** |
| *RatioSMR* | -0,0017 | -0,0101 | 0,0384 | 0,1035 | -0,0165 | -0,0179 | -0,0036 | 1 | | | | | | | | | | **1,02** |
| *RatioMktCap* | 0,0897 | 0,0705 | -0,0387 | -0,0912 | 0,0186 | 0,1280 | -0,0015 | -0,0134 | 1 | | | | | | | | | **1,56** |
| *distw* | -0,0427 | -0,0385 | 0,4079 | -0,0365 | 0,1389 | -0,0213 | 0,0257 | -0,0011 | -0,0437 | 1 | | | | | | | | **1,23** |
| *DUMlegalorigin* | -0,0295 | -0,0159 | -0,0223 | 0,0092 | -0,0828 | 0,0248 | 0,0348 | 0,0416 | -0,0213 | -0,0837 | 1 | | | | | | | **1,85** |
| *DUMreligion* | 0,0155 | -0,0349 | 0,029 | 0,008 | 0,1135 | 0,0771 | 0,0546 | -0,0074 | 0,0216 | 0,0993 | 0,0966 | 1 | | | | | | **1,10** |
| *DUMlanguage* | 0,2004 | -0,0433 | -0,2337 | 0,0373 | -0,2055 | -0,0058 | 0,0256 | 0,0317 | 0,0212 | -0,2004 | 0,5969 | 0,1882 | 1 | | | | | **2,69** |
| *EinlagenzinsAcq* | 0,0436 | 0,0398 | 0,0725 | -0,0225 | 0,0188 | 0,0184 | 0,192 | -0,0019 | 0,06 | 0,0074 | 0,0366 | 0,0209 | 0,0173 | 1 | | | | **1,31** |
| *FDI* | -0,0632 | -0,0747 | -0,0198 | 0,0936 | 0,0324 | -0,0357 | -0,0769 | -0,002 | -0,042 | -0,0497 | -0,0004 | -0,0235 | -0,0172 | -0,0333 | 1 | | | **1,05** |
| *Costofentry* | 0,2139 | -0,0632 | -0,0772 | 0,2126 | -0,2293 | -0,3433 | -0,0037 | 0,0608 | -0,0129 | -0,0554 | 0,0015 | 0,1835 | 0,4104 | -0,0524 | -0,0929 | 1 | | **1,95** |
| *Diff Inflation* | 0,0915 | 0,0857 | 0,0243 | 0,0813 | -0,0473 | -0,0657 | -0,0825 | 0,0093 | -0,136 | 0,0142 | 0,0047 | -0,0322 | 0,0356 | -0,4231 | -0,0609 | 0,1409 | 1 | **1,29** |

(Quelle: eigene Darstellung)

# 4.6 Regressionsergebnisse

## 4.6.1 Schätzung des linearen Paneldatenmodells

Die Parameter des in Gleichung (6) beschriebenen linearen Paneldatenmodells können nicht ohne Weiteres auf Basis der Methode der kleinsten Quadrate (*Ordinary Least Squares*, OLS) geschätzt werden, da unabhängig und identisch verteilte Störterme eine Grundvoraussetzung sind. Sowohl die Struktur der Querschnittsdaten, die als Länderpaare auftreten, als auch deren Beobachtung über einen langen Zeitraum legen nahe, dass es Effekte gibt, die nicht explizit im Modell berücksichtigt wurden und somit eine verzerrte Schätzung der Koeffizienten verursachen, sofern die Parameter mittels OLS geschätzt werden.[446]

Dieses sogenannte *omitted variables bias* Problem ist in der Paneldatenanalyse hinreichend bekannt und kann durch die Integration fester Effekte (*fixed effects*) behoben werden. In das vorliegende Paneldatenmodell werden folglich sowohl *country (group) fixed effects* als auch *year fixed effects* eingeführt.[447] Durch dieses Vorgehen erfolgt die Eliminierung aller ungewollten Effekte, die entweder auf eine Variation der Beobachtungen aufgrund von Länder- oder Ländergruppenunterschieden zurückzuführen sind oder durch temporäre Variation entstehen, beispielsweise durch Finanz- und oder Wirtschaftskrisen. Die Einführung von *year fixed effects* behebt darüber hinaus die im vorangegangenen Abschnitt konstatierte fehlende Stationarität der Variablen.

Neben der theoretischen Argumentation für die Verwendung des Fixed Effects Modells erfolgt eine empirische Rechtfertigung über den Hausman (1978) Test.[448] Als allgemeiner Spezifikationstest konstruiert, wird die Nullhypothese getestet, ob es eine Korrelation zwischen Störgröße und unabhängigen Variablen gibt. Indiziert der Test die Beibehaltung der Nullhypothese, ist nicht von einer solchen Korrelation auszugehen und das Random Effects Modell darf verwendet werden.[449] Wird mit der Nullhypothese durch den Test jedoch abgelehnt, ist das Fixed Effects Modell zu verwenden. Für die vorliegende Untersuchung liegt der p-Wert des Hausman Tests bei 0,0000. Die Nullhypothese muss demnach verworfen werden und bestätigt die Verwendung des Fixed Effects Modells.

---

446 Vgl. Wooldridge (2013), S. 381–382.

447 Vgl. Kohler/Kreuter (2008), S. 251.

448 Vgl. hierzu ausführlich Hausman (1978).

449 Das Random Effects Modell stellt lediglich eine effizientere Version des OLS-Verfahrens bei Paneldaten dar.

Wie bei einem linearen Regressionsmodell werden auch im Fixed Effects Modell Homoskedastizität und fehlende Autokorrelation der Störgrößen vorausgesetzt, um valide Standardfehler zu schätzen und damit Signifikanztests durchzuführen. Für den Test auf Homoskedastizität wird der Breusch/Pagan (1979) Test angewendet. Der p-Wert liegt bei 0,0000, was bedeutet, dass die Nullhypothese konstanter Varianz verworfen werden muss. Der Breusch/Godfrey (1978) Test wird für die Überprüfung der Autokorrelation auf Zeitreihenebene durchgeführt. Dieser belegt eine signifikante und mit steigender Ordnung abnehmende Autokorrelation. Daher sind alle im Folgenden durchgeführten Regressionen mit *heteroscedasticity and autocorrelation consistent* (HAC) Standardfehlern geschätzt.[450]

### 4.6.2 Ergebnisse der Hauptregression und Subsamples

*Ergebnisse der Hauptregression*

Tabelle 17 stellt die Ergebnisse der Hauptregression in Modell 1 auf der linken Seite der Tabelle dar. Die Regression liefert bei einer Irrtumswahrscheinlichkeit von maximal 1 % signifikante Ergebnisse für die Testvariablen. Die Vorzeichen der Testvariablen *PD* und *ED* sind negativ und ebenfalls signifikant. Eine geringe Regulierungsdistanz in der Publizität und im Enforcement fördert grenzüberschreitende M&A-Transaktionsvolumina. Die Koeffizienten der *PD* entsprechen somit den zuvor formulierten Erwartungen. Das positive Vorzeichen des Interaktionsterms impliziert, dass größere Distanzen im Enforcement die positive Wirkung der Publizität auf die M&A-Transaktionen abschwächen. Bei den verwendeten Kontrollvariablen sind die Vorzeichen plausibel und weisen teilweise statistische Signifikanz zum 1 % beziehungsweise 5 % Niveau auf. Dies entspricht den allgemeinen Annahmen, sodass insgesamt von einem positiven Wirkungszusammenhang von Rechnungslegungsregulierung und M&A-Transaktionsvolumina ausgegangen werden kann. Mit einem adj. $R^2$ von rund 43 % erklärt das Modell einen wesentlichen Teil der Variation der Transaktionsvolumina. Die Regression bietet damit ähnlich gute Ergebnisse wie vergleichbare Studien.[451]

---

450 Vgl. Francis/Huang/Khurana (2016), S. 1305.
451 Vgl. u. a. Rossi/Volpin (2004); Francis/Huang/Khurana (2016).

**Tabelle 17:** Ergebnisse der Paneldatenregression (Hauptregression)

| **Variablen** | **Erw. Vorzeichen** | **Modell 1 Hauptregression** | | | **Modell 2 Time-Lags** | | |
|---|---|---|---|---|---|---|---|
| | | **Koeffizient** | | **Std.Fehler** | **Koeffizient** | | **Std.Fehler** |
| *Testvariablen* | | | | | | | |
| PD | - | -3,3622 | *** | (0,9925) | | | |
| ED | - | -4,5771 | *** | (0,8011) | | | |
| Inter_PDxED | + | 2,0535 | *** | (0,7616) | | | |
| PD_lag1 | - | | | | -2,8169 | *** | (1,0367) |
| ED_lag2 | - | | | | -3,9920 | *** | (0,8175) |
| Inter_PD_ lag1xED_lag2 | + | | | | 1,6800 | ** | (0,7832) |
| *Kontrollvariablen* | | | | | | | |
| PolD | + | 0,7215 | *** | (0,1246) | 0,7934 | *** | (0,1266) |
| Diff_GDPGR | - | -0,0630 | *** | (0,0170) | -0,0576 | *** | (0,0175) |
| RatioGDPC | - | -0,0469 | *** | (0,0061) | -0,0483 | *** | (0,0062) |
| Ratiobankcredit | - | -0,0292 | | (0,0636) | -0,0006 | | (0,0631) |
| RatioCurrency | - | -0,0003 | * | (0,0001) | -0,0046 | ** | (0,0022) |
| RatioSMR | - | -0,0095 | | (0,0103) | -0,0150 | | (0,0122) |
| RatioMKTCAP | - | -0,0467 | | (0,0490) | -0,0573 | | (0,0505) |
| distw | - | -0,0001 | *** | (0,0000) | -0,0001 | *** | (0,0000) |
| DUMlegalorigin | + | 0,3027 | * | (0,1733) | 0,3695 | ** | (0,1739) |
| DUMreligion | - | -0,4948 | *** | (0,1337) | -0,4370 | *** | (0,1416) |
| DUMlanguage | - | -1,0692 | *** | (0,2798) | -1,2245 | *** | (0,2805) |
| Interest | - | -0,0003 | | (0,0002) | -0,0004 | * | (0,0002) |
| FDI | + | 0,1522 | *** | (0,0306) | 0,1320 | *** | (0,0323) |
| CostofEntry | + | 0,0059 | | (0,0182) | 0,0194 | | (0,0193) |
| Diff_Inflation | - | -0,0000 | | (0,0003) | -0,0001 | | (0,0003) |
| Constant | + | 12,0394 | *** | (1,2228) | 10,3445 | *** | (1,3365) |
| Anzahl | | 1.539 | | | 1.473 | | |
| *Year fixed effects* | | Ja | | | Ja | | |
| *Country (group) fixed effects* | | Ja | | | Ja | | |
| HAC Std.fehler | | Ja | | | Ja | | |
| $R^2$ | | 0,43 | | | 0,43 | | |

***Signifikanz auf 1 Prozent-Level. **Signifikanz auf 5 Prozent-Level. *Signifikanz auf 10 Prozent-Level.

(Quelle: eigene Darstellung)

Auf der rechten Seite der Tabelle 17 zeigt Modell 2 die Ergebnisse zur Überprüfung von zeitverzögerten Effekten in der Rechnungslegungsregulierung auf M&A-Transaktionsvolumina unter Anwendung des Regressionsmodells aus Gleichung (7). Die vorab vermuteten zeitverzögerten Effekte wurden anhand von Time-Lags mit einem Zeitverzug von bis zu drei Jahren getestet. Mit zunehmendem Zeitverzug reduziert sich auch die Anzahl der Beobachtungen, daher wurde der maximale Wert von drei Zeitperioden festgelegt. Die Ergebnisse dieser Analyse für jedes Szenario mit *PD* und *ED* mit einer Verzögerung von bis zu drei Jahren sind der t-Wert Matrix in Tabelle A4 zu entnehmen. Modell 2 zeigt beispielhaft die Ergebnisse für das Szenario mit einem Time-Lag von einer Periode in der Publizität und zwei Perioden im Enforcement. Die Beobachtungszahl verringert sich im Vergleich zur Schätzung im Modell 1 um 66 auf 1.473 und zeigt mit einem $R^2$ von ebenfalls 43 % einen gleich guten Erklärungsgehalt. Die Koeffizienten für Publizität und Enforcement sowie die Kontrollvariablen zeigen in dieser Variante ähnliche Ergebnisse wie das Modell 1. Die Testvariablen *PD* und *ED* zeigen weiterhin statistische Signifikanz zum 1 % beziehungsweise der Interaktionsterm zum 5 % Niveau. Die Ergebnisse bestätigten, dass in der Vergangenheit liegende Regulierungsreformen im Enforcement auch für gegenwärtige und künftige M&A-Transaktionsvolumina von Relevanz sind.

*Subsamples zur Schätzungen nach Erwerbers- und Zielland auf Ländergruppenbasis*

Die Konstruktion von Subsamples zeigt auf, ob eine Ländergruppe von dem Ergebnis der Hauptregression (Modell 1) abweicht. Dies kann weitere Einsichten hinsichtlich des Zusammenhangs und der Rolle einzelner Länder erbringen. Dieses Vorgehen führt zwar zu einer Reduktion der Beobachtungspunkte, ist für die Subsamples jedoch ausreichend. Für die Analyse werden drei Szenarien betrachtet. Modell 3 in Tabelle 18 zeigt die Ergebnisse für die Schätzung aller im Datensatz inbegriffenen Transaktionen, bei denen ein BRICS-Land das Zielland darstellt ($all_d$-$brics_f$). Die Regression weist ein $R^2$ von 29 % auf, die Beobachtungszahl liegt bei 630. In Modell 4 sind nur Beobachtungen enthalten, bei denen OECD-Länder als Erwerbsländer und BRICS-Länder als Zielländer vorkommen ($oecd_d$-$brics_f$). Die Anzahl der Beobachtungen reduziert sich weiter auf 514, das $R^2$ liegt bei 36 %. In Modell 5 finden sich schließlich nur Beobachtungen, bei denen BRICS-Länder Erwerbsländer darstellen ($brics_d$-$all_f$). Die Beobachtungsanzahl reduziert sich auf 423, die Regression weist ein $R^2$ von 25 % auf. Modell 3 und 4 lassen die gleichen Rückschlüsse wie die Hauptregression zu. In Modell 5 sind die Testvariablen hingegen alle insignifikant.

**Tabelle 18:** Schätzungen mit Ländergruppen

| Variablen | Modell 3 $all_d$-$brics_f$ | | Modell 4 $oecd_d$-$brics_f$ | | Modell 5 $brics_d$-$all_f$ | |
|---|---|---|---|---|---|---|
| | **Koeffizient** | **Std. Fehler** | **Koeffizient** | **Std. Fehler** | **Koeffizient** | **Std. Fehler** |
| *Testvariablen* | | | | | | |
| PD | -7,5292 *** | (1,5969) | -10,3070 *** | (1,5997) | -2,7232 | (2,4647) |
| ED | -3,3689 ** | (1,4933) | -5,6727 *** | (1,5962) | -3,4020 | (2,1429) |
| Inter_PDxED | 5,4358 *** | (1,2617) | 7,5624 *** | (1,3119) | 2,6687 | (2,0316) |
| | | | | | | |
| *Kontrollvariablen* | | | | | | |
| PolD | 1,0872 *** | (0,1556) | 0,5996 *** | (0,2222) | 0,7044 *** | (0,1978) |
| Diff_GDPGR | -0,1913 *** | (0,0380) | -0,1589 *** | (0,0458) | -0,0907 ** | (0,0354) |
| RatioGDPC | -0,0003 | (0,0777) | 1,8813 | (2,4517) | -0,0383 *** | (0,0100) |
| Bankcredit | -0,3573 ** | (0,1705) | -0,9906 *** | (0,3815) | 0,0367 | (0,0798) |
| RatioCurrency | 0,0047 | (0,0051) | 0,0057 | (0,0061) | 0,0003 ** | (0,0001) |
| RatioSMR | 0,0201 | (0,0123) | 0,0114 | (0,0120) | -0,0354 | (0,0245) |
| RatioMKTCAP | -0,2639 ** | (0,1176) | -0,6283 *** | (0,1422) | -0,0257 | (0,0665) |
| distw | -0,0001 * | (0,0000) | -0,0000 | (0,0000) | 0,0000 | (0,0000) |
| DUMlegalorigin | -0,6057 ** | (0,2946) | -0,6310 ** | (0,3103) | 0,4296 | (0,3818) |
| DUMreligion | -0,2138 | (0,2302) | -0,4302 | (0,2626) | -0,2019 | (0,4024) |
| DUMlanguage | 1,1486 * | (0,6018) | 1,8128 *** | (0,6440) | -1,1239 ** | (0,5696) |
| Interest | 0,1323 *** | (0,0489) | 0,4741 *** | (0,0779) | 0,0017 | (0,0016) |
| FDI | 0,1358 * | (0,0775) | 0,1419 * | (0,0775) | 0,1728 ** | (0,0725) |
| CostofEntry | -0,1064 ** | (0,0481) | -0,2345 *** | (0,0587) | -0,0103 | (0,0435) |
| Diff_Inflation | 0,0002 | (0,0004) | -0,0000 | (0,0004) | 0,0033 | (0,0034) |
| Constant | 2,4039 | (2,3445) | 6,1954 ** | (2,6095) | 3,6531 | (3,0376) |
| Anzahl | 630 | | 514 | | 423 | |
| *Year fixed effects* | Ja | | Ja | | Ja | |
| *Country (group) fixed effects* | Ja | | Ja | | Ja | |
| HAC Std.fehler | Ja | | Ja | | Ja | |
| $R^2$ | 0,29 | | 0,36 | | 0,25 | |

***Signifikanz auf 1 Prozent-Level. **Signifikanz auf 5 Prozent-Level. *Signifikanz auf 10 Prozent-Level.
(Quelle: eigene Darstellung)

### 4.6.3 Robustheitstests

Nachfolgend werden unterschiedliche Schätzungen vorgenommen, um die Robustheit der Ergebnisse in der Hauptregression (Modell 1) zu prüfen. Hierbei gilt es datensatzspezifische Merkmale zu berücksichtigen, denen ein möglicher Einfluss auf die Ergebnisse und dessen Aussagekraft zugeschrieben wird. Hierzu werden zwei Robustheitstests konstruiert. Eine Validierung der Ergebnisse erfolgt mithilfe der folgenden Modellmodifikationen:

i. Schätzung mit alternativen *country fixed effects*
ii. Schätzung mit euklidischen Distanzen als alternatives Distanzmaß

*i.) Schätzung mit alternativen country fixed effects*

Die Ergebnisse der Hauptregression wurden mit *country (group) fixed effects* geschätzt. Hierbei wird angenommen, dass keine Unterschiede zwischen den Ländern innerhalb der BRICS- beziehungsweise OECD-Ländergruppe bestehen. Um die möglichen Unterschiede zwischen den Ländern zu kontrollieren, werden Schätzungen mit *country fixed effects* durchgeführt, die die Ergebnisse der Hauptregression validieren. Tabelle 19 zeigt links dargestellt die Ergebnisse mit fixen Effekten (Modell 6) für die Erwerbsländer ($fixed_d$), rechts im Modell 7 mit fixen Effekten für die Zielländer ($fixed_f$). Die Modellgüte bleibt mit einem $R^2$ von 42 % beziehungsweise 43 % auf einem ähnlichen Niveau wie in der Hauptregression. Auch die Koeffizienten von *PD* und *ED* sind statistisch signifikant zum 1 % Niveau. Der Interaktionsterm ist in Modell 6 statistisch signifikant zum 5 % Niveau, in Modell 7 jedoch insignifikant.

Damit erklären auch diese beiden Modelle einen wesentlichen Anteil des M&A-Transaktionsvolumens. Die Regressionsergebnisse bestätigen die Erkenntnisse des Grundmodells und den moderierenden Effekt von Rechnungslegungsregulierung im Enforcement auf die Beziehung von Publizität und M&A. Die Untersuchung der Kontrollvariablen unterstützt ebenfalls die Ergebnisse der Hauptregression.

**Tabelle 19:** Schätzungen mit fixen Effekten für Erwerbsländer und für Zielländer

| **Variablen** | **Erw. Vorzeichen** | **Modell 6 fixed$_d$** | | **Modell 7 fixed$_f$** | |
|---|---|---|---|---|---|
| | | **Koeffizient** | **Std.Fehler** | **Koeffizient** | **Std.Fehler** |
| *Testvariablen* | | | | | |
| PD | - | -4,4804 *** | (1,0317) | -3,7567 *** | (1,0376) |
| ED | - | -4,7935 *** | (0,9068) | -3,8201 *** | (0,8839) |
| Inter_PDxED | +/- | 1,6042 ** | (0,8058) | 1,1981 | (0,7975) |
| *Kontrollvariablen* | | | | | |
| PolD | + | -0,1455 | (0,0904) | 0,1072 | (0,0883) |
| Diff_GDPGR | - | -0,1004 *** | (0,0190) | 0,0054 | (0,0239) |
| RatioGDPC | - | -0,0261 ** | (0,0102) | -0,0545 *** | (0,0070) |
| Ratiobankcredit | - | 0,2712 ** | (0,1164) | -0,3026 *** | (0,0774) |
| RatioCurrency | - | -0,0000 | (0,0001) | -0,0002 | (0,0001) |
| RatioSMR | - | -0,0120 | (0,0104) | -0,0100 | (0,0105) |
| RatioMKTCAP | - | -0,1248 * | (0,0649) | -0,1353 ** | (0,0634) |
| distw | - | -0,0001 *** | (0,0000) | -0,0002 *** | (0,0000) |
| DUMlegalorigin | + | -0,0371 | (0,2429) | 0,1382 | (0,1995) |
| DUMreligion | - | -0,4099 *** | (0,1413) | -0,0929 | (0,1430) |
| DUMlanguage | - | -0,2269 | (0,4167) | -0,6349 * | (0,3464) |
| Interest | - | -0,0003 | (0,0002) | -0,0011 *** | (0,0003) |
| FDI | + | 0,1408 *** | (0,0323) | 0,1466 *** | (0,0374) |
| CostofEntry | + | -0,0653 *** | (0,0251) | -0,2111 *** | (0,0437) |
| Diff_Inflation | - | -0,0003 | (0,0003) | -0,0005 | (0,0004) |
| Constant | + | 14,5161 *** | (1,4228) | 18,5763 *** | (1,3797) |
| Anzahl | | 1.539 | | 1.539 | |
| *Year fixed effects* | | Ja | | Ja | |
| *Country-fixed effects$_d$* | | Ja | | | |
| *Country-fixed effects$_f$* | | | | Ja | |
| HAC Std.fehler | | Ja | | Ja | |
| $R^2$ | | 0,42 | | 0,43 | |

***Signifikanz auf 1 Prozent-Level. **Signifikanz auf 5 Prozent-Level. *Signifikanz auf 10 Prozent-Level.

(Quelle: eigene Darstellung)

*ii.) Schätzung mit euklidischen Distanzen als alternatives Distanzmaß*

Ein abschließender Robustheitstest bezieht sich auf die Verwendung eines alternativen Distanzmaßes. Hierzu werden die Regulierungsdistanzen von *PD* und *ED* mithilfe der euklidischen Distanz berechnet, anstatt der in Gleichung (1) und (2) in Abschnitt 4.2.3 verwendeten Distanzmaße.[452] Das hat den Nachteil einer weniger interpretierbaren Distanz, dies ist für die Verwendung in einem Robustheitstest jedoch von nachrangiger Bedeutung. In Tabelle 20 werden die Modellergebnisse der Regressionsspezifikation des Robustheitstests mit euklidischen Distanzmaßen in Modell 8 dargestellt. Der Erklärungsgehalt mit einer Modellgüte von 41 % bietet einen ähnlich guten Erklärungsgehalt wie in der Hauptregression. Die Testvariablen zeigen positive und signifikante Regressionskoeffizienten. Der Interaktionsterm ist entsprechend der Hauptregressionsschätzung negativ, wobei der Effekt von Enforcement jedoch nur zum 10 % Niveau signifikant ist. Die Ergebnisse der Hauptregression lassen sich grundsätzlich durch die Robustheitstests verifizieren.

452 Für eine genauere Ausführung zur Konstruktion und Verwendung von euklidischen Distanzen siehe insbesondere Garrido/León/Zorio (2002); Fontes/Rodrigues/Craig (2005).

**Tabelle 20:** Schätzung mit euklidischen Distanzen

| **Variablen** | **Erw. Vorzeichen** | **Modell 8 Euklidische Distanzen** | |
|---|---|---|---|
| | | **Koeffizient** | **Std. Fehler** |
| *Testvariablen* | | | |
| PD_Eukl | - | -0,2849 *** | (0,1030) |
| ED_Eukl | - | -0,1916 * | (0,1015) |
| PDxED_Eukl | +/- | 0,0982 *** | (0,0285) |
| *Kontrollvariablen* | | | |
| PolD | + | 1,1086 *** | (0,0983) |
| Diff_GDPGR | - | -0,0660 *** | (0,0172) |
| RatioGDPC | - | -0,0475 *** | (0,0059) |
| Ratiobankcredit | - | -0,0590 | (0,0622) |
| RatioCurrency | - | -0,0005 * | (0,0002) |
| RatioSMR | - | -0,0119 | (0,0101) |
| RatioMKTCAP | - | -0,0280 | (0,0456) |
| distw | - | -0,0001 *** | (0,0000) |
| DUMlegalorigin | + | 0,4793 *** | (0,1613) |
| DUMreligion | - | -0,6028 *** | (0,1361) |
| DUMlanguage | - | -1,3576 *** | (0,2291) |
| EinlagenzinsAcq | - | -0,0002 | (0,0002) |
| FDI | + | 0,1577 *** | (0,0315) |
| CostofEntry | + | 0,0114 | (0,0182) |
| Diff_Inflation | - | -0,0000 | (0,0003) |
| Constant | + | 3,6720 *** | (0,5649) |
| Anzahl | | 1.539 | |
| Year fixed effects | | Ja | |
| Country (group) -fixed effects | | Ja | |
| HAC Std.fehler | | Ja | |
| $R^2$ | | 0,41 | |

***Signifikanz auf 1 Prozent-Level. **Signifikanz auf 5 Prozent-Level. *Signifikanz auf 10 Prozent-Level.
(Quelle: eigene Darstellung)

## 4.7 Zwischenfazit

Die vorangegangene Analyse hatte in einem ersten Schritt die Untersuchung von grenzüberschreitenden M&A-Transaktionen als Reaktion auf regulatorische Maßnahmen in einer länderpaarbezogenen Langzeitbetrachtung zum Ziel. Hierbei sind neben den BRICS-Ländern sechs OECD-Länder in die Analyse integriert worden. Für alle elf betrachteten Länder wurden Distanzmaße auf Länderpaarebene berechnet, die für die ökonometrischen Untersuchungen von M&A-Transaktionen als Testvariable herangezogen worden sind. Die Regulierungsinstrumente Publizität und Enforcement und insbesondere der moderierenden Effekte des Enforcements auf die Beziehung von Publizität und M&A-Transaktionsvolumen, der durch die Bildung eines Interaktionsterms beider Variablen konstruiert wurde, lagen aufgrund von vermuteten, wechselseitigen Abhängigkeiten im Fokus der Untersuchung. In einem nächsten Schritt wurden zeitverzögerte Effekte regulatorischer Maßnahmen getestet, da auch hier aufbauend auf den Überlegungen in Kapitel 2 und 3 Vermutungen über eben diesen Effekt formuliert wurden.

Die Schätzungen zeigen drei wesentliche Erkenntnisse. Die Ergebnisse bestätigen, dass regulatorische Effekte staatenübergreifend zu beobachten sind. Zunächst lassen die Ergebnisse der Hauptregression einen grundsätzlich positiveren Effekt von Rechnungslegungsregulierung auf M&A festzustellen. Darüber hinaus wurde gezeigt, dass die regulatorischen Änderungen auch mit Zeitverzögerungen wirken. Die Ergebnisse der Hauptregression konnten zudem durch verschiedene Robustheitstests überwiegend bestätigt werden. Hierbei wurde deutlich, dass regulatorische Maßnahmen einen Effekt haben, sobald BRICS-Länder als Zielländer von M&A-Transaktionen auftreten. Die Ergebnisse können bei dem Sample in dem nur BRICS-Länder Erwerbsländer sind, nicht bestätigt werden. In diesem Fall scheinen andere Effekte auf die M&A-Transaktionsvolumina zu wirken. Weitere Evidenz konnte über die Integration eines alternativen Ähnlichkeitsmaßes bestätigt werden. Die Integration durch euklidische Distanzen bestätigte die Ergebnisse gleichermaßen.

# 5 Schlussbetrachtung

Die vorliegende Arbeit leistet einen Beitrag zum besseren Verständnis der Entwicklung nationaler Rechnungslegungssysteme. Weiterhin wird ein Beitrag bei der Untersuchung des Wirkungszusammenhangs der Rechnungslegungsregulierung auf internationale Kapitalströme in unterschiedlichen Ländergruppen geleistet. Schwellenländer nehmen getrieben durch Internationalisierungsprozesse eine besondere Rolle bei der internationalen Finanzmarktintegration ein. Diese Länder sind als wachstumsstarke Nationen identifiziert worden, die sich gleichzeitig durch institutionelle Schwächen auszeichnen. In diesem Spannungsverhältnis sind zwei Untersuchungsaspekte empirisch analysiert worden. Hierbei handelt es sich um die Normierung der Rechnungslegung einerseits und dessen Einfluss auf internationale Investitionsströme andererseits.

Die vorliegende Arbeit hatte in einem ersten Schritt zum Ziel, einen holistischen Überblick über die Normierung der Rechnungslegung in den BRICS-Ländern als stellvertretende Ländergruppe von Schwellenländern zu geben. Infolge der finanziellen Globalisierung ist die Rechnungslegungsnormierung keine nationale Angelegenheit mehr, sondern als internationales Thema zu diskutieren. Die Vorteile stark regulierter Rechnungslegungssysteme liegen in reduzierten Informationskosten, die durch den Abbau von Informationsasymmetrien begründet sind. Bis heute existiert keine empirische Studie, welche die positiven Effekte der Rechnungslegung auf Länderebene durch eine ganzheitliche Betrachtung der BRICS-Länder untersucht. Die vorliegende Arbeit trägt dazu bei, diese Forschungslücke zu schließen. Unter Zuhilfenahme der Leximetrie, als geeignetes Verfahren zur Operationalisierung von Regulierung aus Gesetzestexten, konnte eine Zunahme der Rechnungslegungsregulierung in allen fünf betrachteten Länderfällen gezeigt werden. In allen Untersuchungsländern sind Regelungen etabliert worden, die Informationskosten senken und dem Anlegerschutz dienen. In den beiden untersuchten Regulierungsbereichen Publizität und Enforcement haben die Länder ausnahmslos strukturschaffende Reformen über den gesamten Beobachtungszeitraum von 1991–2017 etabliert. Das Enforcement wurde dabei als ein im Vergleich zur Publizität nachgelagerter beziehungsweise zeitverzögerter Prozess identifiziert, was aus der Kosten-Nutzen-Perspektive ein plausibles Ergebnis darstellt.

In einem nächsten Schritt wurden die vorherigen Ergebnisse als Basis für eine ökonometrische Untersuchung zum Zusammenhang von Rechnungslegungsregulierung und internationalen Kapitalströmen verwendet. Dabei konnte gezeigt werden, dass eine Stärkung der Rechnungslegung einen positiven Einfluss auf transnationale M&As hat. Durch eine explizite Modellierung von Interdependenzen zwischen Publizität und Enforcement ist zudem der verstärkende Effekt der Beziehung von Publizität und M&As durch Enforcement nachgewiesen worden. Weiterhin zeigen die Ergebnisse zeitverzögerte Wirkungseffekte von Publizität und Enforcement.

Auch wenn Unterschiede in den institutionellen Rahmenbedingungen von entwickelten und Schwellenländern bestehen, so ist eine Unterscheidung zwischen den Ländergruppen im Sinne der Rechnungslegung nicht länger möglich. Ball/Kothari/Robin (2000) konstatieren jedoch richtig "[...] *accounting practice [is] not determined by accounting standards, for reasons that include: practice is more detailed than standards; standards lag innovations in practice; and companies do not invariably implement standards.*"[453] Die Rechnungslegung steht dabei vor der Herausforderung eine gleichgerichtete Qualität sicherzustellen, was mit der Integration einheitlicher nationaler Überwachung verbunden sein muss. Fraglich ist, wie die grundsätzliche Forderung der Vertrauenssicherstellung der Investoren in Form einer konkreten Zielsetzung des Enforcements der Rechnungslegung länderübergreifend präzisiert werden könnte.[454] In Ermangelung eines länderübergreifenden einheitlichen Enforcementsystems scheint eine Kombination aus Präventiv- und Strafmaßnahmen die geeignetste Form der Durchsetzung von Publizitätsvorgaben darzustellen.[455] Indes erscheint eine internationale Vereinheitlichung der Enforcementstrukturen, wie es in Teilen im Bereich der Publizität vorzufinden ist, aufgrund nationaler Unterschiede in den Umweltfaktoren schwierig, beziehungsweise höchstens langfristig realisierbar.[456]

Die Limitationen der Arbeit ergeben sich insbesondere durch die Konzipierung der Publizitäts- und Enforcementindizes. In der empirischen Analyse zur Rechnungslegungsentwicklung erfassen die Daten auf Landesebene, die den institutionellen Wandel in der Rechnungslegung der BRICS-Länder erklären. Allerdings erlauben die Untersuchungen keinen Rückschluss auf den Wandel der Unternehmenspraxis. Weiterhin sind die Indizes ursprünglich für entwickelte Länder begründet worden, sodass wichtige Komponenten für Schwellenländer gegebenenfalls keine Berücksichtigung finden. Für

453 Ball/Robin/Kothari (2000), S. 4.
454 Vgl. Bushman/Piotroski (2006), S. 111.
455 Vgl. Wulandari/Rahman (2004), S. 17–18.
456 Vgl. Brown/Preiato/Tarca (2014), S. 29–30.

eine Vergleichbarkeitsstudie, wie sie in der vorliegenden Arbeit durchgeführt wurde, ist dies jedoch zunächst ein legitimes Vorgehen. Zukünftige Studien könnten hieran anknüpfen und den Bereich der Governance Publizität näher beleuchten. Nicht nur die verspäteten Informationen des Jahresabschlusses können herangezogen werden, auch weitere Informationen wie Analystenvorhersagen, technologiebasierte Analysen, Pressemitteilungen oder Konferenzbeiträge bieten Informationsgrundlagen für Investoren.[457] Weiterhin ist eine Integration freiwilliger Publizität in den Index denkbar.

Weitere Limitationen ergeben sich aus der Datenauswahl für die empirische Analyse in Kapitel 4. Hierbei wird aufgrund mangelnder Datenverfügbarkeit lediglich ein Teilausschnitt aller möglichen im Sample inbegriffenen Transaktionen im Untersuchungszeitraum betrachtet. Ob die Daten systematisch oder zufällig fehlen, ist nicht bekannt, was eine Abschätzung der Auswirkung auf die Analyse erschwert.

Sowohl die in dieser Studie erzielten Ergebnisse als auch die diskutierten Limitationen bieten Anknüpfungspunkte für zukünftige Studien. So ist eine Entwicklung hin zu einem informatorischen Rechnungslegungssystem in einzelnen Nationalstaaten aufgrund des Zusammenspiels von gegebenen institutionellen Rahmenbedingungen und der davon abhängigen Ausgestaltung der Rechnungslegung weiterhin lediglich zu einem bestimmten Grad möglich, da nationale institutionelle Rahmenbedingungen bestehen bleiben werden. Die Nachteile einer gesamtheitlichen Konvergenz der Rechnungslegung werden in dieser Arbeit nur nachrangig diskutiert. Gegebenenfalls stehen gewisse Faktoren in Schwellenländern aufgrund ihrer besonderen institutionellen Umfelder einer Konvergenz entgegen.

Aus ökonometrischer Sicht lässt an die Datenbasis anknüpfen. Sowohl die konsistente Erhebung von M&A-Transaktionen als auch die Aufnahme zusätzlicher Merkmale für die Regulierungsindizes würde eine zusätzliche Validierung der Ergebnisse ermöglichen. Ferner stellt die tiefer gehende Untersuchung von zeitverzögerten Effekten in der Regulierung auf M&A-Transaktionen eine gangbare Erweiterung der vorliegenden Arbeit dar. Ein alternatives Ländersample erscheint vor dem Hintergrund der fast vollständig entwickelten Regulierungssysteme der BRICS-Länder einen fruchtbaren Anknüpfungspunkt darzustellen. So bieten sich beispielsweise Entwicklungsländern als alternativer Untersuchungskontext an, da diese bereits in einer Vielzahl durch die IFRS-Übernahme an der internationalen Rechnungslegung partizipieren.

457 Vgl. Pirveli/Zimmermann (2019), S. 93.

# Appendix

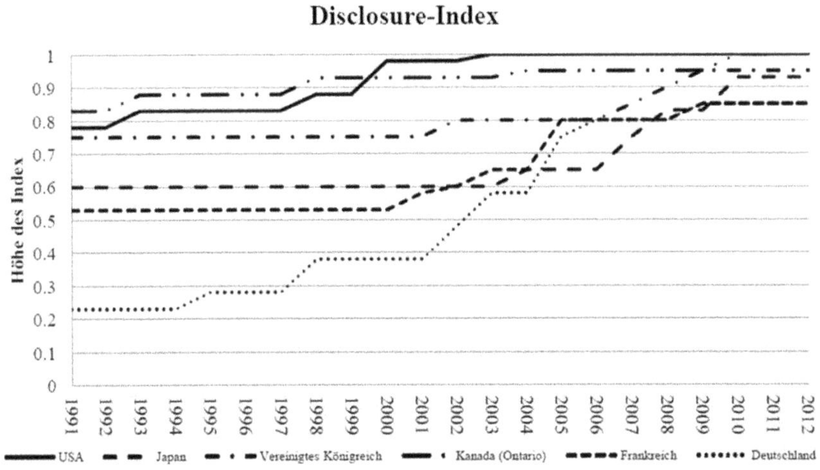


**Abbildung A1:** Publizitätsindex der OECD Länder, 1991–2012

(Quelle: entnommen aus Tideman (2017), Indexwerte in veränderter und erweiterter Form aus Meser (2014) sowie Meser/Veith/Zimmermann (2015) entnommen, siehe für die Index-Bestimmung Tabelle 2)

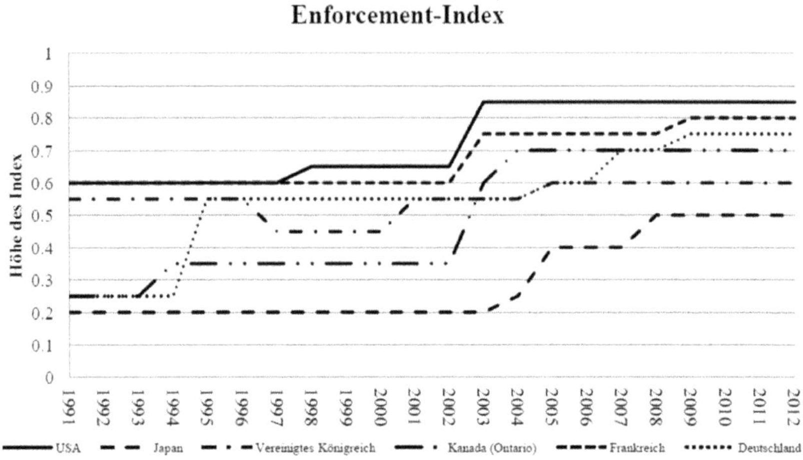


**Abbildung A2:** Enforcementindex der OECD-Länder, 1991–2012

(Quelle: entnommen aus Tideman (2017), Indexwerte in veränderter und erweiterter Form aus Meser (2014) sowie Meser/Veith/Zimmermann (2015) entnommen, siehe für die Index-Bestimmung Tabelle 3)

**Tabelle A1:** Publizitätsindizes OECD-Länder, 1991–2017

| | **1991** | **1992** | **1993** | **1994** | **1995** | **1996** | **1997** | **1998** | **1999** | **2000** | **2001** | **2002** | **2003** | **2004** |
|---|---|---|---|---|---|---|---|---|---|---|---|---|---|---|
| USA | 0,78 | 0,78 | 0,83 | 0,83 | 0,83 | 0,83 | 0,83 | 0,88 | 0,88 | 0,98 | 0,98 | 0,98 | 1,00 | 1,00 |
| Deutschland | 0,23 | 0,23 | 0,23 | 0,23 | 0,28 | 0,28 | 0,28 | 0,38 | 0,38 | 0,38 | 0,38 | 0,48 | 0,58 | 0,58 |
| Frankreich | 0,53 | 0,53 | 0,53 | 0,53 | 0,53 | 0,53 | 0,53 | 0,53 | 0,53 | 0,53 | 0,58 | 0,60 | 0,65 | 0,65 |
| Japan | 0,60 | 0,60 | 0,60 | 0,60 | 0,60 | 0,60 | 0,60 | 0,60 | 0,60 | 0,60 | 0,60 | 0,60 | 0,60 | 0,65 |
| Vereinigtes Königreich | 0,75 | 0,75 | 0,75 | 0,75 | 0,75 | 0,75 | 0,75 | 0,75 | 0,75 | 0,75 | 0,75 | 0,80 | 0,80 | 0,80 |
| Kanada | 0,83 | 0,83 | 0,88 | 0,88 | 0,88 | 0,88 | 0,88 | 0,93 | 0,93 | 0,93 | 0,93 | 0,93 | 0,93 | 0,95 |

| | **2005** | **2006** | **2007** | **2008** | **2009** | **2010** | **2011** | **2012** | **2013** | **2014** | **2015** | **2016** | **2017** |
|---|---|---|---|---|---|---|---|---|---|---|---|---|---|
| USA | 1,00 | 1,00 | 1,00 | 1,00 | 1,00 | 1,00 | 1,00 | 1,00 | 1,00 | 1,00 | 1,00 | 1,00 | 1,00 |
| Deutschland | 0,75 | 0,80 | 0,80 | 0,80 | 0,85 | 0,85 | 0,85 | 0,85 | 0,85 | 0,85 | 0,85 | 0,85 | 0,85 |
| Frankreich | 0,80 | 0,80 | 0,80 | 0,80 | 0,85 | 0,85 | 0,85 | 0,85 | 0,85 | 0,85 | 0,85 | 0,85 | 0,85 |
| Japan | 0,65 | 0,65 | 0,75 | 0,83 | 0,83 | 0,93 | 0,93 | 0,93 | 0,93 | 0,93 | 0,93 | 0,93 | 0,93 |
| Vereinigtes Königreich | 0,80 | 0,80 | 0,85 | 0,90 | 0,95 | 0,95 | 0,95 | 0,95 | 0,95 | 0,95 | 0,95 | 0,95 | 0,95 |
| Kanada | 0,95 | 0,95 | 0,95 | 0,95 | 0,95 | 1,00 | 1,00 | 1,00 | 1,00 | 1,00 | 1,00 | 1,00 | 1,00 |

(Quelle: eigene Darstellung)

**Tabelle A2:** Enforcementindizes OECD-Länder, 1991–2017

| | 1991 | 1992 | 1993 | 1994 | 1995 | 1996 | 1997 | 1998 | 1999 | 2000 | 2001 | 2002 | 2003 | 2004 |
|---|---|---|---|---|---|---|---|---|---|---|---|---|---|---|
| USA | 0,60 | 0,60 | 0,60 | 0,60 | 0,60 | 0,60 | 0,60 | 0,65 | 0,65 | 0,65 | 0,65 | 0,65 | 0,85 | 0,85 |
| Deutschland | 0,25 | 0,25 | 0,25 | 0,25 | 0,55 | 0,55 | 0,55 | 0,55 | 0,55 | 0,55 | 0,55 | 0,55 | 0,55 | 0,55 |
| Frankreich | 0,60 | 0,60 | 0,60 | 0,60 | 0,60 | 0,60 | 0,60 | 0,60 | 0,60 | 0,60 | 0,60 | 0,60 | 0,75 | 0,75 |
| Japan | 0,20 | 0,20 | 0,20 | 0,20 | 0,20 | 0,20 | 0,20 | 0,20 | 0,20 | 0,20 | 0,20 | 0,20 | 0,20 | 0,25 |
| Vereinigtes Königreich | 0,55 | 0,55 | 0,55 | 0,55 | 0,55 | 0,55 | 0,45 | 0,45 | 0,45 | 0,45 | 0,55 | 0,55 | 0,55 | 0,55 |
| Kanada | 0,25 | 0,25 | 0,25 | 0,35 | 0,35 | 0,35 | 0,35 | 0,35 | 0,35 | 0,35 | 0,35 | 0,35 | 0,60 | 0,70 |

| | 2005 | 2006 | 2007 | 2008 | 2009 | 2010 | 2011 | 2012 | 2013 | 2014 | 2015 | 2016 | 2017 |
|---|---|---|---|---|---|---|---|---|---|---|---|---|---|
| USA | 0,85 | 0,85 | 0,85 | 0,85 | 0,85 | 0,85 | 0,85 | 0,85 | 0,85 | 0,85 | 0,85 | 0,85 | 0,85 |
| Deutschland | 0,60 | 0,60 | 0,70 | 0,70 | 0,75 | 0,75 | 0,75 | 0,75 | 0,75 | 0,75 | 0,75 | 0,75 | 0,75 |
| Frankreich | 0,75 | 0,75 | 0,75 | 0,75 | 0,80 | 0,80 | 0,80 | 0,80 | 0,80 | 0,80 | 0,80 | 0,80 | 0,80 |
| Japan | 0,40 | 0,40 | 0,40 | 0,50 | 0,50 | 0,50 | 0,50 | 0,50 | 0,50 | 0,50 | 0,50 | 0,50 | 0,50 |
| Vereinigtes Königreich | 0,60 | 0,60 | 0,60 | 0,60 | 0,60 | 0,60 | 0,60 | 0,60 | 0,70 | 0,70 | 0,70 | 0,70 | 0,70 |
| Kanada | 0,70 | 0,70 | 0,70 | 0,70 | 0,70 | 0,70 | 0,70 | 0,70 | 0,70 | 0,70 | 0,70 | 0,70 | 0,70 |

(Quelle: eigene Darstellung)

**Tabelle A3:** Transaktionen pro Länderpaar und Jahr

| Länder | 1991 | 1992 | 1993 | 1994 | 1995 | 1996 | 1997 | 1998 | 1999 | 2000 | 2001 | 2002 | 2003 | 2004 | 2005 | 2006 | 2007 | 2008 | 2009 | 2010 | 2011 | 2012 | 2013 | 2014 | 2015 | 2016 | 2017 | Summe |
|---|---|---|---|---|---|---|---|---|---|---|---|---|---|---|---|---|---|---|---|---|---|---|---|---|---|---|---|---|
| BR-CA | . | . | . | . | 1 | 1 | . | . | . | . | 1 | . | . | 2 | 1 | 2 | . | 2 | . | . | 1 | 3 | 1 | 1 | 1 | 1 | 1 | 19 |
| BR-CN | . | . | . | . | . | . | . | . | . | . | . | . | . | . | . | . | . | . | . | . | . | 1 | 1 | . | 1 | . | . | 3 |
| BR-FR | . | . | . | . | . | . | 1 | . | . | . | 1 | . | . | . | . | 1 | . | . | . | 1 | 1 | . | 1 | . | . | . | . | 6 |
| BR-DE | . | . | . | . | . | . | . | . | . | . | . | . | . | . | . | . | . | 1 | . | . | . | . | . | . | . | . | . | 1 |
| BR-IN | . | . | . | . | . | . | . | . | . | 2 | . | . | . | 1 | . | . | 1 | . | . | . | . | 1 | 2 | . | . | . | . | 7 |
| BR-JP | . | . | . | . | . | . | . | 1 | . | . | . | . | . | . | . | . | 1 | . | . | . | . | . | . | . | . | . | . | 2 |
| BR-ZA | . | . | . | . | . | . | . | . | . | . | . | . | . | . | . | . | . | . | . | . | 1 | . | . | . | . | . | . | 1 |
| BR-UK | 1 | . | . | . | . | . | . | 1 | . | . | . | . | . | . | . | 1 | . | . | . | 1 | 1 | . | . | . | 1 | 1 | 1 | 8 |
| BR-US | 1 | . | 1 | 3 | . | . | . | 1 | 1 | 1 | 2 | . | . | 1 | 2 | 3 | 5 | 3 | 2 | 9 | 4 | 6 | 1 | 3 | 2 | 1 | 1 | 53 |
| CA-BR | . | . | 2 | 1 | 5 | 7 | 8 | 6 | 4 | 6 | 4 | 3 | 9 | 7 | 5 | 11 | 23 | 12 | 19 | 13 | 12 | 11 | 8 | 6 | 6 | 5 | 1 | 194 |
| CA-CN | . | . | 2 | 2 | 3 | 1 | 2 | 1 | 3 | 2 | . | 5 | 16 | 20 | 9 | 20 | 23 | 11 | 12 | 9 | 5 | 2 | 5 | 2 | 4 | 4 | 2 | 165 |
| CA-FR | 4 | 9 | 4 | 6 | 6 | 9 | 7 | 5 | 6 | 3 | 4 | 4 | 4 | 4 | 4 | 5 | 3 | 3 | 1 | 2 | 3 | 3 | 4 | 6 | 5 | 5 | 8 | 127 |
| CA-DE | . | 1 | 4 | 4 | 1 | 3 | 5 | 4 | 1 | 2 | 1 | 6 | 5 | 3 | 7 | 5 | 2 | 4 | . | 3 | 6 | 6 | 8 | 9 | 9 | 6 | 4 | 109 |
| CA-IN | . | . | . | . | 1 | . | . | 2 | . | 1 | 1 | . | 3 | . | 1 | 2 | 2 | 3 | 1 | . | 2 | . | 3 | 2 | 4 | 8 | 6 | 42 |
| CA-JP | . | . | . | . | . | . | . | . | 2 | 3 | . | 1 | . | . | . | 1 | . | . | . | . | . | . | . | 1 | . | 2 | . | 10 |
| CA-RU | . | 1 | 1 | 3 | 7 | 3 | 3 | 3 | 1 | . | 1 | 2 | . | 2 | 3 | 1 | 3 | 4 | 1 | 2 | 2 | 2 | . | 1 | . | 1 | . | 47 |
| CA-ZA | . | . | . | 3 | 2 | 4 | 5 | 4 | 4 | 5 | 4 | 7 | 3 | 5 | 2 | 6 | 2 | 4 | 7 | 3 | 5 | 5 | 2 | 3 | 3 | 5 | 4 | 99 |
| CA-UK | 11 | 3 | 13 | 17 | 18 | 21 | 17 | 20 | 8 | 19 | 7 | 7 | 14 | 20 | 13 | 12 | 22 | 20 | 19 | 18 | 16 | 23 | 14 | 17 | 22 | 14 | 22 | 427 |
| CA-US | 53 | 66 | 87 | 97 | 107 | 101 | 141 | 162 | 119 | 236 | 177 | 143 | 151 | 157 | 179 | 221 | 261 | 216 | 216 | 197 | 244 | 170 | 178 | 197 | 192 | 163 | 203 | 4434 |
| CN-BR | . | . | . | . | . | . | . | . | . | . | 1 | . | . | . | . | . | . | 1 | 2 | 4 | 4 | 2 | 3 | 1 | 3 | 2 | 8 | 31 |
| CN-CA | . | . | 1 | . | . | 1 | . | 2 | 1 | 1 | . | 1 | . | 1 | 3 | 3 | 5 | 15 | 16 | 17 | 17 | 14 | 9 | 4 | 10 | 9 | 12 | 142 |
| CN-FR | . | . | 1 | . | . | 1 | . | . | . | . | . | . | . | 1 | 1 | . | 1 | 1 | 1 | 1 | 5 | 4 | 2 | 7 | 8 | 10 | 7 | 51 |
| CN-DE | . | . | . | . | . | . | 1 | . | . | . | . | 2 | . | . | 2 | . | 1 | 2 | . | . | 3 | 7 | 8 | 11 | 4 | 19 | 13 | 73 |

(*Fortsetzung auf der nächsten Seite*)

**Tabelle A3:** Fortsetzung

| Länder | 1991 | 1992 | 1993 | 1994 | 1995 | 1996 | 1997 | 1998 | 1999 | 2000 | 2001 | 2002 | 2003 | 2004 | 2005 | 2006 | 2007 | 2008 | 2009 | 2010 | 2011 | 2012 | 2013 | 2014 | 2015 | 2016 | 2017 | Summe |
|---|---|---|---|---|---|---|---|---|---|---|---|---|---|---|---|---|---|---|---|---|---|---|---|---|---|---|---|---|
| CN-IN | . | . | . | 1 | 1 | . | . | . | . | . | . | . | . | . | . | . | . | 1 | . | . | . | . | 3 | . | 3 | 3 | 4 | 16 |
| CN-JP | . | . | . | . | . | . | . | . | 1 | . | . | . | . | 1 | 1 | 3 | 1 | 1 | 8 | 11 | 8 | 3 | 2 | 3 | 7 | 10 | 6 | 66 |
| CN-RU | . | . | . | . | . | . | . | . | . | . | . | . | . | . | . | 2 | . | 1 | 1 | 2 | . | 2 | 1 | . | 4 | 1 | 4 | 18 |
| CN-ZA | . | . | . | . | . | . | . | . | . | . | . | . | . | . | . | 1 | 2 | . | . | 1 | 2 | 3 | 3 | 1 | 4 | 1 | 2 | 20 |
| CN-UK | . | . | . | . | . | . | . | 1 | . | . | . | . | . | 1 | . | 1 | 5 | 1 | 5 | 4 | 2 | 6 | 5 | 7 | 16 | 15 | 16 | 85 |
| CN-US | . | 1 | 2 | 3 | 4 | 1 | 2 | 1 | . | . | 1 | 5 | . | . | 6 | 4 | 17 | 14 | 10 | 18 | 23 | 25 | 21 | 32 | 56 | 77 | 51 | 374 |
| FR-BR | . | . | 2 | 1 | 1 | 2 | 2 | 6 | 7 | 12 | 3 | 1 | 1 | 1 | 4 | 3 | 6 | 1 | 7 | 4 | 7 | 4 | . | 3 | 5 | 4 | 1 | 88 |
| FR-CA | 3 | . | 5 | 3 | 1 | 1 | 2 | 4 | 4 | 10 | 3 | 1 | 3 | 6 | . | 4 | 3 | 5 | 1 | 1 | 4 | 3 | 2 | 5 | 1 | 2 | . | 77 |
| FR-CN | . | . | . | . | . | 1 | . | . | 1 | 2 | 1 | 3 | 4 | 5 | 9 | 10 | 6 | 7 | 2 | 5 | 4 | 3 | 5 | 5 | 2 | 3 | 1 | 79 |
| FR-DE | 7 | 10 | 5 | 1 | 4 | 2 | 6 | 4 | 9 | 14 | 9 | 11 | 2 | 14 | 7 | 16 | 24 | 3 | 3 | 7 | 2 | 10 | 4 | 6 | 8 | 12 | 7 | 207 |
| FR-IN | . | . | . | 1 | . | 1 | . | 3 | 3 | 3 | 5 | 3 | 3 | 4 | 9 | 6 | 5 | 3 | 5 | 6 | 7 | 6 | 4 | 4 | 2 | 2 | 3 | 88 |
| FR-JP | . | . | . | . | . | 1 | 1 | 1 | 8 | 3 | 3 | 2 | 1 | 2 | . | 1 | 1 | 1 | . | . | 1 | 1 | . | . | 1 | 2 | . | 30 |
| FR-RU | . | . | 1 | . | . | . | . | 2 | . | . | . | 1 | . | 1 | 1 | 2 | 3 | 2 | 3 | 4 | 2 | 1 | . | 1 | . | . | . | 24 |
| FR-ZA | . | 1 | 2 | . | 2 | . | . | 1 | 1 | . | 1 | 2 | . | . | . | . | 1 | . | 1 | . | 1 | . | . | 1 | . | 1 | . | 15 |
| FR-UK | 26 | 12 | 14 | 12 | 13 | 8 | 11 | 12 | 30 | 24 | 11 | 9 | 11 | 7 | 9 | 9 | 16 | 9 | 9 | 12 | 10 | 9 | 10 | 7 | 9 | 7 | 9 | 325 |
| FR-US | 17 | 2 | 9 | 10 | 18 | 11 | 20 | 22 | 46 | 38 | 27 | 19 | 10 | 19 | 20 | 22 | 27 | 24 | 17 | 22 | 12 | 10 | 13 | 17 | 12 | 20 | 31 | 515 |
| DE-BR | . | 1 | . | 1 | . | 2 | 2 | . | 3 | 3 | 3 | . | 1 | . | . | . | 2 | 3 | 2 | 1 | . | . | . | 3 | . | 1 | 3 | 31 |
| DE-CA | 1 | . | 1 | . | 2 | . | 1 | 4 | 2 | 4 | 2 | 2 | . | 2 | 3 | 3 | 3 | 3 | 4 | 2 | 1 | 1 | 1 | . | . | 1 | 1 | 44 |
| DE-CN | . | . | . | . | 4 | 1 | 1 | . | . | 2 | . | 1 | 3 | 1 | 5 | 5 | 4 | 9 | 2 | 1 | 3 | 2 | 1 | 1 | . | 1 | . | 47 |
| DE-FR | 6 | 5 | 6 | 9 | 4 | 9 | 7 | 17 | 13 | 8 | 18 | 11 | 6 | 12 | 12 | 6 | 9 | 5 | 4 | 15 | 4 | 3 | 1 | 8 | 3 | 13 | 9 | 223 |
| DE-IN | . | . | . | . | 1 | . | 4 | 1 | 5 | 5 | 6 | 7 | 5 | 1 | 6 | 4 | 3 | 13 | 8 | . | 5 | 1 | 3 | 2 | 2 | 3 | 1 | 86 |
| DE-JP | . | 1 | . | . | . | 2 | 1 | 1 | 5 | 4 | 4 | 5 | . | 3 | . | . | . | 6 | 1 | 3 | 2 | . | 2 | 1 | . | . | . | 41 |
| DE-RU | . | 1 | . | . | 3 | . | . | 1 | . | . | . | 2 | 1 | 2 | 4 | 2 | 7 | 4 | 2 | 1 | 2 | . | . | 1 | . | . | 1 | 34 |
| DE-ZA | . | . | . | . | 1 | . | . | 2 | 4 | 3 | . | . | . | 1 | 1 | . | . | . | . | . | . | 1 | 1 | 2 | . | . | 1 | 17 |
| DE-UK | 15 | 8 | 9 | 2 | 11 | 12 | 8 | 10 | 25 | 33 | 13 | 15 | 10 | 9 | 19 | 14 | 19 | 13 | 6 | 8 | 3 | 6 | 9 | 8 | 9 | 10 | 14 | 318 |
| DE-US | 10 | 6 | 6 | 16 | 20 | 19 | 7 | 29 | 39 | 49 | 26 | 13 | 15 | 14 | 18 | 18 | 29 | 20 | 10 | 9 | 17 | 19 | 11 | 20 | 16 | 29 | 23 | 508 |

| | | | | | | | | | | | | | | | | | | | | | | | | | | | |
|---|---|---|---|---|---|---|---|---|---|---|---|---|---|---|---|---|---|---|---|---|---|---|---|---|---|---|---|
| IN-BR | . | . | . | . | . | . | . | . | . | . | . | . | . | 1 | . | 1 | 3 | 1 | 1 | 2 | 1 | . | 2 | . | . | 2 | 1 | 15 |
| IN-CA | . | . | . | . | . | . | . | 1 | . | . | . | . | . | . | 1 | 1 | 3 | 4 | 4 | 1 | 6 | . | 1 | 1 | 1 | 1 | 1 | 26 |
| IN-CN | . | . | . | . | . | . | . | . | . | 1 | . | . | 2 | . | 2 | 2 | 2 | 1 | . | . | . | 1 | . | . | . | . | . | 11 |
| IN-FR | . | . | . | . | 1 | . | . | . | . | . | . | . | 1 | 1 | 2 | 1 | 4 | 3 | 1 | 4 | . | . | 2 | 3 | 2 | . | . | 25 |
| IN-DE | . | . | . | . | . | . | . | . | 1 | . | 1 | . | 1 | 4 | 1 | 4 | 4 | 5 | 3 | 2 | 1 | . | 2 | 1 | 3 | 1 | . | 34 |
| IN-JP | . | . | . | . | . | . | . | . | . | . | . | . | . | . | . | . | 1 | . | . | . | . | 1 | 1 | . | 1 | 1 | 1 | 6 |
| IN-RU | . | . | 1 | . | . | . | . | . | . | 1 | . | . | . | . | . | . | 1 | 1 | . | . | . | . | . | 1 | 1 | 2 | . | 8 |
| IN-ZA | . | . | . | . | 1 | . | . | . | 1 | . | . | . | . | . | . | 2 | . | 1 | 2 | 4 | . | 3 | . | . | . | . | 1 | 15 |
| IN-UK | . | 1 | . | 2 | 2 | . | 1 | 1 | 1 | 3 | 1 | 2 | 8 | 5 | 8 | 12 | 14 | 11 | 4 | 9 | 8 | 3 | 3 | 2 | 4 | 7 | 3 | 115 |
| IN-US | 1 | . | . | 3 | 3 | 2 | 1 | 1 | 2 | 25 | 10 | 6 | 8 | 18 | 16 | 24 | 42 | 27 | 11 | 21 | 7 | 15 | 9 | 5 | 15 | 11 | 12 | 295 |
| JP-BR | . | . | . | . | . | 4 | 3 | 3 | 2 | . | 2 | . | 1 | . | 3 | 4 | 1 | 6 | 2 | 3 | 5 | 3 | 5 | 1 | 2 | 2 | . | 52 |
| JP-CA | 5 | 2 | . | 1 | 7 | . | . | 2 | . | 4 | 2 | . | . | 1 | 4 | 4 | 3 | 4 | 3 | 1 | 4 | 4 | 4 | 3 | 4 | . | 7 | 69 |
| JP-CN | . | 2 | 1 | 4 | 4 | 8 | 4 | 7 | 8 | 5 | 5 | 9 | 16 | 17 | 17 | 12 | 11 | 13 | 13 | 32 | 35 | 32 | 13 | 19 | 16 | 11 | 15 | 329 |
| JP-FR | 6 | 4 | . | . | 2 | 2 | 1 | . | 2 | . | 1 | 3 | . | 3 | 2 | 4 | 1 | 3 | . | 2 | 4 | 4 | 3 | 2 | 2 | 7 | 3 | 61 |
| JP-DE | 7 | 2 | . | . | . | 3 | . | 1 | 1 | 1 | 1 | 2 | 3 | 3 | 5 | . | 1 | 5 | 4 | 2 | 4 | 4 | 6 | 5 | 6 | 6 | 2 | 74 |
| JP-IN | 1 | 1 | 1 | 1 | 3 | . | 4 | 1 | 3 | 4 | 7 | 3 | 8 | 3 | 4 | 2 | 5 | 10 | 7 | 13 | 13 | 20 | 12 | 16 | 12 | 8 | 17 | 179 |
| JP-RU | . | . | . | . | 2 | . | . | . | . | . | . | . | . | 1 | 1 | . | 1 | 2 | 2 | 1 | 1 | 1 | 1 | 1 | . | 1 | . | 15 |
| JP-ZA | . | . | . | 1 | 3 | 2 | 2 | . | 1 | 1 | 1 | 1 | . | . | 3 | . | . | 2 | . | 4 | . | . | 2 | . | . | 1 | 1 | 25 |
| JP-UK | 15 | 7 | 6 | 4 | 8 | 3 | 3 | 6 | 5 | 5 | 6 | 4 | 1 | 6 | 13 | 3 | 7 | 5 | 1 | 4 | 9 | 15 | 7 | 6 | 14 | 9 | 13 | 185 |
| JP-US | 74 | 43 | 18 | 25 | 21 | 31 | 32 | 25 | 46 | 44 | 32 | 14 | 8 | 17 | 23 | 28 | 30 | 27 | 19 | 36 | 36 | 48 | 36 | 28 | 36 | 40 | 52 | 869 |
| RU-BR | . | . | . | . | . | . | . | . | . | . | . | . | . | . | . | . | . | . | . | . | 1 | . | . | . | . | . | . | 1 |
| RU-CA | . | . | . | . | . | . | . | . | . | . | 1 | . | . | . | . | . | 6 | 5 | 6 | 1 | 1 | 1 | 1 | . | . | . | . | 22 |
| RU-CN | . | . | . | . | . | . | . | . | . | . | . | . | . | . | . | . | 1 | . | 1 | . | 2 | . | . | . | . | . | . | 4 |
| RU-FR | . | . | . | . | . | . | . | . | . | . | . | . | . | . | . | 1 | 1 | 1 | . | . | 1 | 1 | 2 | 1 | . | 1 | 1 | 10 |
| RU-DE | . | . | 1 | . | . | . | . | . | . | . | . | . | . | 1 | . | 1 | 3 | . | 3 | 2 | 3 | 1 | . | 2 | . | 1 | . | 18 |
| RU-IN | . | . | . | . | . | . | . | . | . | . | . | . | . | . | 1 | 1 | 2 | . | 2 | . | 1 | . | . | . | 2 | . | . | 9 |

(*Fortsetzung auf der nächsten Seite*)

**Tabelle A3:** Fortsetzung

| Länder | 1991 | 1992 | 1993 | 1994 | 1995 | 1996 | 1997 | 1998 | 1999 | 2000 | 2001 | 2002 | 2003 | 2004 | 2005 | 2006 | 2007 | 2008 | 2009 | 2010 | 2011 | 2012 | 2013 | 2014 | 2015 | 2016 | 2017 | Summe |
|---|---|---|---|---|---|---|---|---|---|---|---|---|---|---|---|---|---|---|---|---|---|---|---|---|---|---|---|---|
| RU-JP | . | . | . | 1 | . | . | . | . | . | . | . | . | . | . | . | . | . | . | . | . | . | . | . | . | . | . | . | 1 |
| RU-ZA | . | . | . | . | . | . | . | . | . | . | . | . | . | . | 1 | 1 | 1 | . | . | 1 | . | . | . | . | . | . | . | 4 |
| RU-UK | . | . | . | 1 | . | . | 1 | . | . | 1 | 1 | 1 | 1 | . | 2 | 2 | 5 | 2 | 3 | 2 | 3 | 3 | 1 | . | . | . | . | 29 |
| RU-US | . | . | . | . | 2 | . | . | . | . | 1 | . | 4 | 1 | 3 | . | 5 | 3 | 10 | 5 | 2 | 3 | 1 | 1 | 4 | . | 3 | 1 | 49 |
| ZA-BR | . | . | . | . | . | 1 | . | . | . | . | . | . | . | . | . | 1 | 1 | 1 | 2 | 1 | . | 1 | . | . | . | . | . | 8 |
| ZA-CA | . | . | . | . | 1 | 1 | 2 | 3 | 2 | 2 | 1 | 2 | . | . | 2 | 1 | 3 | 4 | 2 | 2 | 4 | 3 | 3 | . | 1 | 2 | . | 41 |
| ZA-CN | . | . | . | . | . | . | . | . | . | . | 1 | . | . | 1 | . | . | . | . | 1 | . | 1 | . | . | . | 1 | . | 1 | 6 |
| ZA-FR | . | . | . | 1 | . | . | . | 1 | . | . | . | 1 | . | . | . | . | . | 1 | 2 | . | 1 | . | 1 | . | . | 1 | . | 9 |
| ZA-DE | . | 2 | . | . | . | 1 | . | 2 | 3 | 2 | . | 1 | . | . | . | 1 | 1 | . | . | . | . | 1 | . | . | . | . | 3 | 17 |
| ZA-IN | . | . | . | . | . | . | . | 1 | . | 2 | . | . | . | . | . | . | 2 | . | 1 | . | 2 | . | 1 | 1 | . | 2 | . | 12 |
| ZA-RU | . | . | . | . | . | . | . | . | . | . | . | . | . | . | . | 2 | 1 | . | 1 | 1 | . | . | . | 1 | 1 | . | . | 7 |
| ZA-UK | 1 | 6 | 3 | 6 | 3 | 3 | 7 | 9 | 15 | 11 | 4 | 6 | 4 | 6 | 1 | 4 | 6 | 10 | 1 | 5 | 6 | 2 | 2 | 5 | 10 | 11 | 9 | 156 |
| ZA-US | 1 | . | . | 1 | 1 | 2 | 2 | 8 | 7 | 9 | 8 | 1 | . | . | . | 2 | 3 | 2 | . | 1 | . | . | 1 | . | 2 | 5 | 2 | 58 |
| UK-BR | . | 1 | . | 1 | 4 | 3 | 10 | 2 | 2 | 6 | 3 | 3 | 5 | 2 | 2 | 1 | 9 | 6 | 1 | 8 | 8 | 6 | 5 | 2 | 6 | 2 | 4 | 102 |
| UK-CA | 9 | 9 | 4 | 7 | 19 | 8 | 11 | 19 | 15 | 26 | 25 | 14 | 17 | 16 | 12 | 22 | 19 | 13 | 29 | 16 | 20 | 16 | 22 | 17 | 14 | 11 | 14 | 424 |
| UK-CN | . | 2 | 2 | 3 | 3 | 6 | 2 | 1 | 3 | 3 | 5 | 10 | 5 | 15 | 19 | 15 | 12 | 13 | 2 | 8 | 6 | 6 | 6 | 3 | 5 | 7 | 1 | 163 |
| UK-FR | 31 | 34 | 24 | 40 | 42 | 30 | 63 | 51 | 43 | 66 | 33 | 22 | 31 | 29 | 39 | 38 | 39 | 9 | 11 | 20 | 14 | 16 | 11 | 15 | 19 | 28 | 19 | 817 |
| UK-DE | 24 | 21 | 23 | 18 | 40 | 30 | 31 | 46 | 38 | 51 | 40 | 25 | 24 | 35 | 44 | 55 | 58 | 24 | 17 | 17 | 31 | 17 | 14 | 16 | 29 | 10 | 16 | 794 |
| UK-IN | . | . | 6 | 2 | 3 | 4 | 5 | 7 | 4 | 10 | 13 | 12 | 20 | 9 | 16 | 15 | 15 | 20 | 5 | 12 | 9 | 9 | 12 | 12 | 6 | 7 | 7 | 240 |
| UK-JP | 3 | 2 | 2 | 8 | 3 | 2 | . | 2 | 8 | 6 | 13 | 3 | 3 | 2 | 2 | 12 | 17 | 6 | 3 | 6 | . | 4 | 3 | 4 | 1 | . | . | 115 |
| UK-RU | . | . | . | 3 | 1 | 6 | 8 | 3 | 4 | 8 | 5 | 5 | 4 | 10 | 15 | 12 | 16 | 20 | 2 | 7 | 12 | 4 | 3 | 3 | 3 | 4 | 2 | 160 |
| UK-ZA | 1 | 3 | 7 | 6 | 7 | 14 | 7 | 5 | 10 | 19 | 9 | 7 | 8 | 12 | 9 | 22 | 14 | 19 | 12 | 16 | 9 | 11 | 7 | 8 | 7 | 10 | 2 | 261 |
| UK-US | 83 | 81 | 92 | 110 | 136 | 134 | 155 | 164 | 183 | 222 | 145 | 93 | 81 | 106 | 92 | 118 | 126 | 106 | 75 | 88 | 109 | 78 | 55 | 73 | 86 | 70 | 106 | 2967 |
| US-BR | 1 | . | 3 | 7 | 11 | 18 | 26 | 27 | 25 | 29 | 19 | 5 | 10 | 10 | 12 | 13 | 16 | 23 | 22 | 30 | 21 | 24 | 18 | 14 | 25 | 17 | 14 | 440 |
| US-CA | 50 | 54 | 78 | 85 | 126 | 127 | 108 | 163 | 145 | 190 | 127 | 103 | 74 | 109 | 105 | 138 | 151 | 129 | 125 | 113 | 85 | 109 | 71 | 85 | 72 | 79 | 115 | 2916 |
| US-CN | 1 | 1 | 3 | 7 | 5 | 10 | 7 | 8 | 8 | 9 | 24 | 17 | 32 | 54 | 47 | 59 | 76 | 46 | 38 | 51 | 28 | 32 | 22 | 31 | 25 | 12 | 24 | 677 |

| | | | | | | | | | | | | | | | | | | | | | | | | | | | |
|---|---|---|---|---|---|---|---|---|---|---|---|---|---|---|---|---|---|---|---|---|---|---|---|---|---|---|---|
| US-FR | 11 | 17 | 26 | 22 | 38 | 37 | 37 | 59 | 47 | 25 | 36 | 25 | 21 | 34 | 49 | 38 | 41 | 21 | 11 | 20 | 22 | 22 | 15 | 26 | 33 | 32 | 25 | 790 |
| US-DE | 14 | 20 | 13 | 17 | 21 | 34 | 44 | 62 | 35 | 34 | 30 | 45 | 43 | 62 | 54 | 53 | 39 | 32 | 18 | 14 | 23 | 31 | 27 | 34 | 38 | 25 | 24 | 886 |
| US-IN | . | 1 | 4 | 7 | 4 | 4 | 18 | 11 | 22 | 43 | 22 | 23 | 22 | 21 | 33 | 46 | 69 | 48 | 34 | 44 | 39 | 29 | 31 | 37 | 49 | 31 | 51 | 743 |
| US-JP | 5 | 11 | 2 | 7 | 7 | 6 | 12 | 17 | 25 | 48 | 21 | 20 | 19 | 20 | 10 | 11 | 37 | 17 | 19 | 18 | 12 | 13 | 8 | 12 | 12 | 6 | 8 | 403 |
| US-RU | . | . | 3 | 6 | 9 | 4 | 3 | 3 | 1 | 5 | . | 2 | 4 | 7 | 2 | 9 | 4 | 13 | 1 | 5 | 1 | 5 | 3 | 2 | 2 | . | . | 94 |
| US-ZA | . | . | . | 4 | 9 | 4 | 8 | 8 | 7 | 11 | 3 | . | 5 | 3 | 2 | 1 | 2 | 6 | 4 | 3 | 5 | . | . | 1 | 1 | 3 | 2 | 92 |
| US-UK | 80 | 72 | 74 | 88 | 100 | 115 | 179 | 208 | 165 | 166 | 88 | 78 | 90 | 112 | 119 | 115 | 114 | 106 | 55 | 86 | 103 | 89 | 89 | 95 | 87 | 70 | 80 | 2823 |
| Summe | 580 | 531 | 580 | 696 | 896 | 884 | 1061 | 1273 | 1246 | 1599 | 1085 | 864 | 861 | 1090 | 1161 | 1347 | 1600 | 1294 | 997 | 1160 | 1171 | 1066 | 897 | 1009 | 1092 | 1030 | 1138 | 28208 |

(Quelle: eigene Darstellung)

**Tabelle A4:** t-Wert Matrix

| **H** | **PD** | **ED** | **PD** | **ED** | **PD** | **ED** | **PD** | **ED** |
|---|---|---|---|---|---|---|---|---|
| ED_ | -2,74$^{***}$ | -4,02$^{***}$ | -2,87$^{***}$ | -4,10$^{***}$ | -2,73$^{**}$ | -4,19$^{***}$ | -2,68$^{**}$ | -4,15$^{***}$ |
| Lag(3) | (-3,00) | (-5,09) | (-2,66) | (-5,01) | (-2,55) | (-4,92) | (-2,56) | (-4,74) |
| IntEDr | 1,60$^{**}$ | | 1,63$^{**}$ | | 1,65$^{**}$ | | 1,57$^{**}$ | |
| | (2,01) | | (2,05) | | (2,07) | | (1,96) | |
| ED_ | -2,91$^{***}$ | -3,91$^{***}$ | -2,82$^{***}$ | -3,99$^{***}$ | -2,72$^{***}$ | -4,10$^{***}$ | -3,02$^{***}$ | -4,13$^{***}$ |
| Lag(2) | (-2,76) | (-5,00) | (-2,72) | (-4,88) | (-2,64) | (-4,82) | (-2,92) | (-4,65) |
| IntEDr | 1,66$^{**}$ | | 1,68$^{**}$ | | 1,71$^{**}$ | | 1,84$^{**}$ | |
| | (2,13) | | (2,15) | | (2,17) | | (2,27) | |
| ED_ | -3,08$^{***}$ | -4,23$^{***}$ | -3,00$^{***}$ | -4,29$^{***}$ | -2,86$^{***}$ | -4,31$^{***}$ | -3,04$^{***}$ | -4,32$^{***}$ |
| Lag(1) | (-3,02) | (-5,36) | (-2,99) | (-5,23) | (-2,75) | (-4,91) | (-2,93) | (-4,69) |
| IntEDr | 1,87$^{**}$ | | 1,86$^{**}$ | | 1,84$^{**}$ | | 1,91$^{**}$ | |
| | (2,45) | | (2,44) | | (2,27) | | (2,30) | |
| ED_ | -3,36$^{***}$ | -4,58$^{***}$ | -3,10$^{***}$ | -4,30$^{***}$ | -2,87$^{***}$ | -4,28$^{***}$ | -2,96$^{***}$ | -4,25$^{***}$ |
| Lag(0) | (-3,39) | (-5,71) | (-3,11) | (-5,04) | (-2,80) | (-4,69) | (-2,88) | (-4,40) |
| IntEDr | 2,05$^{***}$ | | 1,95$^{**}$ | | 1,87$^{**}$ | | 1,88$^{**}$ | |
| | (2,70) | | (2,50) | | (2,27) | | (2,22) | |
| | PD_Lag(0) | | PD_Lag(1) | | PD_Lag(2) | | PD_Lag(3) | |

Hinweise:
In der Tabelle werden die Regressionskoeffizienten gezeigt, die t-Werte sind in Klammern dargestellt.
Für die Hauptregressionsergebnisse sind die Zeitverzögerungen herangezogen worden, die Ergebnisse finden sich in der Matrix in der Paarung PD_Lag(0)-ED_Lag(0). Beispielhaft ist die Verzögerung der Wirkung der Publizität von einer Periode und des Enforcements von zwei Perioden ausgewählt worden. In den Hauptregressionsergebnissen findet sich daher die Paarung PD_Lag(1)-ED_Lag(2) aus der t-Wert Matrix wieder.

(Quelle: eigene Darstellung)

# Literaturverzeichnis

**Abée, Julian S. (2017):** *Risiken von Streubesitzinvestitionen und die Regulierung der Rechnungslegung*, Berlin: Wissenschaftlicher Verlag Berlin.

**Abée, Julian S.; Meser, Michael; Veith, Stefan; Zimmermann, Jochen (2019):** *Disclosure, Enforcement and the Valuation of Equity*, in: Research Journal of Finance and Accounting, 10:8, 24–60.

**Abée, Stephan (2012):** *Die Neubestimmung des öffentlichen und privaten Interesses auf Kapitalmärkten*, Frankfurt am Main u. a.: Lang.

**Acemoglu, Daron; Johnson, Simon; Robinson, James A. (2001):** *The Colonial Origins of Comparative Development: An Empirical Investigation*, in: American Economic Review, 91:5, 1369–1401.

**Acemoglu, Daron; Johnson, Simon; Robinson, James A. (2002):** *Reversal of Fortune: Geography and Institutions in the Making of the Modern World Income Distribution*, in: The Quarterly Journal of Economics, 117:4, 1231–1294.

**Ackermann, Rolf (2001):** *Pfadabhängigkeit, Institutionen und Regelreform*, Tübingen: Mohr Siebeck.

**Adams, Laurel A. (1998):** *Southern Multinationals*, in: Review of International Economics, 6:3, 441–449.

**Adams, Zoe; Bastani, Parisa; Bishop, Louise; Deakin, Simon (2017):** *The CBR-LRI Dataset: Methods, Properties and Potential of Leximetric Coding of Labour Laws*, in: International Journal of Comparative Labour Law and Industrial Relations, 33:1, 59–91.

**Aguinis, Herman; Beaty, James C.; Boik, Robert J.; Pierce, Charles A. (2005):** *Effect Size and Power in Assessing Moderating Effects of Categorical Variables Using Multiple Regression: A 30-Year Review*, in: Journal of Applied Psychology, 90:1, 94–107.

**Aguinis, Herman; Gottfredson, Ryan K. (2010):** *Best-practice recommendations for estimating interaction effects using moderated multiple regression*, in: Journal of Organizational Behavior, 31:6, 776–786.

**Ahearne, Alan G.; Griever, William L.; Warnock, Francis E. (2004):** *Information costs and home bias: an analysis of US holdings of foreign equities*, in: Journal of International Economics, 62:2, 313–336.

**Ahern, Kenneth R.; Daminelli, Daniele; Fracassi, Cesare (2015):** *Lost in translation? The effect of cultural values on mergers around the world*, in: Journal of Financial Economics, 117:1, 165–189.

**Ahmed, Anwer S.; Neel, Michael; Wang, Dechun (2013):** *Does Mandatory Adoption of IFRS Improve Accounting Quality? Preliminary Evidence*, in: Contemporary Accounting Research, 30:4, 1344–1372.

**Akerlof, George A. (1970):** *The Market for 'Lemons': Quality Uncertainty and the Market Mechanism*, in: Quarterly Journal of Economics, 84:3, 488–500.

**Alexander, Cindy R. (1999):** *On the Nature of the Reputational Penalty for Corporate Crime: Evidence*, in: The Journal of Law & Economics, 42:Supplement, 489–526.

**Alfaro, Laura; Kalemli-Ozcan, Sebnem; Volosovych, Vadym (2005):** *Capital Flows in a Globalized World: The Role of Policies and Institutions*, in: Edwards, Sebastian (Hrsg.): Capital Controls and Capital Flows in Emerging Economies: Policies, Practices, and Consequences, Chicago: University of Chicago Press, 73–120.

**Allison, Paul D. (1977):** *Testing for Interaction in Multiple Regression*, in: American Journal of Sociology, 83:1, 144–153.

**Amstutz, Marc; Karavas, Vaios (2006):** *Rechtsmutation: Zu Genese und Evolution des Rechts im transnationalen Raum*, in: Rechtsgeschichte, 8, 14–32.

**Anderson, Shannon W.; Lanen, William N. (1999):** *Economic transition, strategy and the evolution of management accounting practices: the case of India*, in: Accounting, Organizations and Society, 24:5–6, 379–412.

**Antweiler, Christoph (2017):** *Kultur*, in: Kühnhardt, Ludger; Mayer, Tilman (Hrsg.): Bonner Enzyklopädie der Globalität, Wiesbaden: Springer Fachmedien Wiesbaden, 899–908.

**Armstrong, Christopher S.; Barth, Mary E.; Jagolinzer, Alan D.; Riedl, Edward J. (2010):** *Market Reaction to the Adoption of IFRS in Europe*, in: The Accounting Review, 85:1, 31–61.

**Arthur, W. Brian (1996):** *Increasing Returns and the New World of Business*, in: Harvard Business Review, 74:4, 100–109.

**Artiach, Tracy C.; Clarkson, Peter M. (2011):** *Disclosure, conservatism and the cost of equity capital: A review of the foundation literature*, in: Accounting & Finance, 51:1, 2–49.

**Bailey, Warren; Li, Haitao; Mao, Connie X.; Zhong, Rui (2003):** *Regulation Fair Disclosure and Earnings Information: Market, Analyst, and Corporate Responses*, in: The Journal of Finance, 58:6, 2487–2514.

**Baker, C. Richard; Barbu, Elena M. (2007):** *Trends in research on international accounting harmonization*, in: The International Journal of Accounting, 42:3, 272–304.

**Balakrishnan, Karthik; Billings, Mary B.; Kelly, Bryan; Ljungqvist, Alexander (2014)**: *Shaping Liquidity: On the Causal Effects of Voluntary Disclosure*, in: The Journal of Finance, 69:5, 2237–2278.

**Ball, Ray (2001)**: *Infrastructure Requirements for an Economically Efficient System of Public Financial Reporting and Disclosure*, in: Litan, Robert E.; Herring, Richard (Hrsg.): Brookings-Wharton Papers on Financial Services, Washington D.C.: Brookings Institution Press, 127–169.

**Ball, Ray (2006)**: *International Financial Reporting Standards (IFRS): pros and cons for investors*, in: Accounting and Business Research, 36:Supplement, 5–27.

**Ball, Ray (2009)**: *Market and Political/Regulatory Perspectives on the Recent Accounting Scandals*, in: Journal of Accounting Research, 47:2, 277–323.

**Ball, Ray (2016)**: *Why We Do International Accounting Research*, in: Journal of International Accounting Research, 15:2, 1–6.

**Ball, Ray; Kothari, S. P.; Robin, Ashok (2000)**: *The effect of international institutional factors on properties of accounting earnings*, in: Journal of Accounting and Economics, 29:1, 1–51.

**Ball, Ray; Robin, Ashok; Wu, Joanna Shuang (2003)**: *Incentives versus standards: properties of accounting income in four East Asian countries*, in: Journal of Accounting and Economics, 36:1, 235–270.

**Ball, Ray; Shivakumar, Lakshmanan (2006)**: *The Role of Accruals in Asymmetrically Timely Gain and Loss Recognition*, in: Journal of Accounting Research, 44:2, 207–242.

**Baltagi, Badi H. (2013)**: *Econometric Analysis of Panel Data*, 5. Aufl., New York: John Wiley & Sons Inc.

**Baltagi, Badi H.; Song, Seuck Heun (2006)**: *Unbalanced panel data: A survey*, in: Statistical Papers, 47:4, 493–523.

**Barondes, Royce de R. (1995)**: *The Limits of Quantitative Legal Analyses: Chaos in Legal Scholarship and FDIC v. W.R. Grace & Co.*, in: Rutgers Law Review, 48, 161–225.

**Barros, Lucas Ayres B. de C.; Di Miceli da Silveira, Alexandre; Bortolon, Patricia M.; Leal, Ricardo P. C. (2015)**: *Facing the Regulators: Noncompliance With Detailed Mandatory Compensation Disclosure in Brazil*, in: Emerging Markets Finance and Trade, 51:Supplement, 47–61.

**Baydoun, Nabil; Willett, Roger (1995)**: *Cultural Relevance of Western Accounting Systems to Developing Countries*, in: Abacus, 31:1, 67–92.

**Becker, Selwyn W. (1967)**: *Discussion of The Effect of Frequency of Feedback on Attitudes and Performance*, in: Journal of Accounting Research, 5:Supplement, 225–228.

**Bedeian, Arthur G.; Mossholder, Kevin W. (1994)**: *Simple Question, Not So Simple Answer: Interpreting Interaction Terms in Moderated Multiple Regression*, in: Journal of Management, 20:1, 159–165.

**Beneish, Messod D.; Miller, Brian P.; Yohn, Teri L. (2015)**: *Macroeconomic evidence on the impact of mandatory IFRS adoption on equity and debt markets*, in: Journal of Accounting and Public Policy, 34:1, 1–27.

**Berger, Peter Ludwig; Luckmann, Thomas (1980)**: *Die gesellschaftliche Konstruktion der Wirklichkeit: Eine Theorie der Wissenssoziologie*, 5. unveränderte Aufl., Frankfurt am Main: Fischer Taschenbuch Verlag.

**Berkowitz, Daniel; Pistor, Katharina; Richard, Jean-Francois (2003)**: *Economic development, legality, and the transplant effect*, in: European Economic Review, 47:1, 165–195.

**Bertrand, Olivier; Betschinger, Marie-Ann; Settles, Alexander (2016)**: *The relevance of political affinity for the initial acquisition premium in cross-border acquisitions*, in: Strategic Management Journal, 37:10, 2071–2091.

**Bhalla, V.K. (2008)**: *Investment Management*, S. Chand Limited.

**Biggemann, Sergio; Fam, Kim (2011)**: *Business marketing in BRIC countries*, in: Industrial Marketing Management, 40:1, 5–7.

**Birt, Jacqueline; Joshi, Mahesh; Kend, Michael (2017)**: *Segment reporting in a developing economy: the Indian banking sector*, in: Asian Review of Accounting, 25:1, 127–147.

**Boland, Lawrence A. (1979)**: *Knowledge and the Role of Institutions in Economic Theory*, in: Journal of Economic Issues, 13:4, 957–972.

**Botosan, Christine A. (1997)**: *Disclosure level and the cost of equity capital*, in: The Accounting Review, 72:3, 323–349.

**Botzem, Sebastian (2008)**: *Transnational expert-driven standardisation: accountancy governance from a professional point of view*, in: Graz, Jean-Christophe; Nölke, Andreas (Hrsg.): Transnational private governance and its limits, London: Routledge, 44–57.

**Breidenstein, Matthias (2012)**: *Zur Methodik der Verfahrensrechtsvergleichung: Eine Erörterung am Beispiel der Tatsachenfeststellung im deutschen und europäischen Verfahren zur Kontrolle horizontaler Zusammenschlüsse von Unternehmen*, Tübingen: Mohr Siebeck.

**Broner, Fernando; Rigobon, Roberto (2004):** *Why are capital flows so much more volatile in emerging than in developed countries?*, in: Working Paper: Massachusetts Institute of Technology (MIT), online im Internet: http://dx.doi.org/10.2139/ssrn.884381, Stand: Oktober 2004.

**Brown, Philip; Preiato, John; Tarca, Ann (2014):** *Measuring Country Differences in Enforcement of Accounting Standards: An Audit and Enforcement Proxy*, in: Journal of Business Finance & Accounting, 41:1-2, 1-52.

**Brown, Philip; Tarca, Ann (2005):** *A commentary on issues relating to the enforcement of International Financial Reporting Standards in the EU*, in: European Accounting Review, 14:1, 181-212.

**Brown, Stephen; Hillegeist, Stephen A. (2007):** *How disclosure quality affects the level of information asymmetry*, in: Review of Accounting Studies, 12:2, 443-477.

**Brüggemann, Ulf; Hitz, Jörg-Markus; Sellhorn, Thorsten (2013):** *Intended and Unintended Consequences of Mandatory IFRS Adoption: A Review of Extant Evidence and Suggestions for Future Research*, in: European Accounting Review, 22:1, 1-37.

**Burgstahler, David; Leuz, Christian; Hail, Luzi (2006):** *The importance of reporting incentives: earnings management in European private and public firms*, in: The Accounting Review, 81:5, 983-1016.

**Bushman, Robert; Chen, Qi; Engel, Ellen; Smith, Abbie J. (2004):** *Financial accounting information, organizational complexity and corporate governance systems*, in: Journal of Accounting & Economics, 37:2, 167-201.

**Bushman, Robert M.; Piotroski, Joseph D. (2006):** *Financial reporting incentives for conservative accounting: The influence of legal and political institutions*, in: Journal of Accounting and Economics, 42:1-2, 107-148.

**Bushman, Robert M.; Piotroski, Joseph D.; Smith, Abbie J. (2004):** *What Determines Corporate Transparency?*, in: Journal of Accounting Research, 42:2, 207-252.

**Bushman, Robert M.; Smith, Abbie J. (2001):** *Financial accounting information and corporate governance*, in: Journal of Accounting and Economics, 32:1-3, 237-333.

**Büter, Clemens (2010):** *Internationale Unternehmensführung: Entscheidungsorientierte Einführung*, München: Oldenbourg-Verlag.

**Calliess, Gralf-Peter (2006):** *Grenzüberschreitende Verbraucherverträge*, Tübingen: Mohr Siebeck.

**Calliess, Gralf-Peter; Renner, Moritz (2009):** *Between Law and Social Norms: The Evolution of Global Governance*, in: Ratio Juris, 22:2, 260–280.

**Capowski, John J. (2012):** *China's evidentiary and procedural reforms, the federal rules of evidence, and the harmonization of civil and common law*, in: Texas International Law Journal, 47:3, 455–504.

**Carneiro, Juarez; Rodrigues, Lúcia Lima; Craig, Russell (2017):** *Assessing international accounting harmonization in Latin America*, in: Accounting Forum, 41:3, 172–184.

**Carruthers, Bruce G. (1995):** *Accounting, ambiguity, and the new institutionalism*, in: Accounting, Organizations and Society, 20:4, 313–328.

**Cascino, Stefano; Clatworthy, Mark; García Osma, Beatriz; Gassen, Joachim; Imam, Shahed; Jeanjean, Thomas (2014):** *Who Uses Financial Reports and for What Purpose? Evidence from Capital Providers*, in: Accounting in Europe, 11:2, 185–209.

**Caspari, Volker (2019):** *Ökonomik und Wirtschaft: Eine Geschichte des ökonomischen Denkens*, Berlin u. a.: Springer Verlag.

**Cezanne, Wolfgang; Mayer, Anette (1998):** *Neue Institutionenökonomik: Ein Überblick*, in: WISU-Das Wirtschaftsstudium, 27:11, 1345–1353.

**Chakrabarti, Anindya S. (2016):** *Inflationary effects of monetary policies in newly industrialized economies with cross-sectoral labor and capital immobility*, in: Journal of Macroeconomics, 50:1, 151–167.

**Chakrabarti, Rajesh; Gupta-Mukherjee, Swasti; Jayaraman, Narayanan (2009):** *Mars-Venus marriages: Culture and cross-border M&A*, in: Journal of International Business Studies, 40:2, 216–236.

**Chakrabarti, Rajesh; Megginson, William; Yadav, Pradeep K. (2008):** *Corporate Governance in India*, in: Journal of Applied Corporate Finance, 20:1, 59–72.

**Chakrabarti, Rajesh; Subramanian, Krishnamurthy; Yadav, Pradeep K.; Yadev, Yesha (2012):** *Executive compensation in India*, in: Thomas, Randall S.; Beasley, John S.; Hill, Jennifer G. (Hrsg.): Research Handbook on Executive Pay, Cheltenham: Edward Elgar Publishing Limited, 435–465.

**Chanchani, Shalin; Willett, Roger (2004):** *An empirical assessment of Gray's accounting value constructs*, in: The International Journal of Accounting, 39:2, 125–154.

**Chari, Murali D. R.; Shaikh, Ibrahim A. (2017):** *Defying Distance? Cross-Border Acquisitions by Emerging-Economy Firms*, in: Thunderbird International Business Review, 59:2, 173–186.

**Chen, Charles J. P.; Ding, Yuan; Xu, Bin (2014)**: *Convergence of accounting standards and foreign direct investment*, in: The International Journal of Accounting, 49:1, 53–86.

**Chen, Jean J.; Cheng, Peng (2007)**: *The Impact of Regulatory Enforcement on Harmonization of Accounting Practices: Evidence from China*, in: Journal of Contemporary Accounting & Economics, 3:1, 58–71.

**Chen, Shimin; Sun, Zheng; Wang, Yuetang (2002)**: *Evidence from China on Whether Harmonized Accounting Standards Harmonize Accounting Practices*, in: Accounting Horizons, 16:3, 183–197.

**Chen, Vivien (2019)**: *Enforcement of directors' duties in Malaysia and Australia: the implications of context*, in: Oxford University Commonwealth Law Journal, 19:1, 91–117.

**Chen, Xiaomeng; Choi, Ka Wai; Wright, Sue; Wu, Hai (2018)**: *The Effect of Sanctions on Continuous Disclosure Under the Responsive Enforcement Strategy: Evidence from Australia*, in: Working Paper: Macquarie University u. a., online im Internet: http://dx.doi.org/10.2139/ssrn.3221640, Stand: Juli 2018.

**Ching Chi Heng, Lina; Noronha, Carlos (2011)**: *The impact of the new Accounting Standards for Business Enterprises (ASBE) on financial results of mainland Chinese listed companies*, in: Advances in Accounting, 27:1, 156–165.

**Choi, Frederick D. S.; Mueller, Gerhard G. (1984)**: *International accounting*, Englewood Cliffs: Prentice-Hall.

**Choi, Frederick D.S.; Levich, Richard M. (1991)**: *International Accounting Diversity: Does it Impact Market Participants?*, in: NBER Working Papers Series, online im Internet: https://www.nber.org/papers/w3590.pdf, Stand Januar 1991.

**Choi, In (2001)**: *Unit root tests for panel data*, in: Journal of International Money and Finance, 20:2, 249–272.

**Christensen, Hans B; Hail, Luzi; Leuz, Christian (2013)**: *Mandatory IFRS reporting and changes in enforcement*, in: Journal of Accounting and Economics, 56:2, 147–177.

**Christensen, Hans B; Lee, Edward; Walker, Martin (2007)**: *Cross-sectional variation in the economic consequences of international accounting harmonization: The case of mandatory IFRS adoption in the UK*, in: The International Journal of Accounting, 42:4, 341–379.

**Christensen, Hans B.; Liu, Lisa Yao; Maffett, Mark (2019)**: *Proactive financial reporting enforcement and shareholder wealth*, in: Journal of Accounting and Economics, 101267.

**Clemens, Michael A. (2002)**: *Do Rich Countries Invest Less in Poor Countries Than the Poor Countries Themselves?*, in: Working Paper: Center for Global Development, online im Internet: https://ssrn.com/abstract=1107320, Stand: 19.12.2002.

**Coase, Ronald H. (1937)**: *The Nature of the Firm*, in: Economica, 4:16, 386–405.

**Coase, Ronald H. (1960)**: *The problem of social cost*, in: Journal of Law and Economics, 3, 1–44.

**Coates, John C.; Srinivasan, Suraj (2014)**: *SOX after Ten Years: A Multidisciplinary Review*, in: Accounting Horizons, 28:3, 627–671.

**Coetzee, Stephen A.; Schmulian, Astrid (2013)**: *The Effect of IFRS Adoption on Financial Reporting Pedagogy in South Africa*, in: Issues in Accounting Education, 28:2, 243–251.

**Coffee, John C. (2007)**: *Law and the Market: The Impact of Enforcement*, in: University of Pennsylvania Law Review, 156:2, 229–311.

**Cohen, Jacob (1978)**: *Partialed products are interactions; partialed powers are curve components*, in: Psychological Bulletin, 85:4, 858–866.

**Cohen, Jacob; Cohen, Patricia; West, Stephen G.; Aiken, Leona S. (2010)**: *Applied multiple regression/correlation analysis for the behavioral sciences*, 3. Aufl., Mahwah: Erlbaum, unveränderter Nachdruck 2003.

**Conyon, Martin J.; He, Lerong (2012)**: *Executive compensation and pay performance in China*, in: Thomas, Randall S.; Beasley, John S.; Hill, Jennifer G. (Hrsg.): Research Handbook on Executive Pay, Cheltenham: Edward Elgar Publishing Limited, 398–435.

**Cooke, Terence E.; Wallace, R. S. Olusegun (1990)**: *Financial disclosure regulation and its environment: A review and further analysis*, in: Journal of Accounting and Public Policy, 9:2, 79–110.

**Cooter, Robert D.; Ginsburg, Tom (2003)**: *Leximetrics: Why the Same Laws are Longer in Some Countries than Others*, in: Working Paper: University of Illinois, online im Internet: http://dx.doi.org/10.2139/ssrn.456520, Stand: Juni 2003.

**Cowperthwaite, Philip (2010)**: *Culture Matters: How Our Culture Affects the Audit*, in: Accounting Perspectives, 9:3, 175–215.

**Çuruk, Turgut; Cooke, Terry E. (2005)**: *The Impact of International Harmonization Efforts on Accounting Disclosure Regulation in Turkey*, in: Research in Accounting Regulation, 18:1, 287–289.

**Dalbert, Caudia; Schmitt, Manfred (1984)**: *Einige Anmerkungen und Beispiele zur Formulierung und Prüfung von Moderatorhypothese*, in: Working Paper: Universität Trier, online im Internet: http://hdl.handle.net/20.500.11780/394, Stand 1984.

**Daouk, Hazem; Lee, Charles M. C.; Ng, David (2006)**: *Capital market governance: How do security laws affect market performance?*, in: Journal of Corporate Finance, 12:3, 560–593.

**Daske, Holger; Hail, Luzi; Leuz, Christian; Verdi, Rodrigo (2008)**: *Mandatory IFRS Reporting around the World: Early Evidence on the Economic Consequences*, in: Journal of Accounting Research, 46:5, 1085–1142.

**Daske, Holger; Hail, Luzi; Leuz, Christian; Verdi, Rodrigo (2013)**: *Adopting a Label: Heterogeneity in the Economic Consequences Around IAS/IFRS Adoptions*, in: Journal of Accounting Research, 51:3, 495–547.

**Davis, Lance E.; Davis, Lance Edwin; North, Douglass C.; Smorodin, Calla (1971)**: *Institutional change and American economic growth*, Cambridge u. a.: Cambridge Univ. Press.

**Dawson, Jeremy F.; Richter, Andreas W. (2006)**: *Probing three-way interactions in moderated multiple regression: Development and application of a slope difference test*, in: Journal of Applied Psychology, 91:4, 917–926.

**de Luna Martínez, José (2002)**: *Globalisierung und Finanzkrisen: Lehren aus Mexiko und Südkorea*, Berlin: Logos-Verlag.

**de Paula, Luiz Fernando (2014)**: *Financial liberalization, capital account regulation and economic policy in Brazil*, in: Bresser-Pereira, Luiz Carlos; Kregel, Jan; Burlamaqui, Leonardo (Hrsg.): Financial stability and growth New York: Routledge, 301–325.

**DeFond, Mark L.; Hu, Xuesong; Hung, Mingyi Y.; Li, Siqi (2012)**: *Has the Widespread Adoption of IFRS Reduced U.S. Firms' Attractiveness to Foreign Investors?*, in: Journal of International Accounting Research, 11:2, 27–55.

**Deng, Ping; Yang, Monica (2015)**: *Cross-border mergers and acquisitions by emerging market firms: A comparative investigation*, in: International Business Review, 24:1, 157–172.

**Di Giovanni, Julian (2005)**: *What drives capital flows? The case of cross-border M&A activity and financial deepening*, in: Journal of International Economics, 65:1, 127–149.

**DiMaggio, Paul J.; Powell, Walter W. (1983)**: *The Iron Cage Revisited: Institutional Isomorphism and Collective Rationality in Organizational Fields*, in: American Sociological Review, 48:2, 147–160.

**Ding, Yuan; Hope, Ole-Kristian; Jeanjean, Thomas; Stolowy, Hervé (2007)**: *Differences between domestic accounting standards and*

*IAS: Measurement, determinants and implications*, in: Journal of Accounting and Public Policy, 26:1, 1–38.

**Djankov, Simeon; La Porta, Rafael; Lopez-de-Silanes, Florencio; Shleifer, Andrei (2002)**: *The Regulation of Entry*, in: The Quarterly Journal of Economics, 117:1, 1–37.

**Doh, Jonathan; Rodrigues, Suzana; Saka-Helmhout, Ayse; Makhija, Mona (2017)**: *International business responses to institutional voids*, in: Journal of International Business Studies, 48:3, 293–307.

**Dong, Lijun; Li, Xin; McDonald, Frank; Xie, Jiaguo (2019)**: *Distance and the completion of Chinese cross-border mergers and acquisitions*, in: Baltic Journal of Management, 14:3, 500–519.

**Doupnik, Timothy S.; Salter, Stephen B. (1992)**: *The relationship between legal systems and accounting practices: A classification exercise*, in: Advances in International Accounting, 5:1, 3–22.

**Druschek, Stephan (2010)**: *Strategisches Pfadmanagement: "Beyond Path Dependence"*, Wiesbaden: Gabler.

**Dunning, John H.; Lundan, Sarianna M. (2008)**: *Multinational Enterprises and the Global Economy*, 2. Aufl., Cheltenham: Edward Elgar.

**Dunning, John H.; van Hoesel, Roger; Narula, Rajneesh (1998)**: *Third World Multinationals Revisited: New Developments and Theoretical Implications*, in: Dunning, John H. (Hrsg.): Globalization, Trade, and Foreign Direct Investment, Amsterdam: Elsevier, 255–286.

**Durnev, Art; Kim, E. Han (2005)**: *To Steal or Not to Steal: Firm Attributes, Legal Environment, and Valuation*, in: The Journal of Finance, 60:3, 1461–1493.

**Dürrschmidt, Jörg (2004)**: *Globalisierung*, 2. Aufl., Bielefeld: transcript Verlag.

**Dyck, Alexander; Zingales, Luigi (2004)**: *Private Benefits of Control: An International Comparison*, in: The Journal of Finance, 59:2, 537–600.

**Easterbrook, Frank H.; Fischel, Daniel R. (1984)**: *Mandatory Disclosure and the Protection of Investors*, in: Virginia Law Review, 70:4, 669–715.

**Elango, B.; Lahiri, Somnath; Kundu, Sumit K. (2013)**: *How does firm experience and institutional distance impact ownership choice in high-technology acquisitions?*, in: R&D Management, 43:5, 501–516.

**Eleswarapu, Venkat R.; Venkataraman, Kumar (2006)**: *The Impact of Legal and Political Institutions on Equity Trading Costs: A Cross-Country Analysis*, in: Review of Financial Studies, 19:3, 1081–1111.

**Erel, Isil; Liao, Rose C.; Weisbach, Michael S. (2012)**: *Determinants of Cross-Border Mergers and Acquisitions*, in: The Journal of Finance, 67:3, 1045–1082.

**Ernstberger, Jürgen; Stich, Michael; Vogler, Oliver (2012)**: *Economic Consequences of Accounting Enforcement Reforms: The Case of Germany*, in: European Accounting Review, 21:2, 217–251.

**Estrin, Saul; Prevezer, Martha (2011)**: *The role of informal institutions in corporate governance: Brazil, Russia, India, and China compared*, in: Asia Pacific Journal of Management, 28:1, 41–67.

**Everingham, Geoff K.; Hopkins, B.D. (1987)**: *Generally Accepted Accounting Practice: A South African Viewpoint*, 2. Aufl., Cape Town: Juta.

**Ewert, Ralf; Wagenhofer, Alfred (2019)**: *Effects of Increasing Enforcement on Financial Reporting Quality and Audit Quality*, in: Journal of Accounting Research, 57:1, 121–168.

**Fagiolo, Giorgio; Reyes, Javier; Schiavo, Stefano (2010)**: *The evolution of the world trade web: a weighted-network analysis*, in: Journal of Evolutionary Economics, 20:4, 479–514.

**Fama, Eugene F.; Laffer, Arthur B. (1971)**: *Information on Capital Markets*, in: Journal of Business, 44:3, 289–298.

**Fan, Joseph P. H.; Wei, K. C. John; Xu, Xinzhong (2011)**: *Corporate finance and governance in emerging markets: A selective review and an agenda for future research*, in: Journal of Corporate Finance, 17:2, 207–214.

**Fang, Vivian W.; Maffett, Mark; Zhang, Bohui (2015)**: *Foreign Institutional Ownership and the Global Convergence of Financial Reporting Practices*, in: Journal of Accounting Research, 53:3, 593–631.

**Fäßler, Peter E. (2007)**: *Globalisierung: Ein historisches Kompendium*, Köln u. a.: Böhlau Verlag.

**Firth, Michael A.; Mo, Phyllis Lai Lan; Wong, Raymond M. K. (2014)**: *Auditors' Reporting Conservatism after Regulatory Sanctions: Evidence from China*, in: Journal of International Accounting Research, 13:2, 1–24.

**Firth, Michael; Mo, Phyllis L. L.; Wong, Raymond M. K. (2005)**: *Financial statement frauds and auditor sanctions*, in: Journal of Business Ethics, 62:4, 367–381.

**Fischer, Beate; Jöst, Frank; Manstetten, Reiner (2010)**: *Die Persistenz von Institutionen – Hindernisse auf dem Weg zu einer nachhaltigen Flächennutzungspolitik in Deutschland*, in: Discussion Paper Series No. 503: Universität Heidelberg u. a., online im Internet: https://doi.org/10.11588/heidok.00010955, Stand: August 2010.

**Florou, Annita; Morricone, Serena; Pope, Peter F. (2020)**: *Proactive Financial Reporting Enforcement: Audit Fees and Financial Reporting Quality Effects*, in: The Accounting Review, 95:2, 167–197.

**Fontes, Alexandra; Rodrigues, Lúcia Lima; Craig, Russell (2005)**: *Measuring convergence of National Accounting Standards with International Financial Reporting Standards*, in: Accounting Forum, 29:4, 415–436.

**Francis, Jere R.; Huang, Shawn X.; Khurana, Inder K. (2016)**: *The Role of Similar Accounting Standards in Cross-Border Mergers and Acquisitions*, in: Contemporary Accounting Research, 33:3, 1298–1330.

**Francis, Jere R.; Khurana, Inder K.; Pereira, Raynolde (2005)**: *Disclosure Incentives and Effects on Cost of Capital around the World*, in: The Accounting Review, 80:4, 1125–1162.

**Franke, Günter (2000)**: *Finanzmärkte: Interdependenzen und Entwicklungslinien*, in: Obst, Georg; Hintner, Otto; von Hagen, Jürgen; von Stein, Johann H. (Hrsg.): Geld-, Bank- und Börsenwesen, Stuttgart: Schäffer-Poeschel, 231–270.

**Frost, Carol Ann; Gordon, Elizabeth A.; Hayes, Andrew F. (2006)**: *Stock Exchange Disclosure and Market Development: An Analysis of 50 International Exchanges*, in: Journal of Accounting Research, 44:3, 437–483.

**Fu, Renhui; Kraft, Arthur; Zhang, Huai (2012)**: *Financial reporting frequency, information asymmetry, and the cost of equity*, in: Journal of Accounting & Economics, 54:2/3, 132–149.

**Fuad, Fuad; Juliarto, Agung; Harto, Puji (2019)**: *Does IFRS convergence really increase accounting qualities? Emerging market evidence*, in: Journal of Economics, Finance and Administrative Science, 24:48, 205–220.

**Furubotn, Eirik G.; Pejovich, Svetozar (1972)**: *Property Rights and Economic Theory: A Survey of Recent Literature*, in: Journal of Economic Literature, 10:4, 1137–1162.

**Gaffney, Nolan; Karst, Rusty; Clampit, Jack (2016)**: *Emerging market MNE cross-border acquisition equity participation: The role of economic and knowledge distance*, in: International Business Review, 25:1, 267–275.

**Garrido, Pascual; León, Ángel; Zorio, Ana (2002)**: *Measurement of formal harmonization progress: The IASC experience*, in: The International Journal of Accounting, 37:1, 1–26.

**Ghio, Alessandro; Verona, Roberto (2015)**: *Accounting harmonization in the BRIC countries: A common path?*, in: Accounting Forum, 39:2, 121–139.

**Giddens, Anthony (1998)**: *The Third Way: The Renewal of Social Democracy*, Cambridge: Politiy Press.

**Giddens, Anthony (2003)**: *Die große Globalisierungsdebatte*, in: Kleiner, Marcus S.; Strasser, Hermann (Hrsg.): Globalisierungswelten, Köln: Halem, 33–47.

**Glendon, Mary Ann; Wright-Carozza, Paolo (2016)**: *Comparative legal traditions in a nutshell*, St. Paul: West Academic Publishing.

**Golubeva, Olga (2020)**: *Maximising international returns: Impact of IFRS on foreign direct investments*, in: Journal of Contemporary Accounting & Economics, 16:2.

**Goncharov, Igor (2005)**: *Earnings Management and its Determinants: Closing Gaps in Empirical Accounting Research*, Frankfurt: Lang.

**Goncharov, Igor; Zimmermann, Jochen (2007)**: *The supply of and demand for accounting information: The case of bank financing in Russia*, in: Economics of Transition, 15:2, 257–283.

**Gondim, Igor Jordano Cassemiro; Morandier, Nadia; Dias, Ivan Rodrigo Rizzo; Couto, Cyro Augusto Pachicoski; Charotta, Teresa Cristina Alves (2017)**: *Analysis of Domestic Factors Affecting Outward Foreign Direct Investment in Brazil*, in: Latin American Business Review, 18:1, 1–18.

**Goshen, Zohar; Parchomovsky, Gideon (2001)**: *On Insider Trading, Markets, and "Negative" Property Rights in Information*, in: Virginia Law Review, 87:7, 1229–1277.

**Grabner, Isabella; Moers, Frank (2013)**: *Management control as a system or a package? Conceptual and empirical issues*, in: Accounting, Organizations and Society, 38:6, 407–419.

**Gray, S. J. (1988)**: *Towards a Theory of Cultural on the Development of Accounting Influence Systems Internationally*, in: Abacus, 24:1, 1–15.

**Greene, William H. (2012)**: *Econometric Analysis*, 7. Aufl., Upper Saddle River: Pearson Education.

**Grohs, Gerhard (1973)**: *Entwicklungsländer (EL.)*, in: von Eynern, Gert (Hrsg.): Wörterbuch zur politischen Ökonomie, Wiesbaden: VS Verlag für Sozialwissenschaften, 93–96.

**Gros, Marius (2010)**: *Rechnungslegung in Deutschland und den USA: Implikationen für eine zweckadäquate Fortentwicklung der deutschen Rechnungslegungskonzeption*, Wiesbaden: Gabler Verlag.

**Gubin, Evgeny; Molotnikov, Alexander (2016)**: *Russian Business Law: The Essentials*, Moskau: Lomonosov Moscow State University.

**Gujarati, Damodar N.; Porter, Dawn C. (2017)**: *Basic Econometrics*, 6. Aufl., Boston: McGraw-Hill Education.

**Gwilliam, D.; Macve, R.; Meeks, G. (2005)**: *The costs and benefits of increased accounting regulation: a case study of Lloyd's of London*, in: Accounting and Business Research, 35:2, 129–146.

**Habib, Mohsin; Zurawicki, Leon (2002)**: *Corruption and Foreign Direct Investment*, in: Journal of International Business Studies, 33:2, 291–307.

**Häder, Michael (2010)**: *Empirische Sozialforschung: Eine Einführung*, 2. überarbeitete Aufl., Wiesbaden: Verlag für Sozialwissenschaften.

**Hail, Luzi; Leuz, Christian (2006)**: *International Differences in the Cost of Equity Capital: Do Legal Institutions and Securities Regulation Matter?*, in: Journal of Accounting Research, 44:3, 485–531.

**Hail, Luzi; Leuz, Christian; Wysocki, Peter D. (2009)**: *Global Accounting Convergence and the Potential Adoption of IFRS by the United States: An Analysis of Economic and Policy Factors*, in: SSRN eLibrary.

**Hall, Peter A.; Soskice, David (2001)**: *An Introduction to Varieties of Capitalism*, in: Hall, Peter A.; Soskice, David (Hrsg.): Varieties of capitalism: the institutional foundations of comparative advantage, Oxford: Oxford University Press, 1–68.

**Hammermeister, Jan-Hendrik (2012)**: *Der Einfluss von Rechts- und Finanzsystemen auf die Ausgestaltung der Rechnungslegung*, Frankfurt am Main: Peter Lang.

**Hammermeister, Jan-Hendrik; Zimmermann, Jochen (2010)**: *Financial Reporting Demands in a Globalised World: The Harmonisation of Accounting Rules*, in: TranState Working Papers 125, University of Bremen, online im Internet: https://www.econstor.eu/bitstream/10419/41585/1/63559661X.pdf, Stand 2010.

**Hammermeister, Jan-Hendrik; Zimmermann, Jochen (2011)**: *Die Rolle von Nationalstaaten auf OECD Kapitalmärkten*, in: Beisheim, Marianne; Börzel, Tanja A.; Genschel, Philipp; Zangl, Bernhard (Hrsg.): Wozu Staat?: Governance in Räumen begrenzter und konsolidierter Staatlichkeit, Baden-Baden: Nomos, 197–218.

**Hare, Paul; Turley, Gerard (2013)**: *Handbook of the Economics and Political Economy of Transition*, London u. a.: Routledge.

**Hartmann, Frank G. H.; Moers, Frank (1999)**: *Testing contingency hypotheses in budgetary research: an evaluation of the use of moderated regression analysis*, in: Accounting, Organizations and Society, 24:4, 291–315.

**Hassan, Omaima A. G.; Romilly, Peter; Giorgioni, Gianluigi; Power, David (2009)**: *The value relevance of disclosure: Evidence from the emerging capital market of Egypt*, in: The International Journal of Accounting, 44:1, 79–102.

**Hausman, Jerry A. (1978)**: *Specification Tests in Econometrics*, in: Econometrica, 46:6, 1251–1271.

**He, Xianjie; Wong, T. J.; Young, Danqing (2012)**: *Challenges for Implementation of Fair Value Accounting in Emerging Markets: Evidence from China*, in: Contemporary Accounting Research, 29:2, 538–562.

**Healy, Paul M.; Palepu, Krishna G. (2001)**: *Information asymmetry, corporate disclosure, and the capital markets: A review of the empirical disclosure literature*, in: Journal of Accounting and Economics, 31:1, 405–440.

**Heiner, Ronald A. (1983)**: *The Origin of Predictable Behavior*, in: American Economic Review, 73:4, 560–595.

**Heiser, Kristian (2000)**: *Can Capital Market Law Approaches be Harmonised with Essential Principles of Company Law?*, in: European Business Law Review, 11:2, 60–82.

**Held, David (1995)**: *Democracy and the global order: From the modern state to cosmopolitan governance*, Cambridge u. a.: Polity Press.

**Held, David (2011)**: *Cosmopolitanism: Ideals and realities*, Repr., Cambridge u. a.: Polity Press.

**Henri, Jean-François; Wouters, Marc (2019)**: *Interdependence of management control practices for product innovation: The influence of environmental unpredictability*, in: Accounting, Organizations and Society, 101073.

**Hickel, Rudolf (1998)**: *Standort-Wahn und Euro-Angst: Die sieben Irrtümer der deutschen Wirtschaftspolitik*, Reinbek: Rowohlt.

**Hilton, Andrew S. (2003)**: *The Role of Regulation and Enforcement in SecuritiesMarket Interpretation of Accounting Information*, Ontario: Waterloo.

**Hofstede, Geert (1980)**: *Culture and organizations*, in: International Studies of Management & Organization, 10:4, 15–41.

**Holthausen, Robert W. (2009)**: *Accounting Standards, Financial Reporting Outcomes, and Enforcement*, in: Journal of Accounting Research, 47:2, 447–458.

**Hope, Ole Kristian (2003)**: *Disclosure Practices, Enforcement of Accounting Standards, and Analysts' Forecast Accuracy: An International Study*, in: Journal of Accounting Research, 41:2, 235–272.

**Hope, Ole Kristian; Jin, Justin; Kang, Tony (2006)**: *Empirical Evidence on Jurisdictions that Adopt IFRS*, in: Journal of International Accounting Research, 5:2, 1–20.

**Hopt, Klaus (1977)**: *Vom Aktien- und Börsenrecht zum Kapitalmarktrecht? Der international erreichte Stand des Kapitalmarktrechts*, in: Zeitschrift für das gesamte Handelsrecht und Wirtschaftsrecht: ZHR, 141:5, 389–441.

**Hoskisson, Robert E.; Eden, Lorraine; Lau, Chung Ming; Wright, Mike (2000)**: *Strategy in Emerging Economies*, in: The Academy of Management Journal, 43:3, 249–267.

**Houqe, Muhammad Nurul; Monem, Reza M. (2016)**: *IFRS Adoption, Extent of Disclosure, and Perceived Corruption: A Cross-Country Study*, in: The International Journal of Accounting, 51:3, 363–378.

**Hsiao, Cheng (2014)**: *Analysis of Panel Data*, 3. Aufl., Cambridge: Cambridge University Press.

**Hu, Qing; Hart, Paul; Cooke, Donna (2007)**: *The role of external and internal influences on information systems security – a neo-institutional perspective*, in: The Journal of Strategic Information Systems, 16:2, 153–172.

**Hübner, Kurt (1992)**: *Wege nach Nirgendwo: Ökonomische Theorie und osteuropäische Transformation*, in: Zeitschrift für kritische Sozialwissenschaft, 22:89, 552–579.

**Huck, Simone (2002)**: *Internationalisierung der Unternehmenskommunikation*, in: Mast, Claudia (Hrsg.): Unternehmenskommunikation: rin Leitfaden, Stuttgart: Lucius & Lucius, 343–359.

**Hudson, Alastair (2008)**: *Securities Law*, London: Thomson Sweet & Maxwell.

**Hudson, David; Woodward, Richard; Baker, Andrew (2005)**: *Governing financial globalization: International political economy and multi-level governance*, London u. a.: Routledge.

**Hung, Mingyi; Subramanyam, K. R. (2007)**: *Financial statement effects of adopting international accounting standards: the case of Germany*, in: Review of Accounting Studies, 12:4, 623–657.

**Hussain, Athar; Jian, Chen (1999)**: *Changes in China's Industrial Landscape and Their Implications*, in: International Studies of Management & Organization, 29:3, 5–20.

**Iatridis, George E. (2011)**: *Accounting disclosures, accounting quality and conditional and unconditional conservatism*, in: International Review of Financial Analysis, 20:2, 88–102.

**IMF (2016)**: *Report On the Observance of Standards and Codes on IOSCO Objectives and Principles of Securities Regulation*, in: IMF Country Report, 16:233.

**Ionova, Tatiana; Scholz, André (2014)**: *Rechnungslegung in Russland*, 2nd, Wiesbaden: Gabler Verlag.

**Jacklin, Charles J.; Bhattacharya, Sudipto (1988)**: *Distinguishing Panics and Information-based Bank Runs: Welfare and Policy Implications*, in: Journal of Political Economy, 96:3, 568–592.

**Jackson, Howell E. (2008)**: *Response, The Impact of Enforcement: A Reflection*, in: University of Pennsylvania Law Review, 156, 400–411.

**Jackson, Howell E.; Roe, Mark J. (2009)**: *Public and private enforcement of securities laws: Resource-based evidence*, in: Journal of Financial Economics, 93:2, 207–238.

**Jaggi, Bikki; Low, Pek Yee (2000)**: *Impact of Culture, Market Forces, and Legal System on Financial Disclosures*, in: The International Journal of Accounting, 35:4, 495–519.

**Jansen, Nils; Michaels, Ralf (2008)**: *Beyond the State? Rethinking Private Law: Introduction to the Issue*, in: The American Journal of Comparative Law, 56:3, 527–539.

**Jeanjean, Thomas; Stolowy, Hervé (2008)**: *Do accounting standards matter? An exploratory analysis of earnings management before and after IFRS adoption*, in: Journal of Accounting and Public Policy, 27:6, 480–494.

**Karim, Mohammad A.; Sarkar, Sayan; Zhang, Shaorong (2016)**: *Earnings management surrounding M&A: Role of economic development and investor protection*, in: Advances in Accounting, 35, 207–215.

**Karlsson, Anders; Nordén, Lars (2007)**: *Home sweet home: Home bias and international diversification among individual investors*, in: Journal of Banking & Finance, 31:2, 317–333.

**Kasprzyk, Daniel; Duncan, Greg; Kalton, Graham; Singh, M. P. (1989)**: *Panel surveys*, New York: Wiley.

**Khanna, Tarun; Palepu, Krishna (1997)**: *Why Focused Strategies May Be Wrong for Emerging Markets*, in: Harvard Business Review, 75:4, 41–51.

**Khanna, Tarun; Palepu, Krishna (2000)**: *The Future of Business Groups in Emerging Markets: Long-Run Evidence from Chile*, in: The Academy of Management Journal, 43:3, 268–285.

**Khanna, Tarun; Palepu, Krishna G. (2010)**: *Winning in Emerging Markets: A Road Map for Strategy and Execution*, Boston: Harvard Business Press.

**Khanna, Tarun; Palepu, Krishna G.; Sinha, Jayant (2005)**: *Strategies That Fit Emerging Markets*, in: Harvard Business Review, 83:6, 63–74.

**Khishtovani, George (2016)**: *Transformation von Governance-Strukturen in Georgien, 2003–2012*, Hamburg: Verlag Dr. Kovac.

**Kilian, Jan-Philipp (2011)**: *Rechnungslegung als Instrument des Gläubigerschutzes: Stabilität und Wandel im internationalen Vergleich*, Frankfurt am Main: Peter Lang.

**Kim, Oksana (2016)**: *The IFRS Adoption Reform through the Lens of Neoinstitutionalism: The Case of the Russian Federation*, in: The International Journal of Accounting, 51:3, 345–362.

**Kingston, Christopher; Caballero, Gonzalo (2009)**: *Comparing theories of institutional change*, in: Journal of Institutional Economics, 5:2, 151–180.

**Kirchgässner, Gebhard (2013)**: *Homo oeconomicus : das ökonomische Modell individuellen Verhaltens und seine Anwendung in den Wirtschafts- und Sozialwissenschaften*, 4. ergänzte und aktualisierte Aufl., Tübingen: Mohr Siebeck.

**Klepitskij, Ivan (2016)**: *Market Manipulation in Russia and in Europe: The Criminal Law Dimension*, in: Russian Law Journal, 4:3, 120–135.

**Klodt, Henning (1998)**: *Globalisierung: Phänomen und empirische Relevanz*, in: Schenk, Karl-Ernst; Schmidtchen, Dieter; Streit, Manfred E.; Vanberg, Viktor (Hrsg.): Jahrbuch für Neue Politische Ökonomie. Globalisierung, Systemwettbewerb und nationalstaatliche Politik, Tübingen: Mohr Siebeck, 7–40.

**Kluckhohn, Florence R.; Strodtbeck, Fred L. (1961)**: *Variations in Value Orientations*, Westport C.T.: Greenwood Press.

**Kohler, Ulrich; Kreuter, Frauke (2008)**: *Datenanalyse mit Stata: Allgemeine Konzepte der Datenanalyse und ihre praktische Anwendung*, 3., aktualisierte und überarbeitete Aufl., München u. a.: Oldenbourg.

**Koiava, Nikoloz (2019)**: *Institutionelle Konsistenz der Kapitalmarktregulierung in Georgien*, Berlin: Logos Verlag Berlin.

**Kornai, János (1992)**: *The Socialist System*, Oxford: Oxford University Press.

**Köster, André (2017)**: *Kapitalregulierung und Bankperformance: Eine Analyse für den europäischen Bankenmarkt*, Berlin: Wissenschaftlicher Verlag Berlin.

**Kothari, S. P. (2000)**: *The role of financial reporting in reducing financial risks in the market*, in: Conference Series, 44, 89–112.

**Kothari, S. P. (2001)**: *Capital Markets Research in Accounting*, in: Journal of Accounting and Economics, 31:1–3, 105–231.

**Kroeber, Alfred Luis; Kluckhohn, Clyde (1952)**: *Culture: A critical review of concepts and definitions*, Cambridge: The Musuem.

**Krugman, Paul R.; Obstfeld, Maurice; Melitz, Marc J. (2018)**: *International Economics : Theory & Policy*, 11. Aufl., Boston: Pearson.

**Kühnberger, Manfred (2017)**: *Kapitalmarktorientierte Rechnungslegung: Konzeptionelle Grundlagen und empirische Befunde aus Immobilienunternehmen*, Wiesbaden: Springer Gabler.

**Kumar, Anjali (2005)**: *Access to Financial Services in Brazil Directions in development*, in: World Bank.

**Kümpel, Siegfried (2004)**: *Kapitalmarktrecht - Eine Einführung*, 3. Auflage, Berlin: Erich Schmidt.

**Kurtbedinov, Ervin (2008)**: *Corporate Goverance: The Governance of Disclosure Regulations*, in: Krylov, Alexander; Schauf, Tobias (Hrsg.): Internationales Management: Fachspezifische Tendenzen und Best-Practice, Berlin: LIT Verlag, 211–222.

**La Porta, Rafael; Lopez-de-Silanes, Florencio; Shleifer, Andrei (2006)**: *What Works in Securities Laws?*, in: The Journal of Finance, 61:1, 1–32.

**La Porta, Rafael; Lopez-de-Silanes, Florencio; Shleifer, Andrei; Vishny, Robert (1999)**: *The quality of government*, in: Journal of Law, Economics and Organization, 15:1, 222–279.

**La Porta, Rafael; Lopez-de-Silanes, Florencio; Shleifer, Andrei; Vishny, Robert (2000)**: *Investor protection and corporate governance*, in: Journal of Financial Economics, 58:1/2, 3–27.

**La Porta, Rafael; Lopez-de-Silanes, Florencio; Shleifer, Andrei; Vishny, Robert W. (1997)**: *Legal Determinants of External Finance*, in: The Journal of Finance, 52:3, 1131–1150.

**La Porta, Rafael; Lopez-de-Silanes, Florencio; Shleifer, Andrei; Vishny, Robert W. (1998)**: *Law and Finance*, in: Journal of Political Economy, 106:6, 1113–1155.

**Lamfalussy, Alexandre (2001)**: *Die finanzielle Globalisierung und Fragilitätsprobleme*, in: Randzio-Plath, Christa (Hrsg.): Zur Globalisierung der Finanzmärkte und Finanzmarktstabilität: Herausforderungen für Europa, Baden-Baden: Nomos Verlagsgesellschaft, 11–18.

**Lazarsfeld, Paul; Fiske, Marjorie (1938)**: *The "panel" as a new tool for measuring opinion*, in: Public Opinion Quarterly, 2:4, 596–612.

**Lee, Seung-Hyun; Oh, Kyeungrae Kenny (2007)**: *Corruption in Asia: Pervasiveness and arbitrariness*, in: Asia Pacific Journal of Management, 24:1, 97–114.

**Leitão, Nuno Carlos (2012)**: *Foreign direct investment andglobalization*, in: online im Internet: University of Evora, https://mpra.ub.uni-muenchen.de/37436/1/foreign_direct_investment_and_globalization.pdf, Stand: 18. März 2012.

**Lele, Priya; Siems, Mathias (2007)**: *Shareholder Protection: A Leximetric Approach*, in: Journal of Corporate Law Studies, 7:1, 17–50.

**Leuz, Christian (2010)**: *Different Approaches to Corporate Reporting Regulation: How Jurisdictions Differ and Why*, in: Accounting and Business Research, 40:3, 229–256.

**Levitt, Theodore (1983)**: *The globalization of markets*, in: Harvard Business Review, 61:3, 92–102.

**Li, Jing; Meyer, Klaus E.; Zhang, Hua; Ding, Yuan (2018)**: *Diplomatic and corporate networks: Bridges to foreign locations*, in: Journal of International Business Studies, 49:6, 659–683.

**Liang, Pierre J. (2001)**: *Recognition: An Information Content Perspective*, in: Accounting Horizons, 15:3, 223–242.

**Lichtenstein, Nathalie G. (1993)**: *Enterprise Reform in China: The Evolving Legal Framework*, in: Working Paper No. WPS 1198, World Bank, online im Internet: https://ideas.repec.org/p/wbk/wbrwps/1198.html, Stand 1993.

**Lin, Z. Jun; Liyan, Wang (2001)**: *Financial disclosure and accounting harmonization: cases of three listed companies in China*, in: Managerial Auditing Journal, 16:5, 263–273.

**Lindemann, Jens (2004)**: *Rechnungslegung und Kapitalmarkt: Eine theoretische und empirische Analyse*, Lohmar u. a.: Eul Verlag.

**Liou, Ru-Shiun; Chao, Mike Chen-Ho; Yang, Monica (2016)**: *Emerging economies and institutional quality: Assessing the differential effects of institutional distances on ownership strategy*, in: Journal of World Business, 51:4, 600–611.

**Liu, Xuehang (2018)**: *Foreign Investment Strategy and Its Relationship with Transnational M&A Shares*, in: Advances in Economics, Business and Management Research, 68, 63–67.

**Lohwasser, Ekaterina (2006)**: *Effizienz der Kapitalmärkte durch Enforcement von IFRS*, Lohmar u. a.: Eul Verlag.

**Lourenço, Isabel; Major, Maria (2015)**: *Standardization of Financial Reporting and Accounting in Latin American Countries*, Springer Science.

**Lucas, Robert E. (1990)**: *Why Doesn't Capital Flow from Rich to Poor Countries?*, in: The American Economic Review, 80:2, 92–96.

**Luhmann, Niklas (2019)**: *Grundrechte als Institution: Ein Beitrag zur politischen Soziologie*, 6. Aufl., Berlin: Duncker & Humblot.

**Luna, Francisco V.; Klein, Herbert S. (2014)**: *The Economic and Social History of Brazil since 1889*, New York: Cambridge University Press.

**Luo, Yadong; Junkunc, Marc (2008)**: *How private enterprises respond to government bureaucracy in emerging economies: the effects of entrepreneurial type and governance*, in: Strategic Entrepreneurship Journal, 2:2, 133–153.

**Luo, Yadong; Tung, Rosalie L. (2007)**: *International expansion of emerging market enterprises: A springboard perspective*, in: Journal of International Business Studies, 38:4, 481–498.

**Lütz, Susanne (2002)**: *Der Staat und die Globalisierung von Finanzmärkten: Regulative Politik in Deutschland, Großbritannien und den USA*, Frankfurt am Main: Campus.

**Maggs, Peter B. (1992)**: *The State and the Economy: The Ministry of Finance*, in: Huskey, Eugene (Hrsg.): Executive Power and Soviet Politics: The Rise and Decline of the Soviet State, New York: M. E. Sharp Inc., 129–142.

**Maggs, Peter B.; Schwartz, Olga; Burnham, William (2015)**: *Law and Legal System of the Russian Federation*, 6. Aufl., Huntington u. a.: Juris Publishing.

**Mahy, Petra; Mitchell, Richard; Sutherland, Carolyn; Gahan, Peter; O'Donnell, Anthony; Cooney, Sean; Anderson, Gordon; Mao, Lingfeng; Stewart, Andrew (2019)**: *Measuring Worker Protection Using Leximetrics: Illustrating a New Approach in Four Asia-Pacific Countries*, in: The American Journal of Comparative Law, 67:3, 515–549.

**Makin, Anthony J.; Arora, Rashmi Umesh (2014)**: *How solid are the BRICS? An economic overview* in: lo Lo, Vai; Hiscock, Mary (Hrsg.): The Rise of the BRICS in the Global Political Economy: Changing Paradigms?, Cheltenham: Edward Elgar Publishing, 11–26.

**Manikandan, K. S.; Ramachandran, J. (2015)**: *Beyond institutional voids: Business groups, incomplete markets, and organizational form*, in: Strategic Management Journal, 36:4, 598–617.

**Marston, Claire L.; Shrives, Philip J. (1991)**: *The use of disclosure indices in accounting research: A review article*, in: The British Accounting Review, 23:3, 195–210.

**Martell, Luke (2017)**: *The sociology of globalization*, 2. Aufl., Cambridge: Polity.

**Martin, Ron (2006)**: *Pfadabhängigkeit und die ökonomische Landschaft*, in: Berndt, Christian; Glückler, Johannes (Hrsg.): Denkanstöße zu einer anderen Geographie der Ökonomie, Bielefeld: transcript Verlag.

**Marx, Karl; Engels, Friedrich (1848)**: *Manifest der kommunistischen Partei: veröffentlicht im Februar 1848*, Gedruckt in der Office der „Bildungs-Gesellschaft für Arbeiter" von JE Burghard.

**Mathews, John A. (2006)**: *Dragon multinationals: New players in 21st century globalization*, in: Asia Pacific Journal of Management, 23:1, 5–27.

**May, Christian (2013):** *Die Dissoziation der BRICs im fi nanzialisierten Kapitalismus*, in: Peripherie, 264–286.

**Mayer, Thierry ; Zignago, Soledad (2006):** *Notes on CEPII's distances measures: The GeoDist database*, in: online im Internet: http://www.cepii.fr/distance/noticedist_en.pdf, Stand: Dezember 2011.

**McGaughey, Sara L.; Cieri, Helen De (1999):** *Reassessment of convergence and divergence dynamics: implications for international HRM*, in: The International Journal of Human Resource Management, 10:2, 235–250.

**McGee, Robert W.; Preobragenskaya, Galina G. (2005):** *Accounting and Financial System Reform in a Transition Economy*, New York: Springer Science.

**McNichols, Maureen F.; Stubben, Stephen R. (2015):** *The effect of target-firm accounting quality on valuation in acquisitions*, in: Review of Accounting Studies, 20:1, 110–140.

**Meek, Gary K; Saudagaran, Shahrokh M. (1990):** *A survey of research on financial reporting in a transnational context*, in: Journal of Accounting Literature, 9:145, 82.

**Meisch, Simon (2014):** *Devolution in Schottland : Institutionelle Entwicklung zwischen Pfadabhängigkeit und graduellem Wandel*, Baden-Baden: Nomos.

**Ménard, Claude; Shirley, Mary M. (2008):** *Handbook of New Institutional Economics*, Heidelberg: Springer Verlag.

**Mendoza, Enrique G.; Quadrini, Vincenzo; Rios-Rull, José-Victor; Corsetti, Giancarlo; Yorukoglu, Memet (2007):** *On the Welfare Implications of Financial Globalization without Financial Development [with Comments]*, in: NBER International Seminar on Macroeconomics, 283–322.

**Mercer, Molly (2004):** *How Do Investors Assess the Credibility of Management Disclosures?*, in: Accounting Horizons, 18:3, 185–196.

**Meser, Michael (2014):** *Kapitalmarkt und Regulierung: ökonomische Wirkungszusammenhänge im Spiegel institutioneller Entwicklungen*, Berlin: Wissenschaftlicher Verlag Berlin.

**Meser, Michael; Veith, Stefan; Zimmermann, Jochen (2015):** *Disclosure, Enforcement and Capital Market Properties: A Longitudinal Analysis for Germany*, in: Schmalenbach Business Review, 67:2, 254–287.

**Meyer, John W.; Rowan, Brian (1977):** *Institutionalized organizations: Formal structure as myth and ceremony*, in: American Journal of Sociology, 340–363.

**Meyer, Klaus E.; Thaijongrak, Ornjira (2013):** *The dynamics of emerging economy MNEs: How the internationalization process model can guide future research*, in: Asia Pacific Journal of Management, 30:4, 1125–1153.

**Mongrut, Samuel; Winkelried, Diego (2019):** *Unintended effects of IFRS adoption on earnings management: The case of Latin America*, in: Emerging Markets Review, 38, 377–388.

**Morrison, Alan D.; White, Lucy (2009):** *Level Playing Fields in International Financial Regulation*, in: The Journal of Finance, 64:3, 1099–1142.

**Mudambi, Ram; Navarra, Pietro; Delios, Andrew (2013):** *Government regulation, corruption, and FDI*, in: Asia Pacific Journal of Management, 30:2, 487–511.

**Mueller, Gerhard G. (1968):** *Accounting Principles Generally Accepted in the U.S. versus those Generally Accepted Elsewhere*, in: International Journal of Accounting Education and Research, 3:2, 91–104.

**Naidoo, Ramani (2009):** *Corporate Governance: An Essential Guide for South African Companies*, 2nd, Durban: LexisNexis.

**Narayanaswamy, Ramnath; Raghunandan, Kannan; Rama, Dasaratha V. (2012):** *Corporate Governance in the Indian Context*, in: Accounting Horizons, 26:3, 583–599.

**Nee, Victor (1998):** *Norms and Networks in Economic and Organizational Performance*, in: The American Economic Review, 88:2, 85–89.

**Nee, Victor; Ingram, Paul (2001):** *Embeddedness and Beyond: Institutions, Exchange and Social Structure*, in: Nee, Victor; Brinton, Mary C. (Hrsg.): The New Institutionalism in Sociology, Stanford: Stanford University Press, 19–45.

**Nee, Viktor (2001):** *Sources of the New Institutionalism*, in: Brinton, Mary C.; Nee, Victor (Hrsg.): The New Institutionalism in Sociology, Standford: Standford University Press, 1–16.

**Nnadi, Matthias; Tanna, Sailesh (2019):** *Accounting analyses of momentum and contrarian strategies in emerging markets*, in: Asia-Pacific Journal of Accounting & Economics, 26:4, 457–477.

**Nobes, Chistopher; Parker, Robert B. (2016):** *Comparative International Accounting*, 13. Aufl., Harlow u. a.: Pearson Education.

**Nobes, Christopher (1998):** *Towards a General Model of the Reasons for International Differences in Financial Reporting*, in: Abacus, 34:2, 162–187.

**Nobes, Christopher (2006):** *The survival of international differences under IFRS: towards a research agenda*, in: Accounting & Business Research, 36:3, 233–245.

**Nobes, Christopher; Parker, Robert B. (2012):** *Comparative International Accounting*, 12. Aufl., New Jersey: Prentice Hall.

**North, Douglass C. (1986)**: *The New Institutional Economics*, in: Journal of Institutional and Theoretical Economic, 142:1, 230–237.

**North, Douglass C. (1990)**: *Institutions, Institutional Change and Economic Performace*, Cambridge: Cambridge University Press.

**North, Douglass C. (1991)**: *Institutions*, in: Journal of Economic Perspectives, 5:1, 97–112.

**North, Douglass C. (1992)**: *Institutionen, institutioneller Wandel und Wirtschaftsleistung*, Tübingen: Mohr Siebeck.

**North, Douglass C. (1997)**: *The Contribution of the New Institutional Economics to an Understanding of the Transition Problem, Helsinki: UNU World Institute for Development Economics Research, Annual Lectures 1/1997*, in: online im Internet: http://www.wider.unu.edu/publications/annuallectures/annua-lecture-1997.pdf, Stand: 1997.

**North, Douglass C.; Weingast, Barry R. (1989)**: *Constitutions and Commitment: The Evolution of Institutions Governing Public Choice in Seventeenth-Century England*, in: The Journal of Economic History, 49:4, 803–832.

**O'Neill, Jim (2001)**: *Building better global economic BRICs*, in: Working Paper: Global Economics Paper No: 66, online im Internet: https://www.goldmansachs.com/insights/archive/archive-pdfs/build-better-brics.pdf, Stand November 2001.

**Oberdörster, Tatjana (2009)**: *Finanzberichterstattung und Prognosefehler von Finanzanalysten*, Wiesbaden: Gabler Verlag.

**Obstfeld, Maurice (1998)**: *The global capital market: Benefactor or menace?*, in: The Journal of Economic Perspectives, 12:4, 9–30.

**Obstfeld, Maurice; Taylor, Alan M. (2004)**: *Global Capital Markets: Integration, Crisis, and Growth*, Cambridge: Cambridge University Press.

**Odhiambo, Nicholas M. (2014)**: *Financial systems and economic growth in South Africa: a dynamic complementarity test*, in: International Review of Applied Economics, 28:1, 83–101.

**OECD (2013)**: *Supervision and Enforcement in Corporate Governance*, Paris: OECD Publishing.

**Oehr, Tim-Frederik (2012)**: *Sozio-ökonomische Aspekte der Regulierung der Rechnungslegung*, Frankfurt am Main Peter Lang.

**Oehr, Tim-Frederik; Zimmermann, Jochen (2012)**: *Accounting and the welfare state: The missing link*, in: Critical Perspectives on Accounting, 23:2, 134–152.

**Oesterle, Michael-Jörg; Röber, Björn (2017)**: *Institutional Voids als Herausforderung internationaler Unternehmenstätigkeit in Entwicklungs- und Schwellenländern*, in: Burr, Wolfgang; Stephan, Michael (Hrsg.): Technologie, Strategie und Organisation, Wiesbaden: Springer Fachmedien Wiesbaden, 261–286.

**Olsen, Johan P. (1992)**: *Analyzing Institutional Dynamics*, in: Staatswissenschaften und Staatspraxis, 3:2, 251–267.

**Oman, C.; Co-operation, Organisation for Economic; Centre, Development. Development; Enterprise, Center for International Private (2003)**: *Corporate governance in development: the experiences of Brazil, Chile, India, and South Africa*, OECD Development Center.

**Opper, Sonja (2001)**: *Der Stand der Neuen Institutionsökonomik*, in: Wirtschaftsdienst - Zeitschrift für Wirtschaftspolitik (1949–2007), 81:10, 601–608.

**Orban, Agnes; Sauermann, Jan; Trampusch, Christine (2018)**: *Varianten des Institutionalismus*, in: Mause, Karsten; Müller, Christian; Schubert, Klaus (Hrsg.): Politik und Wirtschaft: Ein integratives Kompendium, Wiesbaden: Springer Fachmedien Wiesbaden, 115–144.

**Parsons, Talcott; Shils, Edward A. (1951)**: *Toward a General Theory of Action*, London u. a.: Routledge.

**Peng, Songlan; Tondkar, Rasoul H.; van der Laan Smith, Joyce; Harless, David W. (2008)**: *Does Convergence of Accounting Standards Lead to the Convergence of Accounting Practices?: A Study from China*, in: The International Journal of Accounting, 43:4, 448–468.

**Perera, Hector B. (1989)**: *Towards a Framework to Analyze the Impact of Culture on Accounting*, in: International Journal of Accounting Education and Research, 24:1, 42–56.

**Perumpral, Shalini E.; Evans, Mark; Agarwal, Sanjay; Amenkhienan, Felix (2009)**: *The evolution of Indian accounting standards: Its history and current status with regard to International Financial Reporting Standards*, in: Advances in Accounting, 25:1, 106–111.

**Pieterse, Jan Nederveen (1994)**: *Globalisation as Hybridisation*, in: International Sociology, 9:2, 161–184.

**Pillay, Soma (2004)**: *Corruption – the challenge to good governance: a South African perspective*, in: International Journal of Public Sector Management, 17:7, 586–605.

**Piotroski, Joseph D.; Wong, T. J.; Zhang, Tianyu (2015)**: *Political Incentives to Suppress Negative Information: Evidence from Chinese Listed Firms*, in: Journal of Accounting Research, 53:2, 405–459.

**Pirveli, Erekle; Zimmermann, Jochen (2019)**: *Do wealthy economies have better accounting quality? International evidence*, in: Journal of Corporate Accounting & Finance, 30:2, 92–110.

**Pistor, Katharina; Xu, Chang-Gang (2004)**: *Beyond Law Enforcement: Governing Financial Markets in China and Russia*, in: Kornai, János; Rothstein, Bo; Rose-Ackerman, Susan (Hrsg.): Creating Social Trust in Post-Socialist Transition. Political Evolution and Institutional Change, New York: Palgrave Macmillan.

**Poddig, Thorsten; Dichtl, Hubert; Petersmeier, Kerstin (2008)**: *Statistik, Ökonometrie, Optimierung: Methoden und ihre praktischen Anwendungen in Finanzanalyse und Portfoliomanagement*, 4., vollständig überarbeitete Aufl., Bad Soden: Uhlenbruch.

**Pohl, Hans (1989)**: *Aufbruch der Weltwirtschaft: Geschichte der Weltwirtschaft von der Mitte des 19. Jahrhunderts bis zum Ersten Weltkrieg*, Wiesbaden: F. Steiner Verlag.

**Poplat, Thomas (2014)**: *Foreign investments in BRIC countries: Empirical evidence from multinational corporations*, Frankfurt am Main: PL Academic Research.

**Prather-Kinsey, Jenice (2006)**: *Developing countries converging with developed-country accounting standards: Evidence from South Africa and Mexico*, in: The International Journal of Accounting, 41:2, 141–162.

**Preitato, John P.; Brown, Philipp R.; Tarca, Ann (2013)**: *Mandatory Adoption of IFRS and Analysts' Forecasts: How Much Does Enforcement Matter?*, in: Working Paper, University of Western Australia, online im Internet: http://dx.doi.org/10.2139/ssrn.1499625, Stand: März 2012.

**Puffer, Sheila M.; McCarthy, Daniel J.; Boisot, Max (2010)**: *Entrepreneurship in Russia and China: The Impact of Formal Institutional Voids*, in: Entrepreneurship Theory and Practice, 34:3, 441–467.

**Rabbiosi, Larissa; Elia, Stefano; Bertoni, Fabio (2012)**: *Acquisitions by EMNCs in Developed Markets*, in: Management International Review, 52:2, 193–212.

**Ralston, David A. (2008)**: *The crossvergence perspective: reflections and projections*, in: Journal of International Business Studies, 39:1, 27–40.

**Ralston, David A.; Holt, David H.; Terpstra, Robert H.; Kai-cheng, Yu (1997)**: *The Impact of Natural Culture and Economic Ideology on Managerial Work Values: A Study of the United States, Russia, Japan, and China*, in: Journal of International Business Studies, 28:1, 177–207.

**Reddy, Y. V.; Satish, R (2001)**: *Segment Reporting in India and Abroad – A Comparative Study*, in: The Indian Journal of Commerce, 54:1/2, 19–28.

**Reinhart, Carmen; Rogoff, Kenneth (2004):** *Serial Default and the "Paradox" of Rich to Poor Capital Flows*, in: American Economic Review, 94:2, 53–58.

**Riccardi, Lorenzo (2016):** *China Accounting Standards: Introduction and Effects of New Chinese Accounting Standards for Business*, Singapur: Springer.

**Richter, Rudolf (1991):** *Institutionenökonomische Aspekte der Theorie der Unternehmung*, in: Ordelheide, Dieter; Rudolph, Bernd; Büsselmann, Elke (Hrsg.): Betriebswirtschaftslehre und ökonomische Theorie, Stuttgart: Peoschel.

**Richter, Rudolf; Furubotn, Eirik G. (2003):** *Neue Institutionenökonomik: Eine Einführung und kritische Würdigung*, 3. Aufl., Tübingen: Mohr Siebeck.

**Richter, Rudolf; Streissler, Monika; Furubotn, Eirik Grundtvig (2010):** *Neue Institutionenökonomik: Eine Einführung und kritische Würdigung*, 4. überarbeitete und erweiterte Aufl., Tübingen: Mohr Siebeck.

**Ritter, Ernst-Hasso (1990):** *Das Recht als Steuerungsmedium im kooperativen Staat*, in: Grimm, Dieter (Hrsg.): Wachsende Staatsaufgaben - sinkende Steuerungsfähigkeit des Rechts, Baden-Baden: Nomos, 69–112.

**Roberts, Clare; Weetman, Pauline; Gordon, Paul (2005):** *International Financial Reporting - A Comparative Approach*, 3. Aufl., Harlow u. a.: FT Prentice Hall.

**Roberts, Clare; Weetman, Pauline; Gordon, Paul (2008):** *International Corporate Reporting - A Comparative Approach*, 4. Aufl., Harlow u. a.: FT Prentice Hall.

**Roberts, Jennifer (2000):** *Spurious regression problems in the determinants of health care expenditure: a comment on Hitiris (1997)*, in: Applied Economics Letters, 7:5, 279–283.

**Rodrigues, Lúcia Lima; Craig, Russell (2007):** *Assessing international accounting harmonization using Hegelian dialectic, isomorphism and Foucault*, in: Critical Perspectives on Accounting, 18:6, 739–757.

**Rodrigues, Lúcia Lima; Schmidt, Paulo; Santos, José Luiz dos (2012):** *The origins of modern accounting in Brazil: Influences leading to the adoption of IFRS*, in: Research in Accounting Regulation, 24:1, 15–24.

**Rossi, Stefano; Volpin, Paolo F. (2004):** *Cross-country determinants of mergers and acquisitions*, in: Journal of Financial Economics, 74:2, 277–304.

**Rubtsov, Boris (2013):** *The Russian Securities Market: 20 Years of Development*, in: Protokollband 2013, Potsdam: Universitätsverlag Potsdam, 105–118.

**SAICA (2004)**: Circular 7/2004 Status and Effective Dates of Generally Accepted Accounting Practices (GAAP) and Interpretations of Statements of GAAP, online im Internet: https://de.scribd.com/document/45514804/Circ7, Stand: Juli 2004.

**Samaha, Khaled; Khlif, Hichem (2016)**: *Adoption of and compliance with IFRS in developing countries: A synthesis of theories and directions forfuture research*, in: Journal of Accounting in Emerging Economies, 6:1, 33–49.

**Sanfuentes, Andrés (2007)**: *Folgen der Globalisierungfür die Schwellenländer*, in: Vogel, Bernhard (Hrsg.): Werte schaffen: Vom Zweck der Politik in Zeiten der Globalisierung, Freiburg: Herder, 260–285.

**Saudagaran, Shahrokh M.; Diga, Joselito G. (1997)**: *Financial reporting in developing capital markets: Characteristics and policy issues*, in: Accounting Horizons, 11:2, 41–64.

**Scheffler, Eberhard (2009)**: *Enforcement der Rechnungslegung*, in: Hommelhoff, Peter; Hopt, Klaus J.; v. Werder, Axel (Hrsg.): Handbuch Corporate Governance Stuttgart u. a.: Schäffer-Poeschel, 653–681.

**Scherrer, Christoph (2011)**: *Jenseits von Pfadabhängigkeit und "natürlicher Auslese". Institutionentransfer aus diskursanalytischer Perspektive*, in: Diskussionspapier des Wissenschaftszentrums Berlin für Sozialforschung FS II 01–205, online im Internet: https://www.econstor.eu/obitstream/10419/50762/1/341022756.pdf, Stand: August 2001.

**Schipper, Katherine; Vincent, Linda (2003)**: *Earnings Quality*, in: Accounting Horizons, 17:(Supplement), 97–110.

**Schmalz, Stefan; Ebenau, Matthias (2014)**: *Brasilien, Indien und China. Unterschiedliche Transformationspfade in der Krise*, in: Nölke, Andreas; May, Christian; Claar, Simone (Hrsg.): Die großen Schwellenländer: Ursachen und Folgen ihres Aufstiegs in der Weltwirtschaft, Wiesbaden: Springer Fachmedien Wiesbaden, 43–59.

**Schmidt, Reinhard H.; Spindler, Gerald (2002)**: *Path Dependence, Corporate Governance and Complementarity*, in: International Finance, 5:3, 311–333.

**Schmidt, Robert; Sutherland, Philip; Jacobus van Schalkwyk, Christiaan; Lowe, Thomas; Bockmann, Roland (2011)**: *Monitoring and enforcement of financial reporting standards in South Africa and Germany: A comparative assessment*, in: Namibian Law Journal, 36:3, 55–83.

**Schneider, Dieter (1993)**: *Ökonomische Theorie der Unternehmung*, in: Ott, Claus; Schäfer, Hans-B. (Hrsg.): Ökonomische Analyse des Unternehmensrechts, Heidelberg: Springer-Verlag, 1–30.

**Schularick, Moritz (2006)**: *Finanzielle Globalisierung in historischer Perspektive: Kapitalflüsse von Reich nach Arm, Investitionsrisiken und globale öffentliche Güter*, Tübingen: Mohr Siebeck.

**Schumpeter, Joseph (1998)**: *Das Wesen und der Hauptinhalt der theoretischen Nationalökonomie*, 3. unveränd. Aufl., Berlin: Duneker & Humblot.

**Scott, Richard W. (2014)**: *Institutions and Organizations: Ideas, Interests, and Identities*, 4. Aufl., Los Angeles u. a.: SAGE Publications.

**Semke, Nina (2010)**: *Handelsrechtliche Rechnungslegung in Russland im Vergleich zu IFRS*, Hamburg: Diplomica Verlag.

**Shimizu, Katsuhiko; Hitt, Michael A.; Vaidyanath, Deepa; Pisano, Vincenzo (2004)**: *Theoretical foundations of cross-border mergers and acquisitions: A review of current research and recommendations for the future*, in: Journal of International Management, 10:3, 307–353.

**Shleifer, Andrei; Vishny, Robert W. (1993)**: *Corruption*, in: Quarterly Journal of Economics, 108:3, 599–617.

**Siems, Mathias M. (2005)**: *Numerical Comparative Law – Do We Need Statistical Evidence in Law in Order to Reduce Complexity?*, in: Cardozo Journal of International and Comparative Law, 13:2, 521–540.

**Silvers, Roger (2016)**: *The Valuation Impact of SEC Enforcement Actions on Nontarget Foreign Firms*, in: Journal of Accounting Research, 54:1, 187–234.

**Simunic, Dan A.; Minlei, Ye; Ping, Zhang (2015)**: *Audit Quality, Auditing Standards, and Legal Regimes: Implications for International Auditing Standards*, in: Journal of International Accounting Research, 14:2, 221–234.

**Soderstrom, Naomi S.; Sun, Kevin Jialin (2007)**: *IFRS Adoption and Accounting Quality: A Review*, in: European Accounting Review, 16:4, 675–702.

**Soros, George (2002)**: *On Globalization*, New York: Public Affairs Books.

**Stal, Eva; Cuervo-Cazurra, Alvaro (2011)**: *The Investment Development Path and FDI From Developing Countries: The Role of Pro-Market Reforms and Institutional Voids*, in: Latin American Business Review, 12:3, 209–231.

**Stiglitz, Joseph E. (1989)**: *Markets, Market Failures, and Development*, in: The American Economic Review, 79:2, 197–203.

**Stiglitz, Joseph E. (2002)**: *Globalization and Its Discontents*, New York: W. W. Norton & Company.

**Stulz, René M.; Williamson, Rohan (2003)**: *Culture, openness, and finance*, in: Journal of Financial Economics, 70:3, 313–349.

**Sucher, Pat; Bychkova, Svetlana (2001)**: *Auditor independence in economies in transition: a study of Russia*, in: European Accounting Review, 10:4, 817–841.

**Sunder, Shyam (1997)**: *Theory of Accounting and Control*, Cincinnati: South-Western Publishing.

**Sunder, Shyam (2010)**: *Adverse effects of uniform written reporting standards on accounting practice, education, and research*, in: Journal of Accounting and Public Policy, 29:2, 99–114.

**Tang, Yun; Chow, Lynne; Cooper, Barry J. (1994)**: *Accounting and Finance in China*, Hong Kong: Longman Asia.

**Thies, Julie; Tideman, Sebastian A.; Zimmermann, Jochen (2020)**: *Institutional Change Patterns in BRICS Countries – The Case of Accounting*, in: International Jounal of Economics and Accounting, 9:3, 181–220.

**Tideman, Sebastian A. (2017)**: *Kapitalbereitstellung, Konvergenz von Rechnungslegungssystemen und internationale Investitionen*, Frankfurt a.M.: Peter Lang.

**Tirole, Jean (2001)**: *Corporate Governance*, in: Econometrica, 69:1, 1–35.

**Tweedie, David; Seidenstein, Thoma R. (2005)**: *Setting a Global Standard: The Case for Accounting Convergence*, in: Northwestern Journal of International Law & Business, 25:3, 589–608.

**UNCTAD (2011)**: *World Investment Report 2011: Non-Equity Modes of International Production and Developmen*, New York: United Nations.

**Vaughn, Melinda; Ryan, Lori Verstegen (2006)**: *Corporate Governance in South Africa: a bellwether for the continent?*, in: Corporate Governance: An International Review, 14:5, 504–512.

**Verbeke, Alain; Coeurderoy, Régis; Matt, Tanja (2018)**: *The future of international business research on corporate globalization that never was…*, in: Journal of International Business Studies, 49:9, 1101–1112.

**Voeten, Erik; Strezhnev, Anton; Bailey, Michael (2017)**: *Estimating dynamic state preferences from United Nations voting data*, in: Journal of Conflict Resolution, 61:2, 430–456.

**Volmer, Philipp B.; Werner, Jörg R.; Zimmermann, Jochen (2007)**: *New Governance Modes for Germany's Financial Reporting System: Another Retreat for the Nation State?*, in: Socio-Economic Review, 5:3, 437–465.

**Wagenhofer, Alfred; Ewert, Ralf (2015)**: *Externe Unternehmensrechnung*, 3., aktualisierte Aufl., Berlin u. a.: Springer Verlag.

**Wagner, Adolph (1892)**: *Grundlegung der politischen Oekonomie*, Leipzig: Winter'sche Verlagshandlung.

**Wald, Abraham (1943):** *Tests of Statistical Hypotheses Concerning Several Parameters When the Number of Observations is Large*, in: Transactions of the American Mathematical Society, 54:3, 426–482.

**Walker, Martin (2010):** *Accounting for varieties of capitalism: The case against a single set of global accounting standards*, in: The British Accounting Review, 42:3, 137–152.

**Wang, Qian; Wong, T. J.; Xia, Lijun (2008):** *State ownership, the institutional environment, and auditor choice: Evidence from China*, in: Journal of Accounting and Economics, 46:1, 112–134.

**Wehrfritz, Martin (2012):** *Nationale Prägung der IFRS-Anwendung: Empirische Erkenntnisse für Deutschland und Großbritannien*, Lohmar u. a.: Eul Verlag.

**Wei, Shang-Jin; Xie, Zhuan; Zhang, Xiaobo (2017):** *From "Made in China" to "Innovated in China": Necessity, Prospect, and Challenges*, in: The Journal of Economic Perspectives, 31:1, 49–70.

**Weik, Elke (2020):** *Was ist eine Institution?*, in: Hasse, Raimund; Krüger, Anne K. (Hrsg.): Neo-Institutionalismus: Kritik und Weiterentwicklung eines sozialwissenschaftlichen Forschungsprogramms, Bielefeld: transcript Verlag.

**Werner, Jörg R.; Zimmermann, Jochen (2008):** *Der Staat und die Internationalisierung von Normen der Rechnungslegung*, in: Hurrelmann, Achim; Leibfried, Stephan; Martens, Kerstin; Mayer, Peter (Hrsg.): Zerfasert der Nationalstaat? Die Internationalisierung politischer Verantwortung, Frankfurt am Main: Campus, 275–302.

**Werner, Jörg R.; Zimmermann, Jochen (2009):** *Internationaler Vergleich von Rechnungslegungssystemen: Stand und Perspektiven*, in: Die Betriebswirtschaft, 69:1, 85–106.

**Werner, Jörg R.; Zimmermann, Jochen (2015):** *The Evolving Post-national Regulation of Financial Reporting*, in: Rothgang, Heinz; Schneider, Steffen (Hrsg.): State Transformations in OECD Countries: Dimensions, Driving Forces, and Trajectories, New York u. a.: Palgrave Macmillan, 67–84.

**Williamson, Oliver E. (1981):** *The economics of organization: The transaction cost approach*, in: The American journal of sociology, 87:3, 548–577.

**Williamson, Oliver E. (1985):** *The economic institutions of capitalism: Firms, markets, relational contracting*, New York, u. a.: Free Press.

**Williamson, Oliver E. (1994):** *The Institutions and Governance of Economic Development and Reform*, in: The World Bank Economic Review, 8:(Supplement), 171–197.

**Williamson, Oliver E. (1998)**: *Transaction Cost Economics: How It Works; Where It is Headed*, in: De Economist, 146:1, 23–58.

**Williamson, Oliver E. (2000)**: *The New Institutional Economics: Taking Stock, Looking Ahead*, in: Journal of Economic Literature, 38:3, 595–613.

**Wilson, Dominic; Purushothaman, Roopa (2003)**: *Dreaming With BRICs: The Path to 2050*, in: Global EconomicsPaper No: 99, online im Internet: https://www.goldmansachs.com/insights/archive/archive-pdfs/brics-dream.pdf, Stand: Oktober 2003.

**Wooldridge, Jeffrey M. (2013)**: *Introductory econometrics: a modern approach*, 5. Aufl., Mason u. a.: South-Western Cengage Learning.

**Wulandari, Etty R.; Rahman, Asheq R. (2004)**: *A cross-country study on the quality, acceptability, and enforceability of accounting standards and the value relevance of accounting earnings*, in: Working Paper: OECD, online im Internet: http://www.oecd.org/finance/financial-markets/33735584.pdf, Stand: September 2004.

**Wüstemann, Jens (2002)**: *Institutionenökonomik und internationale Rechnungslegungsordnungen*, Tübingen: Mohr Siebeck.

**Xiao, Zezhong (1999)**: *Corporate disclosures made by Chinese listed companies*, in: The International Journal of Accounting, 34:3, 349–373.

**Xu, Emma Qianying (2017)**: *Cross-border merger waves*, in: Journal of Corporate Finance, 46:C, 207–231.

**Yang, Monica (2015)**: *Ownership participation of cross-border mergers and acquisitions by emerging market firms: Antecedents and performance*, in: Management Decision, 53:1, 221–246.

**Young, Michael N.; Tsai, Terence; Wang, Xinran; Liu, Shubo; Ahlstrom, David (2014)**: *Strategy in emerging economies and the theory of the firm*, in: Asia Pacific Journal of Management, 31:2, 331–354.

**Zeff, Stephen A. (1972)**: *Forging Accounting Principles in Five Countries: A History and an Analysis of Trends*, Stipes Publishing Company.

**Zeghal, Daniel; Mhedhbi, Karim (2006)**: *An analysis of the factors affecting the adoption of international accounting standards by developing countries*, in: The International Journal of Accounting, 41:4, 373–386.

**Zhou, Chenxi; Xie, Jinhong; Wang, Qi (2016)**: *Failure to Complete Cross-Border M&As: "To" vs. "From" Emerging Markets*, in: Journal of International Business Studies, 47:9, 1077–1105.

**Zimmermann, Jochen (2003)**: *Zeitgespräch: Neue Regeln guter Unternehmensführung – Corporate Governance: Regulierung im Blindflug*, in: Wirtschaftsdienst, 83:7, 428–432.

**Zimmermann, Jochen (2004a)**: *Bilanzskandale*, in: Wirtschaftsstudium, 33:12, 1515–1519.

**Zimmermann, Jochen (2004b)**: *Zeitgespräch: Managergehälter in der Kritik – Sind Managergehälter wirklich zu hoch?*, in: Wirtschaftsdienst, 84:6, 350–354.

**Zimmermann, Jochen; Kilian, Jan-Philipp; Tideman, Sebastian A. (2015)**: *Bilanzierungskonzepte und die Rolle von Covenants*, in: Controlling: Zeitschrift für erfolgsorientierte Unternehmenssteuerung, 27:1, 13–18.

**Zimmermann, Jochen; Meser, Michael (2013)**: *Kapitalkosten in der Krise: Krise der Kapitalkosten? – CAPM und Barwertmodelle im Langzeitvergleich*, in: Corporate Finance biz, 4:1, 3–9.

**Zimmermann, Jochen; Schymczyk, Johannes; Kilian, Jan Philipp (2010)**: *Convergence Patterns in Accounting Regulation: Six Country Cases*, in: Sfb597 „Staatlichkeit im Wandel" – TranState Working Papers No. 119.

**Zimmermann, Jochen; Tideman, Sebastian A. (2015)**: *Die Entwicklung der Rechnungslegung in Deutschland*, in: WISU – Das Wirtschaftsstudium, 43:1, 58–63.

**Zimmermann, Jochen; Tideman, Sebastian A. (2017)**: *Accounting convergence and international investment levels*, in: International Journal of Economics and Accounting, 8:2, 138–166.

**Zimmermann, Jochen; Volckmer, Jan-Christoph (2015)**: *Accounting Firms: Global Reach without Transnational Form*, in: Lundan, Sarianna M. (Hrsg.): Transnational Corporations and Transnational Governance – The Costs of Crossing Borders in the Global Economy, London: Palgrave Macmillan, 299–324.

**Zimmermann, Jochen; Werner, Jörg R. (2004)**: *Werturteilsprobleme in der Bilanzforschung: Eine Analyse der Fair Value-Bewertung*, in: Ulrich, Frank (Hrsg.): Wissenschaftstheorie in Ökonomie und Wirtschaftsinformatik: Theoriebildung und -bewertung, Ontologien, Wissensmanagement, Wiesbaden: Deutscher Universitäts-Verlag, 149–169.

**Zimmermann, Jochen; Werner, Jörg R. (2013)**: *Regulating Capitalism? The Evolution of Transnational Accounting Governance*, Basingstoke: Palgrave Macmillan.

**Zimmermann, Jochen; Werner, Jörg R.; Volmer, Philipp B. (2008)**: *Global Governance in Accounting: Rebalancing Public Power and Private Commitment*, Basingstoke: Palgrave Macmillan.

**Zülch, Henning; Hendler, Matthias (2017)**: *Bilanzierung nach International Financial Reporting Standards (IFRS)*, 2. Aufl., Weinheim: Wiley.

**Zumbansen, Peer (2008)**: *Law after the Welfare State: Formalism, Functionalism, and the Ironic Turn of Reflexive Law*, in: The American Journal of Comparative Law, 56:3, 769–808.

**Zweigert, Konrad; Kötz, Hein (1998)**: *Introduction to Comparative Law*, 3. Aufl., Oxford: Clarendon Press.

# Verzeichnis der verwendeten Rechtsquellen

*Nationale Gesetze, Verlautbarungen, Standards und Richtlinien*
*Brasilien*

| | |
|---|---|
| CVM 1999 | Comissao de Valores Mobiliários-Anweisung Nr. 308 Art. 4–6 vom 14. Mai 1999, zuletzt geändert am 15. August 2019 durch CVM-Anweisung Nr. 611. |
| CVM 2002 | Comissao de Valores Mobiliários-Anweisung Nr. 358 Art. 12 vom 3. Januar 2002, zuletzt geändert am 13. Dezember 2018 durch CVM-Anweisung Nr. 604. |
| CVM 2007a | Comissao de Valores Mobiliários-Anweisung Nr. 457 Art. 1–2 vom 13. Juli 2007, zuletzt geändert am 01. September 2010 durch Comissao de Valores Mobiliários-Anweisung Nr. 485. |
| CVM 2007b | Comissao de Valores Mobiliários-Anweisung Nr. 449 Art. 12 vom 15. Juli 2007. |
| CVM 2009a | Comissao de Valores Mobiliários-Anweisung Nr. 480 Art. 29 vom 7. Dezember 2009, zuletzt geändert am 25. Juni 2019 durch CVM-Anweisung 609. |
| CVM 2009b | Comissao de Valores Mobiliários-Anweisung Nr. 481 aus dem Jahre 2009, zuletzt geändert am 3. September 2019 durch CVM-Anweisung Nr. 614. |
| CVM 2014 | Comissao de Valores Mobiliários-Anweisung Nr. 581 aus dem Jahre 2014. |
| Law 4.595/64 | Brazilian Banking Law 4.595 vom 31. Dezember 1964. |
| Law 6.385/76 | Securities Law vom 7. Dezember 1976, zuletzt geändert am 31. Oktober 2001 durch Decree No. 3995 und am 26. Februar 2002 durch Law 10.411/02. |
| Law 6.404/76 | Corporation Law vom 15. Dezember 1976, zuletzt geändert am 26. Mai 2015 durch Law 13.129/15. |
| Law 9.457/97 | Änderungsgesetz zum Law 6.404/76 vom 5. Mai 1997. |
| Law 10.303/01 | Änderungsgesetz zum Law 6.385/76 vom 31. Oktober 2001. |
| Law 10.411/02 | Änderungsgesetz zum Law 6.385/76 vom 26. Februar 2002. |

*Russland*

| | |
|---|---|
| Anordnung RF Nr. 42n | Anordnung des Finanzministeriums der RF Nr. 43n vom 6. Juli 1999 |
| FCSM 1998 | Federal Commission of Securities Market Resolution vom 12. August 1998 |
| FL Nr. 39 | Law on the Securities Market vom 22. April 1996, zuletzt geändert am 6. Dezember 2007 |
| Federal Law Nr. 208 | Law on Joint-Stock Companies vom 26. Dezember 1995, zuletzt geändert am 29. April 2008 |
| Federal Law Nr. 251 | Federal Law on the Central Bank of the Russian Federation vom 23. Juli 2013 |
| Federal Law Nr. 402 | Law On Accounting vom 6. Dezember 2011 |
| Federal Law of 27 July 2010 | Federal Law of 27 July 2010 |
| Federal Law on Accounting | Federal Law on Accounting |
| FSFM 2007 | Federal Service of Financial Markets Degree vom 1. Juli 2007 |
| Law No. 46 1999 | Law on the Protection of Investors Rights of March 1999 |
| PBU 4/1999 | Polozheniya po Bukhgalterskomu Uchetu aus dem Jahr 1999 |
| PBU 12/2000 | Polozheniya po Bukhgalterskomu Uchetu aus dem Jahr 2000 |
| RAS 12/2010 | Russian Accounting Standards aus dem Jahre 2010 |
| The Criminal Code | The Criminal Code of Russia |
| TRA | Temporary Rules on Auditing |

*Indien*

| | |
|---|---|
| AS 17 | Accounting Standard 17 – Segment Reporting, vom 01. März 2001. |
| Ind AS 108 | Indian Accounting Standards 108 – Operating Segments |
| CoA 1956 | Companies Act von 1956 |
| CoA 2013 | Companies Act vom 29. August 2013 |
| Prohibition of Insider Trading Regulation | Vom 15. Januar 2015, zuletzt geändert am 17. September 2019. |
| SCRA 1956 | Securities Contract Act von 1956 |

| | |
|---|---|
| SEBI Act | Securities and Exchange Board of India Act von 1992, zuletzt geändert am 29. Juli 2019 durch SEBI Amendment Act |
| SEBI Amendment Act | Securities and Exchange Board in India Amendment Act von 1995 |
| Securities Law Amendments Act | Securities Law Amendments Act von 2004 |

*China*

| | |
|---|---|
| Law of the PRC on Securities | Law of the People's Republic of China on Securities |
| Regulations on Financial Accounting Reports of Enterprises | Regulations on Financial Accounting Reports of Enterprises |
| Company Law of the PRC und Company Law | Company Law of the PRC und Company Law |
| Law of the PRC on Certified Public Accountants | Law of the PRC on Certified Public Accountants |
| Securities Law of the PRC | Securities Law of the PRC |
| Accounting Law of the PRC | Accounting Law of the People's Republic of China |

*Südafrika*

| | |
|---|---|
| Banks Act | Banks Act von 1990 |
| CA | Companies Act von 1973 |
| CA | Companies Act von 1977 |
| CoA Nr. 71 | Companies Act von Nr. 71 von 2008 |
| King Code of Governance King I | King Code of Governance King I |
| King Code of Governance King III | King Code of Governance King III |

www.ingramcontent.com/pod-product-compliance
Ingram Content Group UK Ltd.
Pitfield, Milton Keynes, MK11 3LW, UK
UKHW021936290926
8980IPUK00016B/1654

9 783631 862421